GÜNTHER ELBIN

In Holland

GÜNTHER ELBIN

In Holland

PRESTEL VERLAG

MÜNCHEN

2. Auflage 1977

Druck von Passavia, Passau
ISBN 3 7913 0311 2

Inhalt

Land aus Moor und Meer

In Holland, so sagt man dort, verlief die Schöpfungsgeschichte anders, als man sie aus der Bibel kennt. Hier erschuf Gott nicht zuerst das Land und dann den Menschen, sondern hier war, als der Mensch auftrat, überhaupt noch kein fester Boden vorhanden. Denn als sich der erste Mensch nach Holland verirrte, fand er schwankenden Grund aus Dünen, Schlick, Strömen, Seen, Tümpeln und Mooren vor, ständig vom Meer bedroht – wahrhaft ›wüst und leer‹, ein Lebensraum allenfalls für amphibische Wesen. Selbst eine verläßliche Trennung von Land und Meer fehlte. Wo eben noch schlankes Schilf und karges Salzgras sich im Winde bogen, konnte schon mit dem nächsten Sturm das Meer einbrechen, und wo sich das Meer kräuselte, konnte morgen grauer Schlamm aus dem Wasser auftauchen. Trotzdem blieb der Mensch.

Erst er schuf aus dieser Wasser- und Sandlandschaft bewohnbare Erde. In seinem Werk ›Naturalis Historia‹ fragte sich der Topograph Plinius der Ältere, der im Gefolge römischer Legionen auch nach Holland gekommen war, ob diese Gegend eigentlich »dem Land oder dem Meer angehört«, und von weiten Gebieten Hollands kann man sich dasselbe heute noch fragen: wenn man zum Beispiel auf einem der hohen Seedeiche steht und sieht, daß auf der einen Seite der Meeresspiegel höher liegt als auf der anderen der Erdboden.

Ein solches Bild vergißt man nicht. Es erfüllt den Betrachter mit Respekt vor dem Mut, dem Beharrungswillen und der hochentwickelten Wasserbaukunst der Bewohner dieser Landstriche. Bereits im Mittelalter rief angesichts eingedeichter Küsten, eingedämmter Flüsse und fruchtbaren Acker- und Weidebodens ein Besucher bewundernd aus: »Dieu a créé le monde à l'exception de la Hollande qui est l'œuvre des Hollandais!« Und im Sommer des Jahres 1786 schrieb die kluge Herzogin Dorothea von Kurland einer Freundin nach Berlin:

»Wie mächtig doch der Wille des Menschen ist, wenn die Ungunst der Verhältnisse ihn zwingt, sieht man in Holland. Hier sagt man, Gott habe zwar das Meer erschaffen, ihr Land jedoch hätten sich die Holländer selber erschaffen müssen. Wenn man an Ort und Stelle dieser unerhörten Begebenheit ist, sieht man, daß diese stolze Behauptung keine Blasphemie ist. Ich stand gestern auf einem Damm, der drei Klafter über den Meeresspiegel reicht, aber fünf oder mehr über fruchtbares Land auf der anderen Seite. Da lernt man das Staunen und den Respekt. Wenn ich landeinwärts blickte, sah ich reiche Bauerndörfer, fette Äcker und ebensolche Weiden mit dem allerschönsten Vieh, und dennoch war überall dort, wo nun der Mensch sein gutes Auskommen findet, einstmals das wilde Wasser der See gewesen.«

Wie die Geschichte eines jeden Volkes kennt auch die holländische Krieg und Frieden, Fremdherrschaft und Freiheitskämpfe, Glanzzeiten und Epochen des Verfalls. Das Besondere an ihr ist jedoch der unaufhörliche Kampf mit dem Wasser, auch dem Hochwasser der Flüsse und dem hohen Grundwasserspiegel. Denn nirgendwo besitzt Holland Steilküsten, sondern lediglich das selbsterbaute Schutzsystem der Deiche, Entwässerungskanäle, Schleusen und Pumpwerke.

Zudem liegt ein Viertel der Gesamtfläche des Königreichs der Niederlande auf der Höhe der Meeresoberfläche und ein weiteres Viertel sogar tiefer als sie – im Durchschnitt um 2, an der tiefsten Stelle, dem Prinz-Alexander-Polder bei Gouda, bis zu 6,61 Metern. Das Gesamtareal umfaßt rund vier Millionen Hektar. Zieht man davon die 615 000 Hektar Seen, Flüsse,

Kanäle und Moore ab, verbleiben 3,385 Millionen Hektar bewohnbaren Bodens, von denen nach einer Berechnung des Wohnungsbauministeriums die Hälfte – genau: 1,711 Millionen Hektar – im Wasser versinken würde, wenn sämtliche Schutzanlagen auf einen Schlag versagten. Die Küste verliefe dann von Groningen etwa über Zwolle und Utrecht nach Breda, von zehn Holländern verlören sieben ihren Wohnsitz, und Amsterdam, Haarlem, Alkmaar, Den Haag, Delft, Leiden, Gouda, Dordrecht, Rotterdam und Middelburg gingen unter. Doch ein Heer von Wissenschaftlern, Technikern und Arbeitern, das buchstäblich ein Heer von Vaterlandsverteidigern ist, sorgt für das ständige Funktionieren sämtlicher Wasserschutzanlagen.

So war es schon immer! Bereits die Bataver und Friesen, die Vorväter der Holländer, mußten einen erheblichen Teil ihrer Arbeitskraft für Bau und Erhaltung von Wasserschutzanlagen aufwenden. Ehe sie diesen äußersten Nordwestzipfel des europäischen Kontinents besiedeln konnten, mußten sie Terpen und Dämme aufwerfen und den Boden trockenlegen, und immer wieder mußten sie zu den Dämmen eilen, um sie zu flicken, zu verbreitern und zu erhöhen. Und so ist es bis auf den heutigen Tag geblieben.

Trotzdem war das Wasser oft stärker. Es brach ein und schwemmte fort: Menschen und Tiere, die Ernte und die Habe und nicht selten sogar das Land. Die Provinz Seeland wurde im Lauf der Geschichte sage und schreibe sechshundertfünfzigmal überschwemmt – zuletzt bei der Flutkatastrophe vom 31. Januar 1953, als 1835 Menschen ertranken und 72 000 vor der Flut fliehen mußten. Über 200 000 Hektar wurden völlig überspült, 47 000 Gebäude und 1500 Kilometer Deiche zerstört oder beschädigt. 20 000 Stück Rindvieh, 12 000 Schweine, 1750 Pferde, 2750 Schafe, Ziegen und sonstiges Kleinvieh und 165 000 Stück Geflügel kamen in einer einzigen Nacht im reißend einströmenden Wasser um.

Dies war jedoch nicht die einzige große Flutkatastrophe, die die Chroniken verzeichnen. Kein Jahrhundert, kaum ein Jahrzehnt verging, in dem Hollands ›Erbfeind‹, das Meer, nicht grausam zugeschlagen hätte, und nicht umsonst wurde der Schreckensruf ›Holland in Not!‹ zum geflügelten Wort in ganz Europa.

Noch nach mehr als fünfhundert Jahren erinnert man sich der St.-Elisabeths-Flut von 1421. Die genaue Zahl der Opfer kennt man nicht, doch schätzt man heute, daß Zehntausende umgekommen sein müssen. Die Provinzen Seeland, Südholland und Teile von Flandern wurden überschwemmt. Zeitgenössische Chronisten berichteten, man habe vom Turm der Groote Kerk von Dordrecht »in der ganzen Runde auf ein schier unendliches Meer« blicken können, und in derselben Kirche heißt es auf einem unterhalb der Orgel angebrachten Stein: ANNO 1421 NOVEMBRIS 18 SUBMERSAE MANSUERUNT 72 VILLAE CONTINUAE DORDRACO – Im Jahr 1421, dem 18. November, versanken in der Umgebung von Dordrecht 72 Dörfer, viele davon spurlos.

Dagegen war die große Überschwemmung vom 31. Juli 1574 keine Naturkatastrophe. Eben deshalb nimmt sie in den Geschichtsbüchern einen besonderen Platz ein. Denn an diesem Tage bedienten sich die Holländer in ihrem achtzigjährigen Freiheitskrieg gegen die Spanier des Wassers als Waffe, des ›Erbfeinds‹ als Verbündeten, denn an jenem Julitag durchstachen sie einen Hauptdeich östlich von Rotterdam an sechzehn Stellen, um ein spanisches Belagerungsheer vor der Festung Leiden zu vertreiben. Am 6. August öffneten sie zusätzlich sämtliche Schleusen und zerstörten einen weiteren Deich im Westen Rotterdams. Dies zwang die Spanier, die Belagerung abzubrechen und, soweit sie nicht bereits ertrunken waren, schleunigst abzurücken. Noch am 26. August stand zwischen Rotterdam und Leiden das Wasser so hoch, daß

Schiffe über das überflutete Land segeln konnten, ohne auf Grund zu laufen. Ein Chronist notierte damals: »Unser Glaube war uns mehr wert als unser Leben, unsere Freiheit wertvoller als unser unversehrtes Land, den Tod zogen wir der spanischen Knechtschaft vor.«

Weitere Sturmfluten, die erheblich über das Maß des Gewohnten hinausgingen, ereigneten sich am 14. November 1775, am 15. Januar 1895 und am 11. Januar 1916 – die letztere verwüstete Landstriche an der Zuidersee, und es dauerte bis zum Monat Juli jenes Jahres, ehe das Wasser völlig abgelaufen war.

Die nächste Katastrophe kam am 31. Januar 1953. Ganz Holland hatte an jenem Tag geflaggt. Die Kinder hatten schulfrei. In den Betrieben ruhte die Arbeit. Kronprinzessin Beatrix feierte ihren 15. Geburtstag.

Der Sturm bricht los

Dieser Sonnabend war ein kalter, klarer, sonniger Tag. In der steifen Nordwestbrise wehten knatternd die rotweißblauen Fahnen der Niederlande und die orangefarbenen Wimpel des königlichen Hauses Oranien.

Gegen Nachmittag nahm der Wind zu.

Auf See steuerten über Funk gewarnte Küstentrawler und Fischerboote, bald auch größere Schiffe schutzsuchend die nächsten Häfen an. Aber in ihren warmen Stuben saßen die Holländer und lauschten den Radioübertragungen von den Geburtstagsfeierlichkeiten auf dem königlichen Landsitz Soestdijk. Um siebzehn Uhr fünfzehn unterbrach Radio Hilversum die Sendung und meldete, daß mit Sturmflut zu rechnen sei. In der Nachrichtensendung um achtzehn Uhr klang die Warnung schon dringlicher:

»Ein schwerer Sturm mit Richtungen zwischen Nordwest und Nord tobt über der nördlichen und westlichen Nordsee. Die Sturmzone weitet sich auf ihre südlichen und östlichen

Teile aus. Der Sturm wird unser Land voraussichtlich im Lauf der Nacht erreichen. Die Gebiete Rotterdam, Willemstad und Bergen op Zoom wurden alarmiert. Das königlich-niederländische Metereologische Institut teilt mit, daß die Gefahr einer außerordentlich schweren Sturmflut besteht.«

Küstenschutz und Deichwachen befanden sich zu dieser Stunde bereits auf ihren Posten. Vorsorglich waren Pioniereinheiten des Heeres in Bereitschaft versetzt worden. In allen Kasernen des mutmaßlichen Gefahrengebiets hatten die Kommandeure Ausgangssperre verhängt. Die Polizei wies alle Kraftfahrer, die in dieses Gebiet fahren wollten, zurück. Bei den inzwischen herrschenden Windstärken war insbesondere das Befahren der Straßen auf den Deichen bereits lebensgefährlich geworden.

In den Ortschaften hinter den Deichen packten die Menschen ihre wichtigste Habe und bündelten sie zum handlichen Fluchtgepäck. Die Stalltüren wurden geöffnet und das Vieh abgekettet. In den Öfen und Kaminen wurde das Feuer gelöscht. Allein in den Gasthöfen blieb es brennen, um die Deichwachen mit heißem Kaffee versorgen zu können. Man zog warme Kleidung an und fuhr in die Gummistiefel. Niemand ging in dieser Nacht zu Bett. In den Fischerdörfern versammelten sich die Gläubigen in den alten, efeuumrankten Kirchen, um für Angehörige und Nachbarn in Seenot zu beten. An eine Katastrophe dachte man trotzdem noch nicht. Holland ist Stürme gewöhnt.

Die Harlinger Krabbenfischer hatten sich mit ihren schwarzen Booten von den Fangplätzen in den Hafen der Insel Vlieland gerettet. Nun standen sie an der Theke des Inselgasthofs, rauchten ihren schwarzen Tabak, tranken Tee und Genever und lauschten dem Jaulen des Windes, dem Klappern der Dachziegel und dem donnernden Tosen der See. Die Musikanten hatten ihre Instrumente gar nicht erst ausgepackt; es war zwar Sonnabend, da sollte Tanz sein, aber die jungen Männer hielten Wache auf den Deichen am Wattenmeer und auf den hohen Dünen an der Nordsee, und den Mädchen war längst die Lust auf Musik und Tanz vergangen.

An der Theke – ich weiß es noch, als wäre es erst gestern gewesen – war anfangs über frühere Stürme gesprochen worden. Solche Erzählungen paßten zu einer Nacht wie dieser. Allmählich jedoch verstummten sie. Denn ständig brachte der Rundfunk neue Meldungen über den Weg der Sturmzone. Gegen Mitternacht prallte ihr Kern zweihundert Kilometer von Vlieland entfernt mit ungeheurer Stärke auf die südwestlichen Küsten Hollands: auf das Gebiet zwischen Rotterdam, Roosendaal und Antwerpen, auf die Mündungen von Waal, Maas und Schelde und die davorliegenden Inseln: Goeree-Overflakkee, Schouwen-Duiveland und Tholen. Der erste Schatten einer Katastrophe zeichnete sich ab, als der Radiosprecher verstört und stockend mitteilte:

»Dieser Sturm unterscheidet sich von sonstigen durch die unglückliche Verbindung orkanartiger Windstärken mit der Windrichtung und der einsetzenden Flut. Mit einer langen Dauer muß gerechnet werden.«

Ein Hund auf dem Dach

Bald meldete das Radio die ersten Deichbrüche und kurz darauf »Land unter« in der Gegend von Dordrecht, Willemstad, Bergen op Zoom und Briel. Die Inseln Goeree-Overflakkee und Schouwen-Duiveland wurden nahezu völlig überspült und von der Insel Tholen weite Teile.

Die Besatzungen der Flugzeuge, die im Morgengrauen trotz des heulenden Sturms zur Aufklärung starteten, sahen von vielen Dörfern nur noch Kirchtürme, Baumkronen und Dächer. Viele Städte glichen Inseln in brodelnder Flut. Ins Baumgeäst, auf Türme, Dächer und in das Gitterwerk der Hochspannungsmasten hatten sich Menschen geflüchtet. Andere schwammen in Booten, auf Flößen, selbst auf Brettern oder Möbelstücken. Vieh kämpfte schwimmend um sein

Leben oder trieb tot dahin. Durch die Zeitungen des In- und Auslands ging damals das Foto eines kleinen, struppigen Hundes auf einem treibenden Dach, der später von einer Hubschrauber-Besatzung gerettet wurde. In dem Blick dieses verzweifelten Tiers lag das große Entsetzen jener Nacht, in der 1835 Menschen ihr Leben verloren.

Doch das Unglück, das Holland getroffen hatte, bewegte die Welt. Eine Katastrophe unerhörten Ausmaßes war mitten im Frieden über das kleine Land hinter den Deichen hereingebrochen; in dem ewigen Krieg mit dem Meer hatte das Meer eine Schlacht gewonnen. Aber jetzt bewährte sich auch die Solidarität der Völker.

Sogleich nach den ersten Schreckensmeldungen rollten die Hilfsaktionen an. Das holländische Heer, die Kriegsmarine und die Luftwaffe nahmen die Rettungsarbeiten auf. Freiwillige Helfer aus allen Provinzen eilten herbei. Ausländische Bergungs- und Lazarettschiffe nahmen Kurs auf das Katastrophengebiet. Die US-Streitkräfte in der Bundesrepublik entsandten Hubschrauber-Geschwader, die britische Rheinarmee und das belgische Heer Pioniereinheiten. Deutschland schickte Rotkreuz-Kolonnen mit Ärzten, Sanitätern und Krankenschwestern. Im In- und Ausland richteten Banken und karitative Organisationen Spendenkonten ein. Von überall her kamen Lebensmittel, Medikamente, warme Kleidung, Wolldecken, Geld. In ›Holland and the Delta-Plan‹ schrieb J.S. Lingsma:

»Es war ein nationales Unglück, aber ihm folgte eine nationale und internationale Manifestation der Opferbereitschaft, der Hilfe und des Beistands, geleistet unter unbeschreiblichen Bedingungen in Schnee, Kälte, Nässe und Finsternis. Was während der ersten Tage bei der Rettung von Mensch und Tier und auch bei der Verhütung weiterer Deichbrüche geleistet wurde, grenzt ans Unglaubliche... Sofortige und spontane Hilfe kam zudem aus einer Anzahl anderer Länder, und niemals zuvor hat man so viele fremde Flaggen in diesem Teil Hollands gesehen.«

Geschichte eines Weltwunders

Holland ist seit ungefähr 5000 vor Christus besiedelt. In der unmittelbaren Nachbarschaft des Meeres ließ sich der Mensch freilich erst später nieder. Doch bereits um 2000 vor Christus sind auch in den Küstengebieten Völkerstämme nachweisbar, die nicht allein von Fischfang, Jagd, Viehhaltung oder Ackerbau lebten, sondern schon vom Handel. Das Netz ihrer Handelsbeziehungen erstreckte sich überraschend weit: nicht nur bis nach England, Südskandinavien oder in den Ostseeraum, sondern an den west- und südeuropäischen Küsten entlang bis nach Ägypten. Demnach waren schon die frühen Bewohner Hollands, was die Holländer von heute unter anderem immer noch sind: ein Volk von Seefahrern und Kaufleuten. Sogar eine ›Industrie‹ war schon vorhanden – der Schiffsbau.

In den Anfängen der Küstenbesiedlung lebte der Mensch am Meer lediglich an jenen wenigen günstigen Plätzen, die weder von der Flut der See noch vom Hochwasser der Flüsse erreicht wurden. Doch im Verlauf der Jahrhunderte wurden diese Plätze zu eng, und so ließ er sich um 500 vor Christus selbst in Gegenden nieder, die unter der Drohung der Überflutung standen. Um dort trotzdem ›trockene Füße‹ zu behalten, mußte er Schutzbauten errichten: Terpen und Dämme. Aber die Bewohnerzahl wuchs und mit der Zeit wurden auch diese Gebiete zu eng. Deshalb ging der Mensch um 1000 nach Christus zum Angriff auf das Wasser über. Damals begannen die ersten Versuche, dem Meer und den Binnengewässern Neuland abzugewinnen, und es entstand langsam jenes ›Land hinter den Deichen‹, ein ›Land aus Wasser‹ und das ›größte aller Weltwunder‹, wie Alexander von Humboldt Holland genannt hat.

In diesem Kampf um Neuland verzeichnete jedoch nicht allein der Mensch Erfolge, sondern auch das Wasser: zwar wurden in den sieben Jahrhunderten zwischen 1200 und 1900 an den Seeküsten und durch Trockenlegungen von Binnenseen 520400 Hektar Land gewonnen, doch gingen zugleich an anderen Stellen 566600 Hektar an das Meer verloren – Land vor allem, das vordem als Festland gegolten hatte. Die Zuidersee zum Beispiel entstand in der Form, die sie bis in unsere Tage behielt, erst im 14. Jahrhundert. Darüber heißt es in einem Bericht des Wasserbauministeriums:

»Noch die Römer fanden hier zu Beginn unserer Zeitrechnung nur einen kleinen Süßwassersee mit einer Anzahl Inseln vor, den sie ›Flevo lacus‹ nannten. Er lag im südlichen Teil des Gebiets, das später die Zuidersee werden sollte. Der restliche nördlichere Teil war noch Festland. Die spärliche Bevölkerung dieses Gebiets war jedoch mit ihren beschränkten technischen Mitteln nicht imstande, sich gegen die wiederholten Angriffe der Nordsee zu wehren. So drang im Laufe der Zeit die Nordsee immer tiefer nach Süden vor, das Wasser des Sees versalzte, bis er schließlich nach einer Reihe schwerer Sturmfluten in offene Verbindung mit dem Meer trat.«

Erst am 28. Mai 1932, mit der Fertigstellung des 30 Kilometer langen Abschlußdamms zwischen den Provinzen Nordholland und Friesland, der die Zuidersee wieder von der Nordsee trennte, wurde diese erneut zu einem Binnengewässer. Dabei verlor sie auch ihren Namen und heißt seither Ijsselsee. Dort, wo die letzte Lücke des Damms geschlossen wurde, steht jetzt ein Denkmal mit der Inschrift: EEN VOLK DAT LEEFT BOUWT AAN ZIJN TOEKOMST.

›Ein Volk baut vor‹, so könnte man diese Inschrift übersetzen. Denn Holland ist nicht nur gezwungen, mit dem Meer zu leben, sich vor ihm zu schützen, sondern mehr denn je, ihm Neuland abzuringen. Das geht heute nicht mehr mit den »beschränkten Mitteln« einer »spärlichen Bevölkerung« vonstatten, sondern mit dem Aufwand jahrhundertelanger Erfahrungen, neuester Erkenntnisse der Wasserbautechnik, modernster Maschinen und dem Elan eines Volkes, dem es hinter seinen Deichen längst zu eng geworden ist. Denn es geht bei diesen Anstrengungen nicht um Ruhm, sondern um Raum, und wie notwendig die Landgewinnung ist, zeigen die Zahlen:

Die Bodenfläche des Königreichs der Niederlande umfaßte 1970 40893 Quadratkilometer. Die größte Ausdehnung beträgt von Nord nach Süd 300, von West nach Ost nur 200 Kilometer. 1829 lebten in diesem Land 2,6 Millionen Menschen, 1899 schon 5 und 1966 waren es knapp 12 Millionen. 1970 lag die Einwohnerzahl bei 13 Millionen. Im gleichen Jahr lebten rund 330 Menschen auf einem Quadratkilometer – damit besaß das Königreich der Niederlande die größte Bevölkerungsdichte in Europa vor Belgien, Großbritannien, der Bundesrepublik Deutschland und der Schweiz. In den USA lebten in jenem Jahr nur zwanzig Menschen auf derselben Fläche, aber wären die Vereinigten Staaten gleichermaßen dicht wie Holland besiedelt gewesen, so hätten sie nicht 185 Millionen Einwohner gehabt, sondern 2,6 Milliarden – etwa so viel, wie zum gleichen Zeitpunkt die Gesamtbevölkerung der Erde betragen hat. Bis zum Jahr 2000 rechnet man mit einem weiteren Bevölkerungsanstieg in den Niederlanden auf achtzehn bis neunzehn Millionen. Doch schon 1773 fand der Maler Johann Heinrich Wilhelm Tischbein, der Freund Goethes, Holland »platze aus allen seinen Nähten«. In seinen ›Erinnerungen aus meinem Leben‹ schrieb er:

»Nirgendwo sonst traf ich auf ein größeres Gewimmel als hierzulande, wo man fortwährend mit dem Hute in der Hand um Vergebung zu bitten hat, weil man fortwährend mit jemandem zusammenrempelt.«

Aber ganz so schlimm ist es sogar heute noch nicht. Zwar

ist Holland das dichtestbesiedelte Land Europas, zudem klein und mit dem Auto durchaus an einem Tag von Süd nach Nord und dazu noch von West nach Ost oder umgekehrt zu durchqueren, es ist jedoch ungeheuer verschiedenartig in seinen Landschaften und unterschiedlich in seinen Verhältnissen. Zwar ballt sich in den beiden Provinzen Nord- und Südholland, die zusammen nur ein knappes Sechstel des Staatsgebietes ausmachen und wo Amsterdam, Den Haag, Rotterdam, Leiden, Dordrecht und Delft zu der für die Zukunft auf zehn Millionen Einwohner geschätzten ›Randstad Holland‹ zusammenwachsen, schon heute nahezu die Hälfte der Bevölkerung, doch es gibt immer noch bukolische Landstriche unter einem grenzenlos anmutenden Himmel, unter dem man zwischen weidenden Kühen und riedgedeckten Gehöften, unter einsamen Pappeln oder bunten Windmühlen mutterseelenallein im Gras liegen und den ziehenden Wolken nachträumen kann. Ebenso findet man in den überquellenden Städten leere Plätze und Winkel, über die zur Mittagsstunde das Glockenspiel hoher Türme oder von den Häfen die Sirenen der Schiffe klingen, grüne Grachten, in denen sich delikat geschwungene Renaissancegiebel oder blühende Kastanienbäume spiegeln, und stille Gassen, wo an den Hauswänden Fahrräder lehnen und auf einer Fensterbank eine satte Katze in der Sonne schläft.

Denn Holland – klein und eng – ist schön. Mit der Erschaffung dieses Landes ist seinen Bewohnern nicht nur etwas Respektables gelungen, sondern auch etwas Reizvolles. Zudem hat es »von allen Ländern der Erde die schönste Geschichte«, wie Benjamin Constant einst in einem Brief an seine Freundin Germaine de Staël sagte:

»Seine Eroberungen machte dieses Land nicht mit dem Schwert, sondern mit dem Spaten. Nicht mit dem Kriegsmut, sondern mit dem Arbeitsfleiß. Nie hat dieses wackere Volk seine Nachbarn mit Krieg überzogen, nie deren Länder verwüstet oder geraubt. Es hat immer bloß mit dem Meer gekämpft und nur ihm Beute abgejagt. Trotzdem kann man den

Mut dieses kleinen Volkes, das sich freilich auch seiner Haut zu wehren wußte, wenn es von anderen Völkern unterdrückt werden sollte, nicht genug loben, lebt es doch mit seinen Städten und Dörfern und mit allem, was es hat, auf einem Vulkan, dessen Lava Wasser ist. Er ist unaufhörlich darauf aus, dieses Land mit Mann und Maus zu verschlingen, als ob es ein Schiff wäre.«

Terpen, Mühlen, Pumpstationen

In der Provinz Friesland, nicht weit von Harlingen, fallen bei den Dörfern Janum, Hoogebeintum und Genum runde Hügel auf: oben abgeflacht und etwa zehn Meter hoch. Und auch auf den Inseln der Provinz Seeland gibt es sie, zum Beispiel bei Westkapelle auf Walcheren.

Schon von weitem bemerkt man sie über dem Tiefland nahe dem Meer. Oft sind sie grasbewachsen, und wiederkäuendes Vieh blickt von ihrer Kuppe in die Runde. Manchmal liegen behäbige Bauernhöfe mit blanken Fenstern und tief herabgezogenen Strohdächern voller dicker Moospolster auf diesen Hügeln. Oder es steht wie bei Janum eine wehrhafte Kirche dort oben, inmitten verwitterter Grabkreuze. Störche nisten auf den Dächern der Kirchen wie auf denen der Katen. Möwengezänk ist in der Luft und der melancholische Ruf der Kiebitze.

Terpen heißen diese Hügel. Bereits Plinius der Ältere hat von ihnen berichtet. Ihn erinnerten sie an die Fluchtburgen in anderen Gebieten Germaniens, und Fluchtburgen waren es – vor den Fluten des Meeres. Sie sind die ältesten Wasserschutzanlagen und zusammen mit den Hünengräbern der Provinz Drente und den Urnenfeldern in der Provinz Limburg die ältesten Zeugnisse menschlichen Lebens in Holland.

Später verband man viele dieser Terpen durch Dämme, um außer Haus und Hof auch das Acker- und Weideland dem Zugriff der See zu entziehen. Um das Jahr 1000 nach Christus war auf diese Weise bereits der größte Teil der heutigen Provinz Friesland eingedeicht. Aber auch das eingedeichte Land war immer noch nasser, als man es wünschte. Große Flächen davon waren derart sumpfig und ihr Gras so sauer und hart, daß man es höchstens als Weideland für genügsame Schafe verwenden konnte. Um es trockenzulegen, zog man Entwässerungsgräben, und um das herausgezogene Wasser ins Meer ableiten zu können, ersann man Schleusen. Sie waren so primitiv wie praktisch: sie besaßen sogenannte Flapp- oder Schwingtore, die sich bei Ebbe unter dem Druck des aus den Gräben abfließenden Wassers seewärts öffneten und sich bei Flut unter dem Druck der Meeresströmung schlossen.

Bald aber genügte diese Art der Entwässerung allein nicht mehr. Denn je engmaschiger das Netz der Abflußgräben wurde, um so problematischer wurde die Wasserabgabe durch solche Schleusen ins Meer. Deshalb verfiel man auf windgetriebene Schöpfwerke, wie sie ähnlich – allerdings zur Landbewässerung – bereits Perser und Ägypter eingesetzt hatten. Und damit erhielt Holland im 15. Jahrhundert sein weltbekanntes Wahrzeichen – die Windmühle. Doch erst als gegen Ende des 16. Jahrhunderts ein Mühlenbauer aus der Provinz Seeland die drehbare Turmkappe erfand, wodurch die Windmühlenflügel in den wechselnden Wind gerichtet werden konnten, begannen die Mühlen ohne Verschnaufpause Wasser aus dem Land ins Meer und sogar aus tiefer als das Meer gelegenen Landstrichen zum Meer empor zu ›mahlen‹.

Dieses Verfahren erforderte freilich ganze Mühlensysteme, und es entstand allmählich jener von früheren Reisenden oft beschriebene ›Wald von Windmühlen‹, der im 19. Jahrhundert, als erst dampf- und später elektrisch betriebene Pumpwerke die Mühlen ersetzten, von dem heute beklagten ›Barbarismus der Zerstörung kulturhistorischer Baulichkeiten‹ bis auf spärliche Reste vernichtet wurde. Ein solcher Rest sind die einundzwanzig Windmühlen von Kinderdijk, einem Dorf in der Nähe Dordrechts – es heißt so, weil hier während der schon erwähnten St.-Elisabeths-Flut vom 18. November 1421 ein Kind in einer Wiege angetrieben sein soll –, ein anderer die

Mühlengruppe von Schermerhorn östlich von Alkmaar: hohe, von der drehbaren Kuppe bis hinab zum Sockel in der Art der Rieddächer dieser Gegend in ein pelziges Gewand gehüllte Türme. Betrachtet man sie eingehender, überrascht die Fülle technischen Erfindungsgeistes, die in ihrer Konstruktion steckt. Sie sind bis auf den letzten Holzbolzen ihres soliden Mechanismus durchdacht: ehrwürdige Denkmäler aus einer Zeit, die wir hochmütig für ›vortechnisch‹ halten. Zu Anfang des 17. Jahrhunderts erbaut, gegen Ende des 19. außer Dienst gestellt, sind manche noch immer oder schon wieder so wohlerhalten, daß sie auch heute ihre alte Aufgabe übernehmen könnten. Zum letzten Mal bewiesen das die Mühlen von Schermerhorn gegen Ende des Zweiten Weltkriegs, als der elektrische Strom ausfiel und die Turbinen der modernen Pumpstationen mit ersterbendem Summen stehenblieben. Damals wurden sie eilends wieder in Gang gebracht, und sie verhüteten, daß das in diesem Poldergebiet ständig auf der Lauer liegende Grundwasser aus den Gräben und Kanälen stieg und Straßen, Wiesen, Felder, Gehöfte und Dörfer überschwemmte.

Land aus Wasser

»Wo immer man hier steht, steht man entweder auf ehemaligem Meeresgrund oder auf dem Grund trockengelegter Binnengewässer«, las Ursula aus dem Reiseführer vor, während wir irgendwo zwischen Schermerhorn, De Rijp und Purmerend zigarettenrauchend im Schatten von Chausseebäumen parkten. Nach allen Himmelsrichtungen fielen uns umwulstete Mulden auf, von denen die umfangreichsten eine Ausdehnung von mehr als zweitausend Hektar besitzen. Diese Mulden sind trockengelegte Binnengewässer und Zuiderseebuchten, die ehemals Beemster-, Purmer-, Wormer- oder Schermersee hießen, und die Wülste jene Ringdeiche, die man seinerzeit rund um diese Seen aufgeworfen hatte, um über sie hinweg mit Hilfe von Windmühlen das Wasser der Seen in

Abflußkanäle und weiter in die Zuidersee zu befördern. Auch diese Gräben gibt es noch: überzogen von Entengrütze, umstanden von Rohr und Schilf, von weißem Wollgras und gelben Porstblüten, bewohnt von allerlei Wasservögeln. Kleine Brücken führen hinüber, manchmal bloß Stege oder gar nur glitschige Bohlen. An Sommerabenden quaken in den Gräben lärmend die Frösche und tagsüber stolzieren Störche an ihren Ufern.

Noch die Landkarten des 16. Jahrhunderts weisen aus, daß wie zwischen Amsterdam, Dordrecht und Rotterdam auch zwischen Amsterdam, Haarlem, Alkmaar und Hoorn Seenplatten gelegen haben, aus denen sich die wenigen Städte und Dörfer wie Inseln erhoben; zwar von Deichen eingerundet, trotzdem wassergefährdet, dazu auf schwankendem Grund – auf einer dünnen Erdkruste über dem unterirdischen Meer des Grundwassers. Wollte man dort ein Bauwerk errichten, hob man nicht wie anderswo die Erde aus, sondern trieb lange Eichenpfähle in den morastigen Boden, um dem künftigen Gebäude, selbst wenn es nur eine Kate werden sollte, Halt zu geben. Ganz Amsterdam steht auf solchen Pfählen; das Königliche Schloß auf genau 13659. Nicht umsonst sagt das angeblich kürzeste aller in holländischer Sprache verfaßten Gedichte:

Amsterdam, die groote stad,
is gebouwd op palen.

Als die stad eens ommeviel,
wie zal dat betalen?

Inzwischen sind die meisten Seen, die Holland auf alten Karten so scheckig und zerrissen erscheinen ließen, verschwunden. Sie wurden zu Poldern, zu Land. Ungefähr 2800 Polder hat man in den Provinzen Nord- und Südholland, Friesland und Seeland gezählt. Schon 1546 ließ jener Graf Lamoraal van Egmond, der am 5. Juni 1568 als Mitstreiter Willems von Oranien gegen die Gewaltherrschaft König Philipps II. von Spanien in Brüssel hingerichtet wurde, auf seinen Gütern westlich von Alkmaar zwei kleine Seen durch Windmühlen ausschöpfen. Doch an die Trockenlegung größerer Gewässer konnte man erst zu Beginn des 17. Jahrhunderts denken, nachdem sich die Wasserbautechnik in dem dazu erforderlichen Maß entwickelt, man in dem ›Waterbouwdeskundigen‹ Jan Adriaanszoon Leeghwater aus De Rijp den geeigneten Ingenieur gefunden und die zur Durchführung solcher Großprojekte notwendigen Gelder aufgebracht hatte.

Der erste umfangreiche See, dessen Trockenlegung nun in Angriff genommen werden konnte, war der 2300 Hektar große Beemstersee westlich von Edam. Die Arbeiten begannen im Frühjahr 1609. Am 22. Januar 1610 zerstörte ein schwerer Sturm auf der Zuidersee den gerade fertiggestellten Trennungsdeich zwischen den beiden Gewässern und vernichtete das Werk zehnmonatiger Mühen. Einige Wochen später fing man jedoch wieder unverdrossen von vorn an, und im Frühjahr 1612 war das Werk getan.

Sechsundvierzig Windmühlen hatten den Beemstersee leergeschöpft. Um ihn hatte man einen von zwei Ringdeichen eingefaßten Abflußkanal von dreißig Kilometern Länge gegraben und auf der inneren Schräge des Innendeichs jenes System mühlengetriebener Schöpfwerke errichtet, das das Wasser stufenweise über den Deich hinweg in den Abflußkanal schaufelte, der es dann zur Zuidersee und in das offene Meer weiterleitete.

Die Trockenlegung hatte 130000 Gulden gekostet und war das, was man heute, bei der verminderten Kaufkraft des Guldens, ein Millionenprojekt nennen würde. Kaufleute aus Amsterdam, die nach gewinnbringenden Anlagemöglichkeiten ihrer im Überseehandel getätigten Gewinne suchten, hatten einen Investmentfonds zur Finanzierung des Projekts gebildet, und nach der erfolgreichen Trockenlegung des Beemstersees finanzierten sie zahlreiche weitere, deren Ziel nicht allein die Neulandgewinnung, sondern daneben auch die Verhinderung von Überschwemmungen und die Verbesserung der Bodenqualität der umliegenden Ländereien war.

Bereits um 1630 hatten es Gruppen großer und kleiner Geldgeber ermöglicht, daß an der Einpolderung von dreißig Seen in allen Teilen Hollands gearbeitet werden konnte. Doch schon 1612 war der Purmersee südwestlich von Edam trockengelegt worden, 1626 der ebenfalls über 2000 Hektar große Wormersee nördlich von Zaandam und 1635 folgte der Schermersee bei Alkmaar. 1627 wurde die Einpolderung des Naardermeers bei der Festung Naarden vollendet, aber bereits zwei Jahre später mußte dieser Polder erneut unter Wasser gesetzt werden, um – wie rund fünfzig Jahre zuvor bei der Festung Leiden – wiederum ein spanisches Belagerungsheer zu vertreiben. Zum zweiten Mal aber wurde er bis auf den heutigen Tag nicht trockengelegt – zur Freude der Ornithologen, die in seinen ausgedehnten Schilfsäumen die Verhaltensweisen seltener Wasservogelarten studieren können.

Abgesehen von solchen Verlusten, die zwar keineswegs leichten Herzens, jedoch im Bewußtsein höherer Notwendigkeit getragen wurden, denn ›unsere Freiheit war uns wichtiger als unser unversehrtes Land‹, erwies sich das Geld als äußerst klug angelegt. Die Renditen beliefen sich nach zeitgenössischen Schätzungen bald auf Höhen bis zu dreihundert Prozent des investierten Kapitals. Heute gehören die Polder aus jenen Tagen zu den fruchtbarsten Anbaugebieten der Niederlande. Bereits ein Jahr nach der Trockenlegung konnten zum Beispiel auf dem Beemstersee 7753 Säcke Raps geerntet werden – eine Menge, die damals ausreichte, alle Ölpressen Hollands ein Jahr lang zu beschäftigen. Untrennbar verbunden jedoch ist mit diesen Poldern der Name Jan Adriaanszoon Leeghwaters aus De Rijp.

Das ›Universalgenie‹

Inmitten der nordholländischen Seenplatte von einst und des Poldergebiets von heute liegt ungefähr auf halber Strecke zwischen Edam und Alkmaar De Rijp; ein Ort, der erst um das Jahr 1400 auf dem Westufer des Beemstersees entstanden war. Anfänglich bestand die Siedlung nur aus einem Dutzend armseliger Fischerhütten, die man sich nicht primitiv genug vorstellen kann: Menschen und Vieh hausten unter einem Dach in einem einzigen Raum, Fenster fehlten, das Tageslicht fiel durch das Tor hinein und durch das Rauchabzugsloch an der Spitze des zeltförmigen, beinahe bis zum Boden hinabreichenden Dachs. Anderthalbtausend Jahre zuvor hatten, wie wir von Tacitus und Plinius wissen, die Behausungen der hier ansässigen Westfriesen nicht anders ausgesehen. Um 1520 zählte De Rijp zwar schon knapp fünfzig Hütten, aber Schornsteine, so vermeldet die Chronik, besaßen auch damals nur die allerwenigsten, und um das Jahr 1540, so erzählt wiederum die Chronik, begann man sich auf die Hochseefischerei zu verlegen. De Rijper Pökelheringe erlangten bald einen ausgezeichneten Ruf, wurden eine lukrative Handelsware und waren beispielsweise in Köln und London als Delikatesse begehrt. Noch bis zum Beginn des 20. Jahrhunderts hieß ein Teil des Londoner Fischmarkts ›Beemsterbank‹. Erst durch die Trockenlegung des Beemstersees, der vor seiner Einpolderung durch einen Damm von der Zuidersee getrennt werden mußte, wurde De Rijp zu einem Ort im Binnenland.

Mit der Hochseefischerei zog auch der Wohlstand in De Rijp ein. Denn während das kleine Fischernest zuvor nicht einmal eine Kapelle besaß, von einer Kirche ganz zu schweigen – lediglich ein rohes Holzkreuz stand auf dem Dorfanger, um das sich nach Feierabend die Bewohner zur Andacht und zum Singen von Chorälen versammelten – wandelte es sich dank des lohnenden Heringsfangs allmählich zu einem »schönen, reichen Dorf mit städtischen Häusern«, dessen Hauptstraße

»auf einer Länge von 750 Ellen ganz mit Holz gepflastert« war, und konnte sich bald auch eine steinerne Kirche mit Orgel, Glockenspiel und einem Turm leisten, von dessen Höhe man »über die Dünen und das Meer und über alles Land hinweg bis nach Alkmaar, Hoorn, Edam, Amsterdam und Haarlem schauen konnte«. Zu Beginn des 17. Jahrhunderts wurde überdies der inzwischen für die De Rijper Fangflotte zu eng gewordene Hafen um zwei neue Becken erweitert. Und 1630 baute der technisch überaus vielseitig begabte Jan Adriaanszoon Leeghwater seinen Mitbürgern ein Rathaus, »das ein Juwel der Renaissance und in seiner Art das schönste in der gesamten Gegend ist«, wie man hier selbstgefällig, jedoch nicht zu Unrecht behauptet. Leeghwater stand damals bereits in hohem Ansehen als Wasserbauingenieur und galt zudem als einer der bedeutendsten Techniker seiner Zeit und seines Landes. Wegen seiner Vielseitigkeit bezeichnete man ihn später des öfteren als einen ›holländischen Lionardo da Vinci‹, und sogar das nüchterne ›Nieuw Nederlandsch Biografisch Woordenboek‹ nennt ihn klipp und klar ein ›Universalgenie‹ und erzählt weiter:

»Außer allem anderen war er nämlich auch noch ein Kunsttischler von hohen Graden, verfertigte Möbel, arbeitete als Bildhauer und Kunstschmied in Holz, Stein und Elfenbein, in Kupfer und in anderen Metallen, baute Häuser, Brücken, Mühlen und Schleusen, machte Uhrwerke und Glockenspiele, betätigte sich als Steinmetz, zum Beispiel beim Rathausbau in Amsterdam, baute zahllose Maschinen für Entwässerungsaufgaben und sprach fließend Deutsch und Französisch und ein wenig Latein...«

Leeghwater wurde 1557 in De Rijp geboren und starb dort zwischen 1647 und 1654; das genaue Todesjahr ist unbekannt. Schon sein Vater war ›Waterbouwdeskundiger‹ gewesen. Auch der Sohn wurde frühzeitig in allen ›Wasserkünsten‹ unterwiesen: im Konstruieren, Berechnen und Bauen von Brücken und Schleusen, von Schöpfwerken und Windmühlen, in der Anlage von Häfen und Entwässerungsgräben und dem ›vastmaken van kabels onder gezonken schepen‹. Bereits als junger Mann baute er eine Taucherglocke und ging mit ihr vor den Augen des Prinzen Maurits von Nassau-Oranien und anderer fürstlicher Personen unter Wasser: »Dort unten schrieb er einen Psalm aus der Bibel ab, aß ein paar Birnen und tauchte nach einer guten Stunde wohlbehalten wieder auf.«

Der Gedanke, Binnengewässer mit Deichen einzuzirkeln, um sie darauf mit Windmühlen ›trockenzumahlen‹, war zu Leeghwaters Zeit nicht mehr neu. Neu hingegen war seine Fähigkeit, große Trockenlegungsprojekte mit wissenschaftlicher Gründlichkeit bis ins letzte Detail zu planen, den reibungslosen Arbeitsablauf zu organisieren und die zu erwartenden Kosten genau zu kalkulieren. In der Tat liefen die von ihm geleiteten Arbeiten mit uhrwerkhafter Präzision ab, die Einpolderungen wurden fast auf den Stichtag fertig und die finanziellen Aufwendungen hielten sich in den errechneten Grenzen. Dies sprach sich nicht allein im Lande herum, sondern ebenso im Ausland. 1628 beauftragte ihn der Herzog von Epernon mit der Trockenlegung eines über tausend Hektar großen Sumpfes bei Cadillac in der Nähe von Bordeaux, 1629 entwässerte er den Lagerplatz des holländischen Heeres während der Belagerung der von den Spaniern besetzten Festung s'Hertogenbosch, und noch im selben Jahr entwarf er einen Plan zur Trockenlegung der Sümpfe von Vic bei Nancy, denn wo immer man damals in Holland, England oder Frankreich, in Dänemark, Holstein oder Preußen vor Deichbau- und Entwässerungsproblemen stand, erbat man seinen Rat und holte sein Gutachten ein.

Im Jahr 1641 veröffentlichte Jan Adriaanszoon Leeghwater nach jahrelangen Vorstudien sein ›Haerlemmermeer-Boeck‹, einen detaillierten Plan zur Einpolderung des Haarlemermeers, eines Binnengewässers, das im Laufe der Zeit aus einer Kette vieler kleinerer Seen entstanden war. Allmählich waren ihre Ufer abgebröckelt, die Seen waren ineinandergeflossen und hatten diesen mit 18000 Hektar größten Binnensee des Landes gebildet, den seine Uferbewohner wegen seiner Gefährlichkeit bei starken Winden den ›Großen Wasserwolf‹ nannten – wie überhaupt der Vergleich des Wassers und der Flut mit einem reißenden, blutrünstigen Wolf in alten holländischen Schriften sehr beliebt ist. Beinahe jedes Jahr richtete das Haarlemermeer erhebliches Unheil an; zuletzt 1836, als es die Außenbezirke Amsterdams überschwemmte und kurz darauf bei einem neuerlichen Sturm bis in das Zentrum von Leiden drang. Aber obwohl das Buch in rascher Folge vierzehn Auflagen erzielte, woran man das große Interesse der Öffentlichkeit an der Trockenlegung ermessen kann, scheiterte sie einstweilen an den errechneten Kosten von drei Millionen Gulden, bis sie dann endlich, zweihundert Jahre nach dem Erscheinen des Buches, doch in Angriff genommen wurde.

Als man im März 1840 endlich mit den Trockenlegungsarbeiten begann, griff man auf das ›Haerlemmermeer-Boeck‹ zurück – und so grub man wieder, wie einst um den Beemstersee und die übrigen nordholländischen Seen, nun auch ums Haarlemermeer einen von zwei Deichen eingefaßten Abflußkanal. Aber inzwischen war das Zeitalter der Dampfmaschine angebrochen, und so erbaute man statt der von Leeghwater vorgeschlagenen 160 »kapitalen Windmühlen« die drei dampfgetriebenen Pumpwerke ›Leeghwater‹, ›Lijnden‹ und ›Cruquius‹, alle drei nach Wasserbaupionieren benannt. Nach zwölfjähriger Arbeitszeit konnte der ›Nederlandse Staatscourant‹ seinen Lesern im Sommer 1852 melden, daß das Haarlemermeer »mit Hilfe neuartiger Maschinen und von gutem Wetter begünstigt nunmehr von allem Wasser befreit und also trockengelegt worden ist«. Heute steht an dem ehemaligen Abflußkanal nahe Heemstede nur noch das Werk ›Cruquius‹ – ein schwärzlicher Backsteinkomplex mit Maschinenhalle, Wasserförderungsturm und hohem Schornstein, jetzt Museum für Wasserbaukunde.

Leeghwaters kühne Idee war damit Wirklichkeit geworden und der ›Große Wasserwolf‹ war bezwungen. Haarlem, Amsterdam und Leiden hatten von ihm nichts mehr zu befürchten. Der Wert der überschwemmungsfrei gewordenen umliegenden Ländereien stieg erheblich, und 18000 Hektar Acker- und Weideland mit heute berühmt hohen Ernteerträgen waren hinzugewonnen worden. Neue Dörfer entstanden auf dem einstigen Seeboden: Hoofddorp, Vijfhuizen und Nieuw-Vennep, und in unserem Jahrhundert der Amsterdamer Großflughafen Schiphol, einer der meistbeflogenen Flughäfen der Welt, an dessen Kontrollturm uns eine Tafel darüber belehrt, daß man hier auf einem Boden steht, der 4,50 Meter unter dem Meeresspiegel der nahen Nordsee liegt. Sein Name ist abgeleitet von jenen ›schip-hols‹, kleinen höhlenartigen Buchten der früheren Seeufer, in die bei aufkommendem Sturm die Fischer mit ihren Booten flohen. Doch bereits ehe man mit der Einpolderung des Haarlemermeers begonnen hatte, war in den Köpfen der besten Wasserbautechniker des Landes eine noch weit kühnere Idee aufgetaucht: die Trockenlegung der Zuidersee.

Unternehmen Zuidersee

Mit ernsten Absichten, diese umfangreiche Nordseebucht – den ›Dolch des Meeres in das Herz Hollands‹ – zu beseitigen, trug man sich seit ungefähr 1830.

Noch 1828 waren bei einer Sturmflutkatastrophe, bei der die Zuidersee über die Ufer trat, achthundert Menschen und 46000 Stück Vieh ertrunken. Allein in den vier Jahrzehnten zwischen 1877 und 1916 brachte sie neun schwere Überschwemmungen, bei denen insgesamt 243 959 Hektar Land überspült wurden und die Insel Marken mehrmals unter Wasser verschwand. Und am 11. Januar 1916 begann ein dreitägiger Sturm, bei dem Deiche bei Edam, Hoorn, Muiden und Amsterdam brachen. Wiederum wurde die Insel Marken

I DIE KLEINE STRASSE
Gemälde von Jan Vermeer
(1628-1691)

Rijksmuseum, Amsterdam

überspült, desgleichen Poldergebiete bei Elburg, Edam, Zaandam und Amsterdam. Erst nach Monaten tauchten sie – verschlammt und verwüstet – wieder aus dem Wasser auf.

Man sah freilich ein, daß man die Zuidersee nicht wie einst den Beemstersee oder das Haarlemermeer einfach eindeichen und auspumpen konnte. Dazu war diese 300000 Hektar umfassende, wenn auch durchschnittlich nur zwischen 3,50 und 4,50 Metern tiefe Nordseebucht zu groß. Überdies wäre lediglich ein Teil einer völlig trockengelegten Zuidersee landwirtschaftlich verwendbar gewesen. Denn Bodenuntersuchungen hatten ergeben, daß hier zwar zwei Drittel des Meeresbodens aus wertvollen Lehm- und Kleieschichten bestanden, ein Drittel hingegen aus wertlosem Sand. Deshalb schlug man vor, vier oder fünf Großpolder von je 40000 Hektar anzulegen, zumal durch die Verdoppelung der Bevölkerungszahl des Landes in den letzten sechzig Jahren die Erweiterung der landwirtschaftlichen Nutzfläche notwendiger denn je geworden war. Doch Berechnungen ergaben, daß dann teure, schwere Seedeiche in einer Gesamtlänge von 320 Kilometern gebaut werden müßten. Außerdem hätte die auf solche Weise verkleinerte Meeresbucht noch immer nicht viel von ihrer Gefährlichkeit bei Stürmen eingebüßt.

»Keine halben Taten, keine falschen Entscheidungen« lautete darum die Forderung der Abgeordneten der Generalstaaten, des niederländischen Parlaments, sobald wieder einmal über die Zukunft der Zuidersee debattiert wurde. Jahrelang zerbrach man sich den Kopf über allerlei Vorschläge, die zwischen Vor- und Nachteilen einen halbwegs gangbaren Weg suchten. Lange Zeit fand sich keiner, der befriedigend erschien.

Bis endlich 1891 ein gewisser Dr. Cornelis Lely, ein Wasserbauingenieur, einen Plan unterbreitete, der als ›Lely-Plan‹ in die Geschichte einging – ein Plan, so einfach wie genial, so einleuchtend wie durchführbar. Er berücksichtigte alle natürlichen und technischen Gegebenheiten und wandelte so manches bisherige Problem in einen Vorteil um. Seine drei Hauptpunkte waren:

Erstens: der Bau eines 2,5 Kilometer langen Deichs vom nordholländischen Festland zur vorgelagerten Insel Wieringen.

Zweitens: die Verlängerung dieses Deichs durch den Bau eines 30 Kilometer langen Abschlußdamms von der Insel Wieringen bis zur friesischen Küste bei Harlingen, um die Zuidersee von der Nordsee zu trennen.

Drittens: die Trockenlegung von fünf Poldern mit einer Gesamtfläche von 220000 Hektar in der durch die Abtrennung von der Nordsee zum Süßwassersee umgewandelten Zuidersee.

Das Neuartige am Lely-Plan war die Idee des Abschlußdammes von Nordholland nach Friesland. In holländischen Schulbüchern kann man darüber folgendes lesen:

»Durch den Bau des Abschlußdammes verfügt das Land nun in seinem Zentrum über ein Süßwasserreservoir, das dem Gezeitenwechsel entzogen ist und die umliegenden Gebiete, namentlich die Provinzen Nordholland und Friesland, mit Trinkwasser versorgen kann. Zwar mag es für ein Land, in dem man allerorts so viel Wasser sieht, merkwürdig anmuten, daß es ihm an Süßwasser fehlt. Dennoch entstünden ohne dieses Reservoir bald Mängel an solchem, weil unsere beiden großen Flüsse, der Rhein und die Maas, zumal während des Sommers, oft nicht genug Süßwasser für die Bedürfnisse der Bevölkerung, der Industrie und der Landwirtschaft zu liefern vermögen.«

Zudem muß man wissen, daß das Meer Holland nicht allein ober-, sondern ebenso auch unterirdisch bedroht. Denn entlang der Küsten sowie durch Meerarme, Buchten und Flußmündungen sickert unablässig Salzwasser in den Boden. Um zu verhüten, daß das Land im Laufe der Zeit zu einer unwirtlichen Salzwüste wird, bedarf es ungeheurer Süßwassermengen zur Ausschwemmung des Salzes. Seit dem Bau des Abschlußdammes gibt die Ijsselsee, wie die Zuidersee seither heißt, wertvolles Süßwasser nicht mehr ungenutzt an die Nordsee ab; gespeist von der Ijssel, einem Rheinarm, speichert sie es vielmehr zur weiteren Verwendung auf. Lediglich der Überschuß wird durch Schleusen ins Meer entlassen. Aber aus dem Lelyplan erwuchsen noch weitere Vorteile:

»Der nur 30 Kilometer lange Abschlußdamm übernahm die Aufgabe der über 300 Kilometer langen Schutzdeiche entlang der Ufer der ehemaligen Zuidersee, und der Bau und die Instandhaltung der neuen Polderdeiche wurden weniger kostspielig, da die nunmehrige Ijsselsee nicht mehr dem Gezeitenwechsel ausgesetzt ist. Außerdem hat sich durch diesen Damm, über den eine Autobahn läuft, die Verkehrsverbindung zwischen Nordholland und Friesland wesentlich verkürzt. Und schließlich war es einfacher, dazu billiger, die neuen Großpolder in einem ruhigen Binnengewässer anzulegen statt in einer unruhigen Nordseebucht.«

Die Vorteile des Lely-Plans lagen somit auf der Hand. Dies erkannten manche Abgeordnete der Generalstaaten schon nach den ersten Beratungen. Einer von ihnen urteilte: »Jedem einsichtigen Bürger unseres Landes muß er als das lange gesuchte Ei des Kolumbus erscheinen, wobei wir uns lediglich verwundert fragen, weshalb man nicht schon früher auf einen derart beschaffenen Plan verfiel.« Und aus dem Mund eines anderen Abgeordneten hörte man gar den Hymnus, den Uferbewohnern der Zuidersee, ja dem ganzen Volk sei in Dr. Lely ein ›neuer Vater des Vaterlandes‹, ein zweiter Wilhelm von Oranien entstanden: ›ein Befreier aus der jahrhundertealten Angst vor den Tücken dieses Gewässers‹. So lyrisch vermag dieses sonst so nüchterne Volk zu formulieren, wenn der Schutz vor dem Meer und die Gewinnung von Neuland zur Sprache kommt.

Unter den ›einsichtigen Bürgern‹ war die Zustimmung in der Tat allgemein. Eine Woge der Zuversicht und neuer Tatkraft ging durch das Land. Man sah ein großes Ziel – und das stimmte unternehmungslustig. Ein schlesischer Landwirt, der sich damals zu Studienzwecken in Friesland aufhielt, schrieb, sichtbar angesteckt von der allgemeinen Hochstimmung, in einem Brief nach Hause:

»Vielleicht noch nie seit der Vertreibung der Spanier aus diesem Land haben die Holländer so vertrauensvoll in die Zukunft geblickt wie jetzt, nachdem der Plan des Dr. Lely in den Zeitungen gestanden hat... Wie andere Völker über neue Gebiete jubeln mögen, die auf blutigem Schlachtfeld erobert wurden, freut man sich hier nun über jene, die freilich einstweilen noch vom Wasser der Zuidersee bedeckt sind. Aber man ist fest entschlossen, sie ihr zu entreißen. Vor dem geistigen Auge der Holländer malt sich schon das Bild der Kornfelder und Viehkoppeln, wo momentan noch die Fischerboote ihre Netze auswerfen.«

Das Wort der Königin

Dennoch dauerte es fast noch dreißig Jahre, ehe sich das Parlament entschloß, den Plan zu genehmigen. Regierungswechsel, Parteienzwist und Finanzierungsfragen verhinderten eine frühere Annahme. Selbst Dr. Lely, inzwischen Minister für öffentliche Arbeiten, vermochte keine Mehrheit für seinen Plan zustande zu bringen. Die Begeisterung verflog nach und nach. Es schien, als sei der Plan dazu bestimmt, in Archiven zu vergilben. Doch da forderte Königin Wilhelmina im September 1913 bei ihrer Thronrede zur Parlamentseröffnung:

»Ich halte nun die Zeit für gekommen, die Absperrung der Zuidersee endlich in Angriff zu nehmen. Das Wohl des Vaterlandes erfordert es. Die Verbesserung der Wasserverhältnisse, die Erweiterung des Staatsgebiets und eine dauernde Vermehrung der Arbeitsmöglichkeiten werden die Folge sein.«

Aber ein Jahr später brach der Erste Weltkrieg aus. Holland vermochte sich zwar seine Neutralität zu erhalten, ein besonders günstiger Zeitpunkt zur Durchführung eines derart bedeutenden Projekts waren die Kriegsjahre jedoch nicht. Andererseits lenkte die als Folge des U-Bootkriegs bald auch in Holland spürbare Lebensmittelknappheit die Aufmerksamkeit der unwillig werdenden Öffentlichkeit nachdrücklich auf die umfangreichen Anbauflächen, die noch immer unter dem Wasser der Zuidersee ruhten, während die Sturmflutkatastrophe vom Januar 1916 erneut die unberechenbare Gefährlichkeit dieser Nordseebucht demonstrierte. So waren schließlich auch dieses Mal wieder ›zuviel Wasser und zuwenig Land‹ der Antrieb für die endliche Realisierung eines Trockenlegungsvorhabens – wie schon so oft in der Geschichte Hollands. Das Parlament, von der Öffentlichkeit der ›Trägheit‹, der ›Schlafmützigkeit‹ und der ›Verantwortungslosigkeit‹ geziehen, beeilte sich endlich, entschied sich für den Lelyplan und erließ 1918 das ›Gesetz zur Durchführung des Unternehmens Zuidersee‹.

Der inzwischen auf den jüngsten technischen Stand gebrachte Plan blieb im wesentlichen unverändert. Außer dem Bau eines Deichs vom nordholländischen Festland zur Insel Wieringen, eines Abschlußdammes von der Insel zur friesischen Küste, der Verkleinerung der Zuidersee auf nur noch 125000 Hektar und ihre Umwandlung in ein Süßwasserbecken sah er die Anlage der folgenden fünf Polder vor: Wieringermeerpolder mit 20000, Nordostpolder mit 48000, Polder Ost-Flevoland mit 54000, Polder Süd-Flevoland mit 44000 und Polder Markerwaard mit 60000 Hektar. Durch diese 226000 Hektar sollte sich die Fläche des Königreichs der Niederlande um sieben, die landwirtschaftliche Nutzfläche sogar um zehn Prozent vergrößern. Neuntausend Bauernhöfe und Gartenbaubetriebe, fünf Städte und zahlreiche Dörfer waren vorgesehen. Einige hunderttausend Menschen sollten auf den Poldern eine neue Heimat finden. Längst wurde die Voraussage der verstorbenen Königin Wilhelmina – »Verbesserung der Wasserverhältnisse, Erweiterung des Staatsgebiets und eine dauernde Vermehrung der Arbeitsmöglichkeiten« – zur Wirklichkeit.

Denn während sich im Herbst 1970 der graue, rissige Elefantenrücken des letzten Polders Markerwaard aus dem Wasser hob und man auf Süd-Flevoland mit den ersten Aussaaten begann, tragen die älteren Polder, zu mehr als 85 Prozent von erstklassiger Bodenqualität, bereits seit langem Frucht: Getreide, Hülsenfrüchte, Raps, Flachs, Zuckerrüben und Zuchtkartoffeln, dazu Feingemüse aller Art. In den Obstplantagen reifen Äpfel und Birnen. Auf den saftigen Koppeln steht hochwertiges Herdbuchvieh. Pappeln werfen dort ihre langen, schmalen Schatten auf die Klinker- und Asphaltchausseen. Moderne Bauernhöfe mit luftigen Ställen und geräumigen Scheunen unter bereits moosiggrünen Dächern liegen behäbig inmitten ihrer brettflachen Äcker und Weiden. Aus den Seeleuten und Fischern der Zuidersee sind die ›Säleute‹, Viehzüchter und Gärtner der Ijsselseepolder geworden. Und bei Den Oever auf der ehemaligen Insel Wieringen steht, wo der Abschlußdamm beginnt, das Denkmal des Dr. Cornelis Lely. Von granitenem Sockel blickt er über den Damm und die Autobahn nach Harlingen hinweg auf die Nordseebucht hinaus, die er bezwang.

Mit Hoffen und Bangen

Als man damals nach einigen weiteren Jahren technischer Vorbereitungen mit dem Bau des Abschlußdamms begann, war man keineswegs sicher, ob das Werk überhaupt gelingen würde. Die Sachverständigen hegten Zweifel. Über die Länge der Bauzeit wagte keiner Vorhersagen zu machen, denn ein Meer, das jahrhundertelang die umliegenden Küstenstriche heimgesucht hatte, auf dem Hunderte von Schiffen untergegangen waren, läßt sich nicht widerstandslos besiegen – nicht einmal mit den modernsten Mitteln der Technik.

Die Arbeiten des ersten Bauabschnitts – der Damm durch das sogenannte Amsteldiep, einer 2,5 Kilometer langen Rinne zwischen dem nordholländischen Festland und der Insel Wieringen – wurden Anfang 1923 aufgenommen und Ende 1925 beendet. Wieringen hatte damit aufgehört, eine Insel zu sein. Immerhin war dieser Bauabschnitt noch verhältnismäßig problemlos gewesen.

Dann aber begann das eigentliche Wagnis: der Bau des Abschlußdammes mit seiner Länge von 30 Kilometern, seiner Breite von 90 Metern und seiner Höhe über dem Meeresspiegel von 7,50 Metern – quer durch eine besonders unruhige Meeresbucht mit ihren Gezeiten und Stürmen. Einer der am Dammbau beteiligten Ingenieure erinnerte sich später: »Wir gingen mit Hoffnung und Bangen, mit Entschlossenheit und Zagen, die miteinander abwechselten, an dieses unerhörte Werk. Aber auch in dem Bewußtsein, daß wir es wagen müssen. 1927 wurde der erste Spatenstich getan.« Und in der offiziellen Geschichte des Unternehmens ist darüber zu lesen:

»Zunächst wurde in der Mitte des künftigen Dammverlaufs eine künstliche Insel errichtet, auf der die benötigten Materialien gelagert wurden und in deren beiden Häfen die beim Bau beteiligten Schiffe Zuflucht finden konnten. Zwei Baugruben wurden gebaggert, gleichfalls auf der Trasse des künftigen Damms, um darin zwei Schleusenbatterien zu bauen: Schleusen zum Ablassen des Zuiderseewassers und Schleusen für die Schiffahrt. Der Dammbau selber wurde an sechs verschiedenen Stellen zugleich aufgenommen, und zwar überall dort, wo das Meer nicht allzu tief war. An diesen Stellen hatte man naturgemäß mit geringeren Schwierigkeiten zu kämpfen. Als nun aber der Bau fortschritt und man die tieferen Stellen erreichte, nahmen die Schwierigkeiten zu, denn die gewaltigen Wassermassen, die bei Flut und Ebbe in die Zuidersee herein- und wieder hinausströmten, sahen ihren Weg mehr und mehr eingeengt. In den verbliebenen Öffnungen wurde die Strömung immer reißender und schürfte die Priele tiefer und tiefer aus. Um eine weitere Ausschürfung zu verhindern, ließ man sogenannte Senkstücke – Konstruktionen aus Weidengeflecht und Holz, die mit vielen Tonnen Basaltgestein beschwert wurden – in die Priele hinunter, auf denen jetzt die dortigen Dammabschnitte ruhen.«

Im Herbst 1931 gab es nur noch zwei Lücken im gesamten Abschlußdamm: eine bei den Middelgronden, die andere bei De Vlieter. Die erste wurde noch am 22. November desselben Jahres, die letzte am 28. Mai 1932 geschlossen. Unter dem Jubel und Mützenschwenken der Arbeiter und dem Heulen der Sirenen aller beim Bau eingesetzten Schiffe konnte an jenem denkwürdigen Tag Chefingenieur Telders dem damaligen Ministerpräsidenten melden: »Exzellenz, nach fünfjähriger Bauzeit ist der Auftrag nunmehr erfüllt. Die Zuidersee ist vom offenen Meer getrennt!«

Die Zukunft – schon vorbei

Fuhr man fünfundzwanzig Jahre später, im Frühjahr 1957, über den gerade fertiggestellten Ringdeich des zukünftigen Polders Ost-Flevoland, etwa von Harderwijk zur geplanten Ortschaft Lelystad, wurde man Zeuge des faszinierenden Vorgangs, wie Land aus Wasser entstand.

Zur Linken lag die Ijsselsee – und zur Rechten ebenfalls. Der 90 Kilometer lange Deich umschloß im Winkel zwischen den Städten Harderwijk, Elburg und Kampen ein nahezu quadratisches Bassin von 54000 Hektar, doch er trennte vorerst noch Wasser von Wasser, noch keineswegs Wasser von Land.

Während jedoch zur Linken das Wasser graublau war, wie die See an einem windigen, sonnigen Frühlingstag eben aussieht, war es zur Rechten gelblich und schlammig. Zudem lag der Spiegel im Bassin tiefer als auf der anderen Seite. Da und dort wuchsen bereits Schlammbänke ans Licht: graue, rissige Rücken, auf denen Möwen nach Muscheln und Würmern jagten oder schläfrig auf einem Bein standen. An einigen Stellen sproß schon Schilf.

Doch im Sommer desselben Jahres hatte sich das Bild erneut verändert. In den neun Monaten seit ihrer Inbetriebnahme hatten die Pumpwerke ›Wortman‹, ›Lovink‹ und ›Colijn‹ 63 Millionen Kubikmeter Wasser über den Ringdeich in die Ijsselsee befördert. Seit dem 29. Juni trennte der Deich nun wirklich Wasser von Land: die Ijsselsee von einer noch wüsten Sumpflandschaft, durchzogen von Entwässerungskanälen, die bereits vor der Ausschöpfung unter Wasser gebaggert worden waren.

Wir liebten die Autofahrten auf dem Ringdeich von Harderwijk nach Lelystad, das damals erst eine kleine Ansammlung von Holzbaracken war, in denen Ingenieure, Pumpwerktechniker, Schleusenmeister und Arbeiter hausten: mehr ein Stützpunkt als eine Siedlung und noch längst keine Stadt. Aber wenn das alte Fischernest Harderwijk mit seinem mittelalterlichen Stadttor, seiner gotischen Kirche, seinem Empire-Rathaus und den Gebäuderesten der einstigen Universität, an der der Arzt Hermanus Boerhauve und der Naturforscher Karl von Linné gelehrt hatten, das Gestern war, so konnte Lelystad nichts anderes als das Morgen sein. So betrachtet, waren unsere Fahrten über den Ringdeich Ausflüge aus der Vergangenheit in die Zukunft, und da wir sie in den Zwischenräumen von Wochen unternahmen, erlebten wir wie in einem Zeitraffer alle Stadien der Landwerdung: ablaufendes Wasser, auftauchenden Schlick, abtrocknende Erde...

Im Herbst 1957 beobachteten wir häufig ein Flugzeug, das niedrig über dem schlammigen Polder Streifen nach Streifen abflog, wobei es etwas absprühte, was Staub oder Mehl hätte sein können. Hatte es sich verausgabt, tauchte prompt ein anderes auf, das den Weg des ersten Flugzeugs fortsetzte und weitersprühte. Auf diese Weise, so erfuhren wir, wurde der größtenteils für Mensch und Maschine noch ungangbare Boden mit Schilfsamen eingesät – eine Methode der Urbarmachung, von der sich Cornelis Lely noch nichts hatte träumen lassen. Denn Rohrschilf trägt durch seine starke Verdunstung zur raschen Austrocknung des Bodens bei und unterbindet unter seinem zwei bis drei Meter hohen Bewuchs das Aufkommen von Unkraut. Schon im Sommer des nächsten Jahres waren weite Teile des Polders ein Schilfdschungel.

Nachdem der Boden mit Hilfe des Schilfs getrocknet worden war und die Last schwerer Maschinen aushielt, wurde die inzwischen verdorrte Schilfdecke abgebrannt. Kurz danach dröhnten Rudel riesiger Tiefpflüge über die bebauungsreif gewordenen Polderabschnitte und warfen die schwarze Erde metertief um.

Auf einigen Teilen im Osten des Polders hatte die Bestellung ohne vorherige Schilfeinsaat bereits im Frühjahr 1958 begonnen werden können. Dazu wurde das Land in Parzellen von je 4000 Hektar aufgeteilt, auf denen unter staatlicher Regie die ersten Aussaaten erfolgten: hauptsächlich Weizen und Raps. Gute Ernten wurden eingefahren. In den folgenden Jahren kamen immer neue Parzellen hinzu. Nun baute man auch Gerste, Luzerne, Flachs und Zuchtkartoffeln an, säte Wiesen ein und forstete Gehölze auf.

Drei Jahre blieben die Parzellen unter staatlicher Regie; im dritten wurden Gehöfte gebaut, die dann zusammen mit den aufgeteilten Parzellen in Erbpacht an Siedler abgetreten wurden – weniger an Neubauern, wie noch auf dem 1941 fertiggestellten Nordostpolder, sondern vornehmlich an stadtverdrängte Landwirte aus den verstädternden Einzugsgebieten der Randstad Holland und anderer Großstädte. Denn im Zeichen der Milchschwemme, Butterberge und sonstiger Überproduktion von Agrarerzeugnissen kam es nun nicht mehr so sehr auf eine Erweiterung der Zahl landwirtschaftlicher Betriebe an als vielmehr auf deren Verlagerung in geeignete Landesteile.

Die Hofgrößen auf Ost-Flevoland schwanken zwischen 12 und 48 Hektar und belaufen sich im Durchschnitt auf 30. Die Höfe sind monoton an schnurgeraden Straßen aufgereiht, an der Stirnseite ihrer vollkommen rechteckigen Grundstücke von zumeist 300 mal 1000 Metern. Es gibt vier verschiedene Betriebstypen: Ackerbau-, Viehzucht-, Misch- und Gartenbaubetriebe. 1962 lagen bereits zwei Drittel des Polders unter dem Pflug und auf 225 Höfen saßen bereits Umsiedler. 1967 wurde das letzte Polderstück eingesät und 1970 war der gesamte Polder in private Nutzung entlassen.

Auch Ortschaften entstanden auf dem jungen Polder: Lelystad, Dronten, Ketelhaven, Biddinghuizen, Kamperhoek und Swifterbant... Lelystad, zur Hauptstadt Ost-Flevolands ausersehen, erhielt großzügige Verwaltungsgebäude, Schulen, Kindergärten, ein Krankenhaus, Kirchen, Geschäfte, einen Hafen und breite Straßen mit hellen Klinkerhäusern in hübschen Gärten. Bald siedelte sich auch Industrie in stärkerem Umfang als erwartet an. Doch obwohl Lelystad auf dem Reißbrett ausschließlich nach funktionellen Gesichtspunkten entworfen worden war, paßte sich diese ›Stadt aus der Retorte‹ überraschend schnell und auf beinahe unerklärliche Weise den zumeist unbewußten subjektiven Bedürfnissen ihrer Bürger an, streifte das Künstliche ihrer Entstehung ab, gewann Individualität und damit eine gewisse Atmosphäre im gleichen Maß, wie draußen auf dem Lande die agrartechnischen Zweckbauten ihren amerikanischen Farmcharakter verloren und unter der Hand ihrer Besitzer zu Bauernhöfen wurden, und wie auch die Landschaft das Geometrische ihrer Erschaffungszeit aufgab, sich mit Hecken und Hainen, mit Kolken und Kopfweiden belebte und erste Tupfer einer herben Romantik erhielt – genau wie es einst auf dem älteren Nordostpolder geschah, der sich mit Städten, Dörfern, Anwesen und Landschaft kaum noch vom benachbarten friesischen Festland unterscheidet.

In der vom dumpfen Summen der Turbinen erfüllten Maschinenhalle des Pumpwerks ›Wortman‹ gibt es an den Wänden zwei große Mosaiken:

Auf dem linken hat sich aus finsteren Wolken der Mond geschoben. Glitzernd bricht sich sein Licht auf der Wasserweite der Zuidersee. Möwen sind verstört aufgeflattert. Am Strand liegen armselige Fischerboote, ein Haufen Netze und ein rostiger Anker mit zerrissener Kette – das ist die Allegorie der allzeit feindselig gewesenen Zuidersee, die lediglich einer Handvoll Fischern karges Brot geboten hatte.

Hingegen strahlt auf dem rechten Mosaik eine heitere Sonne. Letzte Wolken lösen sich auf. Weit dehnt sich, wo ehemals Wasser war, junges Polderland. Grün sind die Bäume, zwar noch jung, trotzdem schon fruchttragend. Sie umstehen einen Bauernhof, von dessen Giebel die rotweißblaue Flagge des Königreichs der Niederlande flattert. Korn ist bereits geschnitten und steht in Hocken – eine Allegorie der Zukunft, die freilich inzwischen Gegenwart wurde und allmählich in die Vergangenheit gleitet, um bald einer sich schon abzeichnenden neuen Zukunft weiter Stadtlandschaften aus Glas und Beton Platz zu machen, an die um 1957 noch niemand dachte. Denn die Futurologen – denen die Randstadt Holland inzwischen nicht mehr ausreichend für die Bevölkerungsziffern des Jahres 2000 erscheint – sind sich einig, daß ebenso wie bei Alkmaar, Groningen und auf den Inseln des Rhein-, Maas- und Scheldedeltas eines nicht mehr fernen Tages auch in der Umgebung von Lelystad ein weiteres Ballungsgebiet entstehen wird.

Dann bringt man vielleicht auf einer jetzt noch leeren Wand der Turbinenhalle des Pumpwerks ›Wortman‹ ein drittes Mosaik an, auf dem sich ein Wald gläsern schimmernder Wohntürme gerade dort hoch in den Himmel reckt, wo heute Obstbäume blühen, Vieh weidet, Korn grünt und im Mondlicht Nachtigallen in den Hecken schlagen.

Utopien, die keine mehr sind

Auf der seeländischen Insel Schouwen-Duiveland sind die meisten Bäume so jung, die Gehöfte so modern und die Dörfer so neu wie auf Ost-Flevoland. Aber sie ist kein dem Meer gerade erst entrungenes Polderland. Trotzdem waren die Pappeln an den Straßenrändern im Sommer 1970 höchstens fünfzehn Jahre alt, die Höfe glichen denen auf den Poldern in der Ijsselsee und die Dörfer sahen wie Neugründungen aus, nicht wie gewachsen im Lauf von Jahrhunderten, obwohl man ihre Namen schon auf uralten Karten findet. Die älteste Kirche, die ich in diesen Dörfern fand, trug die Jahreszahl 1954. Aber selbst wenn man den Blick nur flüchtig über die flache, sattgrüne Insel gleiten ließe und nichts von ihrem Schicksal wüßte, ahnte man, daß sie vor kurzer Zeit eine Stunde Null erlebt haben muß. Denn auf diesem alten Boden ist alles zu jung, zu modern und zu neu, als daß es mit rechten Dingen zugegangen sein könnte.

Überdies entdeckt man immer noch reichlich Spuren jener Unglücksnacht vom 31. Januar auf den 1. Februar 1953, als ein Orkan sich mit der Flut verband und das zu ungeheuren Wogen aufgewühlte Meer Deiche zerschlug, die Insel überspülte, Bauernhöfe fortschwemmte und Dörfer, die auf eine lange Geschichte zurückblickten, auslöschte. Denn damals war hier überall ›Land unter‹ gewesen. Zerstörte Windmühlen, in denen heute Uferschwalben nisten, von Ackerwinde übersponnene Trümmerhügel, wo früher Höfe standen, und von gelbem Mauerpfeffer überwucherte Kirchengemäuer aus gotischer Zeit weisen ebenso auf die Katastrophe hin wie die vielen Gräber Ertrunkener. Von den 1853 Menschen, die in jener Unglücksnacht umkamen, starben allein auf Schouwen-Duiveland über fünfhundert.

An der Landstraße nach Serooskerke kehrten wir in einem einsamen Gasthaus ein, einem langweiligen Neubau, beschildert mit Zigaretten-, Limonaden- und Bierreklamen. Kein Baum, kein Strauch in der Nähe – wie verloren lag das Gasthaus inmitten von Rüben- und Kartoffelschlägen neben einem Hochspannungsmast. Außer weiteren Masten sah man am westlichen Horizont lediglich einen Kirchturm und im Nordwesten eine Zeile noch junger Pappeln, die so lückenhaft und struppig wie eine ausgediente Zahnbürste aussah.

Doch in der Gaststube stießen wir wiederum auf die Zeit ›vor der großen Flut‹. Unter Glas und Rahmen hing dort ein Foto: vier knorrige Eichen vor einem weißgetünchten Backsteinhaus mit der Jahreszahl 1768 über der Tür und einem Storchennest auf dem Rieddach. »Das war unser Haus bis zur Flut«, sagte der Wirt, als er den Kaffee brachte und uns vor dem Bild stehen sah. Und dann erzählte er mit dem Eifer derer, die es um ein Haar erwischt hätte, die jedoch selten Gelegenheit finden, darüber zu sprechen:

»Wir waren besser durch den Krieg gekommen als die Leute drüben auf Walcheren. Hier ist nirgendwo gekämpft worden, hier fielen auch kaum Bomben. Doch lange nach dem Krieg bat man uns zur Kasse. Als die ersten Radioumrufe vor einer aufkommenden Sturmflut warnten, zogen wir uns warm an, packten das Wichtigste zusammen und holten unsere damals fünf Jahre alte Tochter aus dem Bett. Auch das Vieh ließen wir los und machten den Stall auf, aber wir dachten nicht im Ernst daran, daß das Wasser bis hierher kommen würde. Doch plötzlich war in der Luft ein besonderer Laut. Ich könnte nicht sagen, was für einer. Trotzdem wußte ich, man spürt so etwas ja, jetzt ist das Wasser da. Draußen war schon alles überflutet. Das

Wasser rollte in großen Wogen an. Zum Glück gab es gleich neben dem Haus den Hochspannungsmast. Ihn erreichten wir noch und kletterten immer höher, weil das Wasser nachstieg. Dazu der Sturm! Wir hatten Angst, von ihm fortgerissen zu werden. Ich hatte noch die Viehstricke um den Hals hängen. Damit banden wir uns im Gestänge an, denn es war so kalt, daß wir uns mit unseren Händen nicht lange an dem kalten Eisen hätten festhalten können. Es muß schon gegen Morgen gewesen sein, als das Dach unseres Hauses fortschwamm – es schwamm einfach davon. Kurz darauf brachen die Eichen zusammen. Sie schrien dabei, jedenfalls hörte es sich so an. Am nächsten Morgen kam ein Flugzeug der Luftwaffe und warf Schlauchboote ab. Das erste trieb davon, aber das zweite konnte ich festhalten. Doch meine Frau traute sich mit dem Kind nicht vom Mast herunter. Außerdem wußten wir nicht, wohin wir hätten rudern sollen. Nirgendwo war Land in Sicht. Dazu tobte noch immer der Sturm und ab und zu ging ein Schneeschauer nieder. Eine Stunde nach dem Flugzeug kamen Soldaten mit einem Pionierponton. Sie pflückten uns vom Mast, packten uns in Decken und gaben uns Schnaps, auch unserer Tochter. Sie schlief davon und vor Erschöpfung sofort ein. Das war gut, weil sie so die Leichen nicht sah, die manchmal am Boot vorbeitrieben.«

Ob er fürchte, daß sich eine solche Katastrophe wiederhole, fragte Ursula, als wir den Kaffee ausgetrunken und bezahlt hatten und den häßlichen Hochspannungsmast betrachteten, der drei Menschen das Leben gerettet hatte. Der Wirt schüttelte den Kopf. »Der Deltaplan, Sie verstehen...«

110 000 Betonblöcke

Das ›Delta‹ ist das Mündungsgebiet von Rhein, Maas und Schelde mit seinem Wirrwarr vorgelagerter Inseln, Halbinseln und Landzungen zwischen Hoek van Holland und Rotterdam im Norden, und Terneuzen und Bergen op Zoon im Süden.

Nach der 1932 erfolgten Trennung der Zuidersee von der Nordsee durch den Abschlußdamm quer durch das Meer von Nordholland nach Friesland war das Delta die einzige noch verbliebene ›weiche‹ Stelle in der vom Dollart bis nach Flandern reichenden holländischen Wasserfront. Schon 1929 hatte ein Gutachten einer Regierungskommission den Deltabewohnern ihre »äußerst riskante Situation« bescheinigt – für sie freilich nichts Neues, denn schließlich ist das Deltagebiet, das nach Dante an der Pforte zur Hölle liegt, im Lauf der Geschichte sechshundertfünfzigmal ganz oder teilweise überflutet worden. Unter dem Eindruck der Katastrophe vom 31. Januar 1953, der schwersten, die das Land seit der St.-Elisabeths-Flut von 1421 getroffen hatte, sann man auf Mittel gegen eine Wiederholung, stellte den sogenannten Deltaplan auf, erhob ihn 1957 zum Gesetz und verabschiedete dieses am 7. Mai 1958.

Der Plan bezweckte die Abriegelung des Deltas durch Dämme von der Nordsee, die Umwandlung der meisten Meerbusen in Binnen- und Süßwasserseen und die Verkürzung der bisherigen Wasserfront um etwa siebenhundert Kilometer, um das Deltagebiet und sein Hinterland für alle Zeiten sturmflutsicher zu machen. Die Kosten bezifferte man auf 3 Milliarden Gulden und als Fertigstellungstermin errechnete man das Jahr 1978.

Seit 1958 gehen die Arbeiten »im besten, nämlich dem allerschnellsten Tempo« voran – ganz wie man es seinerzeit bei der Verabschiedung des Deltagesetzes gefordert hatte. Die Vorbereitungen dauerten Jahre. Doch bereits 1969 konnte der Abschlußdamm durch das Veerse Meer fertiggestellt werden. Heute trennt der hohe Damm mit seiner breiten Autostraße nicht nur den ehemaligen Meerbusen von der offenen See, sondern verbindet zudem Walcheren mit Noordbeveland. Mit Hochdruck wurde zur selben Zeit an der Abschließung des Haringvliets gearbeitet.

Dieses südlich von Rotterdam liegende und wie ein Meeresarm bis weit hinter Dordrecht ins Land vorstoßende Vliet ist der Mündungstrichter von Rhein und Maas. Schon vor Jahren wurde kurz vor der Grenze von Meer und Vliet in seiner Mitte ein Ringdeich aufgeworfen, in dessen Innern das Wasser ausgepumpt und dann auf dem Boden der so entstandenen Baugrube ein auf 20000 Betonpfählen ruhender Schleusenkomplex mit einer Batterie von 17 Durchströmungsöffnungen gebaut. Menschen, Maschinen, Werkzeuge und die ungeheuren Mengen Materials – alles mußte über das Wasser zu dieser Baustelle transportiert werden, von der damals eine Tageszeitung schrieb, sie sei wahrscheinlich die größte Betonfabrik Europas. Und weiter erklärte sie ihren Lesern:

»Die Funktion dieser Schleusen besteht darin, bei hoher Wasserzufuhr von Rhein und Maas das Wasser unverzüglich ins Meer abzuleiten; selbst wenn sich im Winter Eisschollen bilden, bereitet dies keine Schwierigkeiten. Nach dem Bau der Schleusen aber kann endlich der etwa fünf Kilometer lange Abschlußdamm nach beiden Ufern vorgetrieben werden. Doch je mehr der Bau fortschreiten wird, desto stärker wird naturgemäß im restlichen Teil des Gatts die Strömung. Deshalb wird wie bei jedem Dammbau auch hier die Schließung des letzten Seelochs zu einem besonders spannenden Ereignis werden...«

Dieses Stadium wurde um den 1. April 1970 erreicht; das »besonders spannende Ereignis« trat ein. Man ging jedoch einen neuartigen Weg, indem man eine Seilbahn mit zwölf Gondeln verwendete, von denen jede auf einer Fahrt vier Betonblöcke von je zweieinhalb Tonnen Gewicht befördern und gezielt über der gerade gewünschten Stelle der letzten Lücke ins Wasser werfen konnte – stündlich etwa hundertzwanzig Blöcke und bis zur völligen Schließung im Mai desselben Jahres 110000 Stück. Was danach noch zu tun blieb, war der Dammausbau oberhalb des Wasserspiegels und die Anlage einer Autostraße auf ihm. Erkennbar wurde jedoch, daß dieser Damm durch das Haringvliet ein technisch besonders sensationelles Detail in jener raffinierten, in all ihren Einzelheiten fein aufeinander abgestimmten Komposition darstellt, die sich Deltaplan nennt:

Denn wenn die Durchströmungsöffnungen der Schleuse geschlossen werden, staut sich vor dem Damm das Wasser von Rhein und Maas und sucht sich einen anderen Ausweg, den es allein durch den Nieuwe Waterweg findet, den Schiffahrtskanal von Rotterdam zur Nordsee. Für die Mammuttanker von heute hatte man vor seiner Mündung bei Hoek van Holland derart tiefe Fahrtrinnen in den Meeresboden baggern müssen, daß nun auf deren Grund mit jeder Flut eine gefährliche Salzzunge landeinwärts leckt und das Küstengebiet zu verseuchen droht. Durch den Schwall des Rhein- und Maaswassers dagegen verdünnt man diese Zunge und spült sie ins Meer zurück. Beginnt jedoch der Wasserstand im Nieuwe Waterweg so hoch zu steigen, daß die Kanalufer in Überschwemmungsgefahr geraten, dreht man einfach den ›größten Wasserhahn der Welt‹ wieder auf und entläßt den Überschuß durch die Schleusenöffnungen in die Nordsee.

Een Volk dat leeft...

Wie in Zierikzee oder Haamstede kommen einem auch in dem dritten größeren Ort der Insel Schouwen-Duiveland, in Brouwershaven, unwillkürlich die Verszeilen Detlef von Liliencrons in den Sinn:

Heut bin ich über Rungholt gefahren,
die Stadt ging unter vor sechshundert Jahren...

Zwar ist keines dieser drei Nester buchstäblich versunken, obschon die Hochwassermarken in ihren Straßen verraten, wie häufig sie nahe daran waren – zuletzt noch in jener Nacht vom 31. Januar auf den 1. Februar 1953. Trotzdem sind sie alle, die einstmals wirtschaftliche Bedeutung besessen und bessere Tage gesehen haben, heute nur noch Schatten ihrer selbst, wenngleich noch immer dies oder jenes von ihrem früheren

Glanz kündet: in Brouwershaven beispielsweise, das vor Jahrhunderten durch regen Bierexport nach England zu solidem Wohlstand gelangt war, eine für die seither längst wieder geschrumpfte Stadt viel zu große Kirche, ein zu pompöses Rathaus, ein zu weiter Marktplatz und ein zu geräumiger, dabei fast versandeter Hafen. Das Leben schleicht hier eher ärmlich als beschaulich dahin, wer weiterkommen will, wandert besser ›nach Holland‹ aus, irgendwohin zwischen Amsterdam und Rotterdam; wer bleibt, darf nicht allzu viel erwarten. Nur gegen Ende Oktober regt sich alljährlich eine bescheidene Betriebsamkeit, wenn die Bauern der Umgebung ihre reifen Rüben ankarren und sie zu Füßen des Jacob-Cats-Denkmals auf dem großen Platz am Hafen zu hohen Bergen häufen, von wo sie bald darauf in Kähne verladen und zu den Zuckerfabriken des Festlands verfrachtet werden. Ist dies erfolgt, breitet sich auf dem Platz bald wieder die alte Leere und in der gesamten Stadt die vorherige Ereignislosigkeit aus. Straßenkehrer fegen dann vor dem Dichterdenkmal die Rübenreste fort. Der sachte und stetig fallende holländische Herbstregen, den Godfried Bomans einmal ›schüchtern und langweilend‹ nannte, setzt ein, rinnt so dick über die Fensterscheiben des Cafés, daß man beim Hinausblicken meinen kann, die schmalen Giebelhäuser jenseits des Markts gehören zur versunkenen Stadt Rungholt, und tröpfelt von der steinernen Nase des Jacob Cats, der von 1577 bis 1660 lebte und heutzutage vergessen ist. Doch zu seinen Lebzeiten war er der Liebling der Nation: nicht wegen seiner öffentlichen Ämter als Kurator der Universität Leiden, Gesandter in England und später Großsiegelbewahrer, sondern als der wortgewaltige Trommler im Freiheitskrieg gegen die Spanier, als unermüdlicher Beschwörer des Durchhaltewillens in diesem oft aussichtslos scheinenden achtzigjährigen Ringen, der seinen Landsleuten hartnäckig einpaukte: »De zee is uw geweer!«, und Verfasser eiserner Sonette und wilder Geusengesänge:

Seehelden, wacker Volk,
Pechhosen, rauhe Gasten,
Auf!
Hißt die Flaggen an den Masten,
Vorwärts!
Werft die Spanier in das Meer...

Noch im Dezember 1970 sah Brouwershaven so verschlafen und unwirklich aus wie in all den Jahren zuvor, obwohl inzwischen durch den Deltaplan für das gesamte Gebiet von Hoek van Holland bis Terneuzen die alte Zeit der Überflutungsgefahren zu Ende ging und eine neue des Lebens auf gesichertem Grund anbrach, von der man bereits wußte, daß sie das Gesicht dieser Landschaft der Rübenfelder, Viehkoppeln, kahlen Sandstrände und zeitfernen Städtchen radikal verändern würde: aus beinahe menschenleeren Räumen sollten Ballungszentren werden, auf Wiesen und Äckern Fabriken und Erdölraffinerien und an einstweilen noch einsamen Stränden neue Häfen entstehen. Auf uns wirkten diese Zukunftsaussichten damals ein bißchen utopisch. Denn wir saßen in einem Café am Hafen, wieder rann der Regen über die Scheiben, die kurze Rübenbetriebsamkeit der Oktober- und Novemberwochen war lange vorbei, auf dem leeren Platz ließ sich nur ab und zu ein Regenschirm blicken und das Statische dieses seit Jahrhunderten gleichen Bildes erschien uns im fahlen Licht jenes Dezembertages realistischer als die Prognosen, von denen die Zeitungen schrieben. Andererseits hatten wir an den Stränden von Scharendijke und Renesse die Arbeitercamps, Maschinenparks und Materiallager gesehen und auf dem Brouwershavenschen Gatt die Flotte der Transportschiffe, schwimmenden Kräne, Bagger und sonstigen Spezialfahrzeuge, und wäre nicht der Regen gewesen, hätten wir erkennen können, daß nun ein auch diesen Meeresarm von der Nordsee abtrennender Damm den Ufern der Insel Schouwen-Duiveland und Goeree-Overflakkee von Monat zu Monat näher kam – ein Vorhaben, noch schwieriger zu bewältigen als einige Monate zuvor die Schließung des Haringvliets zwischen Goeree-Overflakkee und Voorne-Putten, denn bei der Abschließung des 6,2 Kilometer breiten Brouwershavenschen Gatts steht man vor der Aufgabe, zweimal täglich beim Gezeitenwechsel einer Wassermenge von 720 Millionen Kubikmetern bei einer größten Seetiefe von 25 Metern Herr zu werden. Zur Abdichtung der kritischen letzten Dammlücke sehen die Pläne hier die Caissonmethode vor. Diese sogenannten Durchlaß-Caissons oder Senkkästen sind mächtige Kolosse aus Beton mit einer Länge von 68, einer Breite von 18, einer Höhe von 16 Metern und einer Wasserverdrängung von 3300 Tonnen. »Sie können wohl 1972 in die dann erreichte letzte Dammlücke eingefahren werden. Danach werden ihre Schotten geöffnet, worauf die Caissons auf den Meeresgrund sinken. Sind sie dort angelangt, werden die wasserdichten Schotten erneut geschlossen, um auf diese Weise die letzte Lücke abzudichten...« heißt es in J.S. Lingsmas 1963 erschienenem Buch ›Holland and the Delta-Plan‹.

Während des Dammbaus durch das Brouwershavensche Gatt kamen die Arbeiten an der vierten und letzten Großbauphase im Rahmen des Deltaplans ebenfalls zügig voran – die Arbeiten an der Abschließung der Ooster-Schelde zwischen Schouwen-Duiveland und Noord-Beveland, des breitesten Meeresarms des Deltagebiets, wo bei Ebbe und Flut sogar Wassermassen von 1120 Millionen Kubikmetern bei Tiefen bis zu 40 Metern land- oder seewärts schwappten. »Hier sieht der Deltaplan einen Abschlußdamm von etwa 15 Kilometern vor. Seine Fertigstellung erwartet man im Jahr 1978«, schrieb Lingsma.

An der Küstenverkürzung gearbeitet wurde zur selben Zeit wie im Deltagebiet außerdem hoch oben im Norden des Landes: an der Abtrennung der Lauwerssee – einer 9100 Hektar großen Nordseebucht östlich von Dokkum – vom offenen Meer und ihrer Trockenlegung. 1969 wurde der dortige, dreizehn Kilometer lange Abschlußdamm vollendet. Zwar verbleibt in der einstigen Bucht ein Binnen- und Süßwassersee von 2100 Hektar, aber 7000 werden eingepoldert. Davon werden 1500 landwirtschaftlich genutzt, während die übrigen 5500 Hektar zu Industrie- und Wohngebieten deklariert wurden.

Doch damit noch nicht genug: etwa um 1960 begann man, vorerst nur theoretisch, sich mit dem sogenannten Wattensee-Projekt zu beschäftigen, dessen Zielvorstellung lautet, die Nordseeinseln Texel, Vlieland, Terschelling, Ameland und Schiermonnikoog durch Dämme zu verbinden und das zwischen diesen langgestreckten Eilanden mit ihren hohen Dünenküsten und dem Festland liegende Wattenmeer trockenzulegen – eine einstweilen noch ebenso kühne ›Utopie‹, wie es einmal die von Jan Adriaanszoon Leeghwater vorgeschlagene Trockenlegung des Haarlemermeers, der Lely- oder der Deltaplan waren. Aber man darf sicher sein, daß auch dieses Projekt eines guten Tages erst zu einem minuziösen Plan und schließlich Wirklichkeit wird – getreu der Devise am Sockel des Denkmals auf dem Abschlußdamm der Ijsselsee: EEN VOLK DAT LEEFT BOUWT AAN ZIJN TOEKOMST.

Die Gräber von Delft

Zuerst Fabriken, Lagerplätze und Schrotthalden, dann langweilige Siedlungen: eine Straße wie die andere und jedes Haus wie das nächste. »Delft liegt wie eine Perle in einer häßlichen Muschel«, zitierte Ursula Wolfgang Koeppen. Wir zweifelten nicht daran. Schließlich kannten wir Delft und wußten, daß sich hinter dem breiten Ring der neueren Stadt noch immer »alte Türme, alte Tore und rote, schiefe Dächer im Wasser der Grachten spiegeln«. Wir hatten unsere Vorstellung von Delft schon lange vor unserem ersten Besuch empfangen, von vielen Genrebildern und Stadtansichten. Uns war der Prinsenhof vertraut, in dem ein Meuchelmörder Willem den Schweiger erschoß, die Nieuwe Kerk, in der er begraben ist, und die Oude Kerk, in der Piet Heijn liegt, der Admiral, der den Spaniern die Silberflotte wegkaperte. Wir wußten, daß es die Stadt Jan Vermeers und Pieter de Hoochs noch gibt und sich unsere alten Vorstellungen von ihr aufs Neue erfüllen würden.

Pieter de Hooch wurde an einem unbekannten Tag des Jahres 1629 in Rotterdam geboren und starb in einem nicht genau bekannten Jahr nach 1677 in Amsterdam, lebte jedoch lange in Delft, wo Jan Vermeer, der eigentlich Jan van der Meer hieß, am 31. Oktober 1632 zur Welt kam und am 15. Dezember 1675 verschied. Sie kannten sich, doch wer wen beeinflußte, ist eine alte Streitfrage unter Kunsthistorikern, entstanden aus der äußerlichen und insbesondere innerlichen

Ähnlichkeit ihrer Werke. Beide waren Hauptmeister des holländischen Interieurs. Sie malten jedoch ebenso Delfter Häuser, Hinterhöfe, Gärten, Gassen und Stadtansichten und prägten mit ihren Darstellungen gediegener Bürgerlichkeit das Delft- und Hollandbild zahlloser Generationen von Ausländern. Gemeinsam waren überdies de Hooch wie Vermeer die Anwendung warmer, leuchtender Farben, die sachliche Genauigkeit, mit der sie Säle, Stuben oder Dielen von den Fliesen der Fußböden und den Möbeln angefangen bis hin zu den Gerätschaften auf Tischen oder Kaminsimsen, den Bildern oder Landkarten an den Wänden und den Balken und Hängeleuchtern an den Decken malten, die Lebendigkeit, mit der sie Männer, Frauen und Kinder nebst den Haustieren bei ihren Beschäftigungen darstellten, sowie die Neigung, architektonische Unverkennbarkeiten Delfts überall dort ins Bild zu bringen, wo sich eine Gelegenheit bot. Bei de Hooch zum Beispiel erkennt man auf den Genrestücken ›Junger Soldat mit Pfeife in einem Torweg‹, ›Familie im Hof eines Hauses‹ oder ›Hof mit zwei Kavalieren und trinkender Dame‹ den grazilen Turm der Nieuwe Kerk und auf dem Bild ›In einem Hof‹ den gedrungeneren und auch viel niedrigeren der Oude Kerk über den Mauern, Giebeln und Firsten, während eines der bekanntesten Werke des ebenfalls hauptsächlich Genrestücke malenden Vermeer jene berühmte ›Ansicht von Delft‹ ist, über die C.Hofstede de Groot im ›Beschreibenden und kritischen Verzeichnis der Werke der hervorragendsten holländischen Maler des 17.Jahrhunderts‹ urteilte: Einen Himmel wie auf der Ansicht von Delft gibt es in der ganzen Kunst nicht mehr. Hat man im Museum Mauritshuis zu Den Haag einmal vor diesem kaum ein Meter mal ein Meter zehn messenden Bild gestanden, wird man Hofstede de Groots kategorischem Urteil zustimmen. Dabei stellt der mit zarten Schönwetterwölkchen betupfte Sommerhimmel keineswegs den einzigen Reiz dieser Vedute dar, auf der sich Delft, von jenseits des nach Rotterdam führenden Provinzialkanals und aus der Nähe des Osttors betrachtet – der einzigen noch heute vorhandenen Torburg aus dem 14. Jahrhundert – mit seinem Giebelgezack kontrastreich von dem mehr als die Hälfte des Bildes einnehmenden Himmel abhebt. In der rechten Bildhälfte sticht das Filigran des Turms der Nieuwe Kerk aus grünen Baumkronen bis in die Wolken, und in der linken lastet der massige, von vier Ecktürmchen umzingelte Turm der Oude Kerk über steilen Häuserdächern.

Die Nieuwe Kerk mit ihrem 109 Meter hohen, 1496 vollendeten Turm wurde zwischen 1384 und 1430 erbaut: eine gotische Kreuzbasilika, ursprünglich der Mutter Gottes und sodann St. Ursula und den legendären elftausend Jungfrauen geweiht, ehe sie am 2. August 1572 vom Magistrat der Stadt der reformierten Gemeinde zugesprochen wurde. Damals hatte sie bereits den Stadtbrand von 1536 und den Bildersturm von 1566 hinter sich, die beide nur Fragmente mittelalterlicher Plastik übrigließen und die Glasmalereien der Fenster völlig vernichteten, während vom ›Delfter Donnerschlag‹ von 1654, der Explosion eines Pulvermagazins, immer noch die unter dem Detonationsdruck entstandenen Einbuchtungen im Mauerwerk des Querschiffs künden.

Seit 1584, dem Todesjahr Willems I. von Oranien, ist die Nieuwe Kerk am Groote Markt zu Delft die Begräbniskirche des Fürstengeschlechts Nassau-Oranien, das seit 1572 die Erbstatthalter und seit 1815 die Könige oder Königinnen der Niederlande stellt. Es leitet sich von jenem Arnold von Nassau ab, dessen Söhne um 1124 die Burg Nassau erbauten und deren Nachfahren sich bald Grafen von Nassau nannten. Um 1250 wurde ein Graf Heinrich der Reiche erwähnt, von dem Friedrich Wencker-Wildberg in dem genealogischen Werk ›Europäische Fürstenhäuser einst und jetzt‹ bemerkt: »Aus den Niederlanden, der späteren Heimat des Geschlechts, hatte er sich seine Frau geholt, die Gräfin Mechthild von Geldern«. Ein Graf Adolf von Nassau wurde nach dem Tod Rudolfs von Habsburg zum Deutschen König gewählt. In der

Folgezeit zerfiel das Geschlecht in verschiedene Linien, und auch die Besitzungen zersplitterten, doch im 18. Jahrhundert regierte die Linie Nassau-Weilburg, zur Herzogswürde aufgestiegen, in Wiesbaden; das Herzogtum, durch eine geschickte Familienpolitik nun wieder alle aufgesplittert gewesenen Teile des nassauischen Erbes umfassend, erstreckte sich vom unteren Main über den größten Teil des Taunus bis in den Westerwald, ehe es 1866 von Preußen annektiert wurde. Der letzte regierende Herzog verließ sein Land und wurde auf dem Erbweg Herr des souveränen Großherzogtums Luxemburg, in dem seine Nachkommen noch heute regieren. Eine andere Linie, das Haus Nassau-Dillenburg, war bereits um das Jahr 1400 in den Besitz bedeutender Güter in den Niederlanden gekommen, und »zwischen 1470 und 1500 gelang es Engelbrecht von Nassau-Dillenburg, dem Berater des nachmaligen Kaisers Maximilian, der durch Heirat mit Maria von Burgund die Niederlande in seinen Besitz gebracht hatte, sich dort an die erste Stelle zu spielen«. Sein Neffe und Erbe Heinrich III. von Nassau-Dillenburg wurde der Erzieher und Vertraute des späteren Kaisers Karl V., der ihn zum Statthalter von Brabant, Holland, Seeland und Friesland ernannte. Dieser Heinrich III. heiratete Claude von Chalon-Orange, von deren kinderlos verstorbenem Bruder Heinrichs und Claudes Sohn René das südfranzösische Fürstentum Orange erbte, das in der holländischen Sprache Oranje heißt. Zwar wurde es 1702 von Ludwig XIV. von Frankreich annektiert, doch seit dieser Erbschaft nennt sich die in den Niederlanden regierende Nassauer Linie Nassau-Oranien. Renés Erbe Willem war es schließlich, unter dessen Führung sich die inzwischen an Spanien gefallenen Niederlande 1568 gegen die Fremdherrschaft erhoben. Sein Mausoleum steht an jener Stelle des Chors der Nieuwe Kerk, an der sich zu katholischer Zeit der Hochaltar befunden hatte.

Um Christi Geburt wurde das Gebiet des heutigen Königreichs der Niederlande von zwei germanischen Stämmen bewohnt – den Batavern und den Friesen. Erstere lebten in den jetzigen Provinzen Nord- und Südholland, Seeland und im Norden Brabants, die Friesen hingegen an der friesischen Nordseeküste und an den Ost- und Westufern der Ijsselsee. Über beide Stämme liegen schriftliche Berichte zweier römischer Autoren vor. So schrieb Publius Cornelius Tacitus in der ›Germania‹ über die Bataver, sie seien seit langem überaus tapfere und treue Bundesgenossen der Römer: »Einst ein Teilstamm der Chatten, waren sie infolge innerer Zwistigkeiten in ihre jetzigen Wohnsitze ausgewandert, wo sie ein Bestandteil des römischen Volkes werden sollten. Noch bis auf den heutigen Tag ist ihnen der Ruhm und das Kennzeichen alter Bundesgenossenschaft geblieben. Sie werden durch keinerlei Abgaben erniedrigt und von keinem Steuereinnehmer ausgepreßt. Frei von Steuern und sonstigen Abgaben, werden sie allein zum Kriegsdienst herangezogen; sie werden wie Wehr und Waffen für den Kriegsfall aufgespart.« Dagegen erschienen die Friesen Plinius dem Älteren als Wilde in einer Wildnis, »über die sich zweimal des Tags und zweimal des Nachts der Ozean in gewaltigen Fluten über unermeßliches Land ergießt... In diesem Land lebt ein armseliges Volk auf hohen Hügeln oder, richtiger, auf mit eigenen Händen aufgeschütteten Terpen, die gerade so hoch sind, daß auch die höchste Flut sie nicht zu überspülen vermag – dort hausen sie Seefahrern gleich, wenn das Meer die gesamte Umgebung bedeckt, und Schiffbrüchigen ähnlich, wenn sie beim Rückzug der Flut von den Hügeln herunterkommen und in den verbliebenen Tümpeln den Fischen nachstellen... Aus Ried und Binsen fertigen sie Taue, aus denen sie Fischnetze knüpfen. Torfklumpen, die sie mit ihren Händen ausbuddeln, lassen sie mehr im Wind als in der Sonne trocknen, um daraus Feuer zu entfachen, über denen sie ihre Beute braten und an denen sie ihre vom kalten Nordwind steifen Körper wärmen.« Etwa um 300 nach Christus konnten die Römer den einst von Drusus angelegten, bis an die Nordsee bei Katwijk reichenden Gürtel ihrer Rhein- und

Maasfestungen nicht länger halten und zogen sich auf die Linie Maastricht-Boulogne zurück, und um 400 zerbrach das Imperium Romanum, das sich zwischen 55 und 10 vor Christus bis tief nach Holland vorgeschoben hatte, vollends.

Nach der Völkerwanderung unterwarfen die Franken die Niederlande. Dies gelang ihnen, wie es einmal Leopold von Ranke ausdrückte, kraft ihrer zahlenmäßigen Überlegenheit, ihres wohlorganisierten Heeres, des rücksichtslos geschwungenen Schwertes der Eroberung und des Kreuzes Christi, das wie so oft in der Geschichte schon hier zur Durchsetzung höchst irdischer Machtansprüche benutzt wurde. Doch bald erlangten die Herzöge von Geldern und Brabant, die Grafen von Holland und Seeland und die Bischöfe von Utrecht eine größere Selbständigkeit im erst fränkischen Kaiser- und nachmaligen Heiligen Römischen Reich Deutscher Nation, bis schließlich Philipp der Gute von Burgund um 1450 ihre Macht wieder brach und weite Teile der Niederlande unter seine Gewalt zwang. Dies ging nicht ohne Kämpfe und Kriege ab, in denen sich der Adel auf die Seite der einheimischen Fürsten, die Städte jedoch auf die Seite Burgunds stellten, und schließlich blieb allein das Herzogtum Geldern unerobert; es wurde erst 1543 von Kaiser Karl v. den inzwischen habsburgisch gewordenen burgundischen Landesteilen zugeschlagen, nachdem der Truppenführer des Herzogs von Geldern, der Condottiere Maarten van Rossum, dessen in Stein gehauenes Porträt heute von dem aus der Renaissance stammenden Flügel des Rathauses von Arnhem herunterblickt, vor dem Heer des Kaisers die Waffen strecken mußte. Aber wie schon die Burgunderfürsten, so förderten nun auch die habsburgischen Herrscher und die in kaiserlichem Auftrag die Niederlande verwaltenden Regentinnen Margaretha von Österreich und Maria von Ungarn Handel, Seefahrt, Gewerbe und Künste, beließen es bei der althergebrachten lokalen und regionalen Selbstverwaltung und bestätigten nicht nur die verbrieften Privilegien der Städte, sondern erweiterten sie sogar.

Diese vernünftige Politik endete erst, als Karl v. sein Reich, »in dem die Sonne nicht unterging«, 1555 teilte und die Niederlande zu ihrem Unglück an seinen Sohn Philipp II. von Spanien fielen, den »teuflischen Dämon aus dem Süden«, der die bisherige Eigenständigkeit des Landes abzuschaffen, den spanischen Absolutismus einzuführen und die in seinen Augen ketzerische Lehre Luthers und Calvins, zu der sich inzwischen trotz aller Verfolgungen beträchtliche Teile des Volkes bekannten, endlich mit Stumpf und Stiel auszurotten versuchte. Um diese Ziele zu erreichen, war dem König jedes Mittel recht: Inquisition und Denunziantentum, Folterungen, öffentliche Hinrichtungen und geheime Meuchelmorde. Heute weiß man, daß in den Niederlanden mehr als zweitausend ›Ketzer‹ geköpft, gerädert, gevierteilt, verbrannt oder wie Anneke Jans aus Rotterdam im winterkalten Wasser des Schieflußes ertränkt wurden – davon etwa eintausendachthundert während der Herrschaft Philipps, wobei freilich nicht jene Unglücklichen mitgezählt sind, die nach der Einnahme belagerter Städte auf Befehl des Königs über die Klinge springen mußten oder von der spanischen Soldateska im Blutrausch hingemordet wurden. Und so schlich schon bald nach Philipps Regierungsantritt der »blutige Fanatismus der Gegenreformation in Mönchskutten gehüllt durch Stadt und Land«, schrieb Louis Sébastien Mercier, ein französischer Historiker des 18. Jahrhunderts, in der Einleitung zu seiner Charakteranalyse ›Portrait de Philippe II., roi d'Espagne‹, erschienen 1785 in Amsterdam. Diese Einleitung wurde im Jahr darauf in der Übersetzung Friedrich Schillers auch in Deutschland bekannt. Streckenweise liest sie sich wie das Exposé der umfangreichen ›Geschichte des Abfalls der vereinigten Niederlande von der spanischen Regierung‹, die Schiller 1788 vorlegte. Gemeinsam war beiden Autoren der tiefe Respekt vor dem kleinen holländischen Volk, das gegen Philipp revoltierte, den wahnwitzig erscheinenden Kampf gegen die Übermacht aufnahm und schließlich die Zwangsherrschaft abwarf. Was für ein Volk waren eigentlich um die Mitte des 16. Jahrhunderts, als dieser Kampf Davids gegen Goliath entbrannte, die Holländer? So fragte sich Mercier, um sich sogleich selber diese Antwort zu geben: »Matrosen und Fischer, Bewohner eines sumpfigen Landes, die mit dem Meere kämpften, das sie zu verschlingen drohte, und sich gegen die besten Krieger Europas wehrten, die Spanien mit dem Golde Mexikos und Perus besoldete.« Doch während Schiller den abstoßenden Charakter Philipps kühl darlegt, spürt man aus jeder Zeile Merciers die Verachtung, den Ekel:

»Seine Seele war dem Mitleid unzugänglich. Ungeachtet seines Ranges fand er Vergnügen daran, den Todesmartern der unglücklichen Schlachtopfer der Inquisition zuzusehen, und er versicherte, daß er selbst bereit sein würde, des Henkers Stelle einzunehmen, wenn es an einem fehlen sollte. Er schien – schaudernd schreib ich es nieder, und doch ist es historisches Faktum – sich an dem Rauchen des Bluts dieser Märtyrer zu ergötzen, und bei diesen zermalmenden Schauspielen ließ er noch bezahlte Spione herumgehen, welche auf die unwillkürlichen Regungen des Mitleids in den Augen der Zuschauer lauerten, und wehe dem Unglücklichen, in welchem die Natur erwacht war – er wurde dem Arm der Inquisition ausgeliefert. Ein einziges Mal sah man ihn in Waffen. Es war an dem Tag, als Saint Quentin im Sturm erobert wurde, aber an eben diesem Tage war seine Furcht so groß, daß er gelobte, im Fall er davonkäme, ein prächtiges Kloster zu Ehren des heiligen Laurentius zu errichten. Er baute noch eine Kirche und einen Palast dazu, und diesem Gelübde hat der Eskorial sein Dasein zu verdanken... Er setzte seinen Fuß nie auf Gräber, weil man über der Grabschrift zuweilen ein Kreuz findet. Durch diese frömmelnden Mummereien schläferte er sein Gewissen ein. Er ließ in seinen Staaten über fünfzigtausend Protestanten umbringen, und seine Kriege kosteten ihn nach seinem eigenen Geständnis 564 Millionen Dukaten...«

Tritt man aus der grellen Mittagssonne des Groote Markt

II ANSICHT VON DELFT
Ausschnitt aus dem gleichnamigen Gemälde
von Jan Vermeer (1628-1691)

Mauritshuis, Den Haag

in die Dämmerung der Nieuwe Kerk, fällt der Blick sogleich auf das im Licht der hohen Chorfenster schimmernde Marmormausoleum. In ihm ruht Willem I. von Nassau-Oranien, Opfer eines Mordes, den Philipp von Spanien mit den folgenden Worten angeregt haben soll: »Wir versprechen auf unser königliches Wort und als ein Diener Gottes, wenn sich jemand findet, der edel genug ist, die Welt von dieser Pest zu befreien und ihn uns tot oder lebendig zu überliefern oder ihm das Leben zu nehmen, diesem fünfundzwanzigtausend Kronen zu bezahlen; und wenn er auch ein noch so großes Verbrechen begangen, so versprechen wir ihm unsere königliche Begnadigung, und wenn er noch nicht adlig ist, versetzen wir ihn und alle, die ihm dabei helfen und beistehen, in den Adelsstand«.

Der Mann, auf dessen Kopf diese Prämie zu zahlen versprochen wurde, war am 16. April 1533 auf dem väterlichen Schloß zu Dillenburg in Nassau als Sohn des Grafen Wilhelms des Älteren und seiner Frau Juliana, einer geborenen Gräfin von Stolberg-Wernigerode, zur Welt gekommen. »Sein Vater«, schreibt Friedrich Schiller, »hatte die protestantische Religion angenommen, in der er auch seinen Sohn erziehen ließ; Karl V. aber, der dem Knaben schon frühzeitig wohlwollte, nahm ihn sehr jung an seinen Hof und ließ ihn in der römischen aufwachsen. Dieser Monarch, der in dem Kinde schon den künftigen großen Mann erkannte, behielt ihn neun Jahre um seine Person, würdigte ihn seines eigenen Unterrichts in Regierungsgeschäften und ehrte ihn durch ein Vertrauen, welches über seine Jahre ging: ihm allein war es erlaubt, um den Kaiser zu bleiben, wenn er fremden Gesandten Audienz gab – ein Beweis, daß er als Knabe schon angefangen haben mußte, den ruhmvollen Beinamen des Verschwiegenen zu verdienen...«

1544 hatte Willem von seinem älteren, kinderlos verstorbenen Vetter René von Orange das gleichnamige südfranzösische Fürstentum geerbt und konnte sich seitdem Prinz von Oranien nennen. Als er 1551 großjährig geworden war, ernannte ihn der Kaiser zum Rittmeister und Schwadronschef,

1552 zum Oberst und Regimentskommandeur und 1555 zum Generalkapitän und Oberbefehlshaber der in den Niederlanden stationierten Truppen, zum Ritter vom Goldenen Vlies und überdies zum Statthalter der Provinzen Seeland, Holland und Utrecht. Und als Karl im gleichen Jahr zugunsten seines Bruders Ferdinand als Deutscher Kaiser und zugunsten seines Sohnes Philipp als König von Spanien abdankte, übertrug er dem Prinzen von Oranien »das ehrenvolle Amt, seinem Bruder die Kaiserkrone zu überbringen«.

In den Niederlanden jedoch begann mit dem Regierungswechsel der rauhe spanische Wind zu wehen. Bald entmachtete der mit einem Heer in die Niederlande gesandte Herzog Alba, eine düstere Erscheinung, von der kein menschlicher Zug überliefert ist, im Auftrag Philipps die bisherige Regentin, die milde Margaretha von Parma, die als Tochter Karls v. und des Bürgermädchens Johanna van der Gheinst eine ›Bastaardssuster‹ des Königs war. Alle Rechte und Privilegien des Landes, der Städte und der Stände wurden nun gestrichen und das absolutistische spanische Regime eingeführt. Hand in Hand damit ging eine alle Provinzen erfassende ›Ketzerverfolgung‹, brutaler als je zuvor. Zudem wurden aus allen Landesteilen Mord und Totschlag gemeldet. Albas Soldateska überfiel Bauernhöfe und Dörfer, Warentransporte und Reisende. Beschwerden nutzten nichts. Die einheimischen Behörden durften und die spanischen Kommandostellen wollten nicht eingreifen. Das Recht war außer Kraft gesetzt. Insbesondere in den nördlichen Provinzen galt jedermann als potentieller Ketzer und somit als vogelfrei. Keineswegs im Verlauf einer militärischen Operation, nach einer Belagerung etwa und einer darauffolgenden Eroberung, sondern sozusagen mitten im Frieden überfielen und plünderten unter Führung ihrer Offiziere spanische Regimenter, deren Sold ausgeblieben war, eines Tages die Stadt Antwerpen. Bürger, die sich sträubten, ihre Habe herzugeben, wurden erschlagen, erstochen, sonstwie umgebracht oder wegen Widerstands gegen die königlichen Truppen vor Gericht gestellt, als Ketzer angeklagt, der Inquisition überantwortet und hingerichtet, und wer in seiner Angst seine Habe freiwillig hergab, oft genug ebenfalls. Die Geschichte der Niederlande kennt Hunderte solcher Fälle und Dutzende von Plünderungen friedlicher Städte. Kardinal Granvella, der höchste Kirchenfürst in den Niederlanden, hieß dies alles gut, und von den Kanzeln predigten Priester und Mönche, dies sei die gerechte Strafe des Himmels für den Abfall des Volkes vom wahren Glauben.

Im Lande wurde die Angst zum Entsetzen, aber das Entsetzen wandelte sich zu blankem Haß. Im Adel wie im Volk entstanden Verschwörerzirkel. Die Einsicht, daß man nichts mehr zu verlieren, jedoch alles zu gewinnen habe, breitete sich aus. Widerstandsgruppen wie die Geusen in Seeland und Holland lehrten bald die Spanier das Fürchten. Jede Grausamkeit vergalten sie mit einer noch größeren. In der Nähe von Bergen op Zoom bogen sich eines Morgens in einem Wäldchen bei dem Kloster Hoogerheide die Birken unter der Last der Mönche, die nachts die Geusen an ihnen aufgehängt, nachdem sie das Kloster in Brand gesteckt und die Herausflüchtenden eingefangen hatten In den Städten endete so mancher Spanier mit einem Messer im Rücken in den Grachten. Mit der Zeit aber wurde aus dem heimlichen Partisanenkampf offene Rebellion, und aus ihr schließlich regulärer Krieg. Als Seele des Widerstandes verhafteten die spanischen Behörden den Grafen von Egmond und Admiral Hoorne und ließen sie auf dem Marktplatz von Brüssel hinrichten; auch Willem von Oranien wäre verhaftet worden, hätte er nicht rechtzeitig nach Dillenburg fliehen können. Der Aufforderung Albas, sich vor dem sogenannten Blutrat zu verantworten, wäre nur ein Selbstmörder gefolgt. Daraufhin wurde der Prinz aller seiner Ämter für verlustig erklärt und geächtet.

Nun aber trat Willem öffentlich zum Protestantismus über und stellte auf eigene Kosten ein Heer auf. Seine Brüder Ludwig und Adolf schlugen am 24. Mai 1568 – dem Tag, der als

Beginn des achtzigjährigen niederländischen Freiheitskrieges gegen Spanien gilt – Albas Truppen bei Heilingerlee. Adolf fiel in dieser Schlacht, und kurz darauf wurde Ludwig von Alba zurückgedrängt und nun selber bei Jemgum geschlagen. Jetzt marschierte Willem in Brabant ein, mußte aber nach kurzer Zeit seine Truppen, Söldner zumeist, wegen Geldmangels entlassen. Nur zwölfhundert Reiter blieben bei ihm. Mit ihnen schloß er sich dem Heer des Herzogs Wolfgang von Zweibrücken an, das zur Unterstützung der Hugenotten nach Frankreich zog. Auf Anraten Admiral Colignys, des französischen Hugenottenführers, rief Willem die niederländischen Seestädte auf, ihre Flotten im Kampf gegen Spanien einzusetzen – ein guter Rat, durch den dem Feind ein neuer gefährlicher Gegner auf allen Weltmeeren erwuchs. Die Epoche der großen Kaperkapitäne und Admirale vom Schlage eines Piet Heijn und später eines Maarten Tromp und Michiel de Ruyter begann, und damit die Zeit meerbeherrschender holländischer Seemacht.

Im Juli 1572 setzten die zu Dordrecht versammelten Stände der nördlichen Provinzen Herzog Alba aus eigener Machtvollkommenheit ab und ernannten an seiner Stelle den Prinzen von Oranien zum Generalstatthalter. Doch in der Folgezeit gelang es Alba, eine Anzahl spanienfeindlicher Städte wie Woerden, Oudewater oder Haarlem zurückzuerobern, und überdies wurde auch das neuaufgestellte Heer Willems unter seinen Brüdern Ludwig und Heinrich auf der Mooker Heide bei Nijmegen geschlagen. Trotzdem vermochte der Prinz am 8. November 1576 die ›Genter Pazifikation‹ durchzusetzen – ein Abkommen, durch das Alba endgültig abgesetzt wurde und Willem zugunsten des Erzherzogs Johann von Österreich auf die Generalstatthalterschaft verzichtete. Aber bereits im nächsten Jahr kündigten die Stände dieses Abkommen auf und versuchten auf einer Versammlung zu Brüssel, Willem von Oranien erneut zum Generalstatthalter zu machen. Dort aber wählte eine aristokratisch-katholische Partei anstelle

Willems, jedoch auch anstelle Johanns, den Erzherzog Matthias von Österreich. Denoch blieb Willem der eigentliche Regent der Niederlande, obwohl er in den katholisch gebliebenen südlichen Provinzen, dem heutigen Belgien, niemals recht Fuß fassen konnte.

In den nördlichen Niederlanden schloßen sich daraufhin die Provinzen Holland, Seeland, Utrecht, Geldern und Groningen am 23. Januar 1579 zur ›Utrechter Union‹ zusammen, der bald auch die übrigen Provinzen des heutigen Königreichs der Niederlande beitraten. Mit Spanien wurden in Köln Friedensverhandlungen eingeleitet. Als sie scheiterten, erklärten die Unionsprovinzen den König von Spanien seiner Herrschaft über sie für verlustig – damals in den Augen aller europäischen Monarchen ein unerhörter Akt der Versündigung gegen ihr vermeintliches Gottesgnadentum. Philipp, dessen militärische Macht in den Niederlanden zu jenem Zeitpunkt bereits stark geschwächt war, wußte sich nicht anders zu helfen, als den Prinzen von Oranien wieder einmal zu ächten und auf seinen Kopf die bewußte Prämie von fünfundzwanzigtausend Kronen auszusetzen. Der erste, der sie zu verdienen versuchte, war Jean Jauregin, aber sein am 18. März 1580 verübtes Attentat mißlang. Hingegen vermochte Balthasar Gerard den Prinzen – den seine Zeitgenossen zu seinen Lebzeiten ›Taciturnus‹, den ›Schweiger‹, und nach seinem Tod den ›Vater des Vaterlandes‹ nannten – am 10. Juli 1584 auf einer Wendeltreppe seiner Delfter Residenz niederzuschießen. Als Willem von Oranien tödlich getroffen auf den Stufen lag, waren seine letzten Worte: »Mon Dieu, mon Dieu! Ayez pitié de moi et de ce pauvre peuple!«

In einem schlichten Sarkophag wurde Willem von Oranien im Chor der Nieuwe Kerk beigesetzt. Doch dreißig Jahre nach seinem Tod beauftragten die Vereinigten Provinzen den Amsterdamer Baumeister und Bildhauer Hendrik de Keyser mit Entwurf und Ausführung eines Mausoleums, das heute als das prächtigste Renaissance-Grabmal des Landes gilt. Es ist aus weißem und schwarzem Marmor gefertigt und mit Säulen, Obelisken, Kuppeln und Baldachinen, mit Wappenschildern und Waffenkartuschen, mit Kranzgesimsen und bogenförmigen Frontons, mit Goldleisten und Blattgoldbeschlägen, mit Totenköpfen, weinenden Kindergestalten und den allegorischen Frauenfiguren der Freiheit, Gerechtigkeit, Tapferkeit und Gläubigkeit in überwältigend üppiger Fülle versehen. Den Prinzen findet man dort gleich zweimal dargestellt: liegend in Lebensgröße, wie schlafend hingestreckt auf einem Polster mit seinem treuen Hund zu Füßen, der nach seines Herrn Tod nicht mehr fressen wollte und wenige Tage später an gebrochenem Herzen starb, und sodann in voller Rüstung mit Schärpe, Schwert und Feldherrnstab in einem Sessel sitzend, wiederum in Lebensgröße. Auf die von weinenden Kinderköpfchen umrandete lateinische Grabinschrift jedoch weist eine trauernde Kindergestalt mit ihrem Finger hin:

»Zur Ehre des Allmächtigen Gottes und zum ewigen Gedenken an Willem von Nassau, Prinz von Oranien, den Vater des Vaterlandes, der die Wohlfahrt der Niederlande seinem eigenen Interesse und dem der Seinigen vorzog; der zweimal größtenteils auf seine Kosten mächtige Heere sammelte und dieselben unter dem Oberbefehl der Generalstaaten ins Feld führte; der Spaniens Zwingherrschaft abwandte, die wahre Religion und die alten Rechte wiederherstellte; der schließlich dem Prinzen Maurits, seinem Sohn, dem Erben der Tugenden des Vaters, die nahezu gesicherte Freiheit hinterließ, um sie weiter zu festigen; dem in Wahrheit frommen, klugen und unüberwindlichen Helden, den Philipp II., König von Spanien, der Schrecken Europas, fürchtete, aber weder unterwerfen noch einschüchtern konnte, sondern mit schnödem Verrat durch die Hand eines gedungenen Mörders aus dem Weg räumte, haben die Vereinigten Niederländischen Provinzen dieses Grabmal zu einem ewigen Denkmal seiner Verdienste errichten lassen.«

Als wir aus dem Dämmerlicht der Nieuwe Kerk wieder in

die grelle Sonne des Groote Markt traten, hatten sich am Himmel ein paar Vermeersche Sommerwölkchen eingefunden. Die Strebepfeiler, Fialen und Kreuzblumen des Kirchturms zitterten im Glast. In großer Höhe kreisten Schwalben. Am anderen Ende des weiten, langgestreckten Platzes spielte vor dem Rathaus, einem Bauwerk des 14. Jahrhunderts, das zu Beginn des 17. von Hendrik de Keyser im Stil der Renaissance lediglich ummantelt und verziert worden war, eine große, bunte Drehorgel lauter traurige Weisen. In einigen Schaufenstern erinnerten uns Vasen, Wandteller, Kacheln und auch Figuren in Delfter Mustern und ›Delfter Blau‹ daran, daß wir uns in der Stadt der berühmten Delfter Fayencen befanden, die etwa um 1610 als Imitationen des seinerzeit sehr begehrten und teuer gehandelten blauweißen Nankingporzellans entstanden waren. Weil man aber damals in Holland noch nicht wußte, daß zur Herstellung echten Porzellans die Zugabe von Kaolin unerläßlich ist, gelang zwar die Herstellung eines ziemlich ähnlichen Materials, doch nicht die wirklichen ›Chinaporzellans‹. Trotzdem wurden die Delfter Fayencen rasch in ganz Europa beliebt, zumal man bald nicht nur chinesische Dekors verwendete, sondern die Vasen, Wandteller und Kacheln mit Mustern schmückte, die man der zeitgenössischen holländischen Malerei entlehnte – mit Genrebildern à la Jan Vermeer oder Pieter de Hooch, mit Veduten, Landschaften, Seestücken, Bibelszenen und Porträts, mit denen nun auch andere Farben als das bisher gebräuchliche Blau des Nankingporzellans ins Spiel gelangten: Rot und Braun, Gelb und Grün zum Beispiel. Aber beherrschend blieb dennoch bis auf den heutigen Tag jenes satte, einzigartige und typische ›Delfter Blau‹. Und es blieb auch nicht aus, daß mit der Zeit Manufakturen in Belgien, England, Frankreich, Deutschland, Italien und sogar in Japan nun ihrerseits Delfter Fayencen zu imitieren begannen.

Aus der grellen Sonne und der Geräumigkeit des Groote Markt taucht man gleich an der Ecke hinter dem Rathaus in das eigentliche Delft ein: eine Stadt schattiger Gassen, von Bäumen gesäumter Grachten und des von Baumkronen gefilterten Lichts, das seine Sonnenflecken über Rundungen und Getrepp der Giebel und ihre steinernen Füllhörner, Blumengirlanden und Muscheln tanzen läßt, wenn der Sommerwind in den Blättern stöbert. In einem schmalbrüstigen Haus an der Ecke glaubt man im ersten Augenblick das Modell jenes wohlbekannten gotischen Bürgerhauses des Vermeerschen Bildes ›Straße in Delft‹ gefunden zu haben, denn es ähnelt ihm nicht allein wegen des warmen Ziegelrots des Mauerwerks, sondern gleicht ihm dazu noch in weiteren Einzelheiten – etwa in der Art der Giebelstufungen und in der Anordnung der bleiverglasten Fenster mit ihren allein über die unteren Fensterhälften reichenden Läden, wie sie freilich hierzulande an alten Gebäuden üblich sind. Auch ist dieses Haus genau wie das von Vermeer gemalte drei Stockwerke hoch, doch hinter der offenen Haustür müht sich keine Frau an einem Waschzuber ab wie auf jenem Bild, sondern hier saß bei gleicherweise offener Tür der Inhaber einer renommierten Spirituosenhandlung gemütlich hinter einer altertümlichen Theke und vor einem bis hinauf zur Balkendecke reichenden Regal voller Wein-, Likör-, Cognac- und Geneverflaschen und las die Zeitung, während neben dem Haus, und auch dies wiederum anders als bei Vermeer, eine Gracht in eine andere fließt. Auf dem Brückengeländer hockten junge Leute und delektierten sich am *Jonge haring*, dem frischen Matjes, dessen hohe Zeit in den Sommer fällt. Unter den Linden längs der Gracht verkauften Blumenhändler Nelken, Rosen, Lilien, Margueriten und Tausendschönchen, deren Duft sich mit dem der blühenden Bäume mischte, aber ebenso mit dem Geruch der Heringe und Zwiebeln aus der offenen Fischhalle an der Brücke.

Zum Prinsenhof, im 15. Jahrhundert ein Nonnenkloster, im 16. einige Jahre lang das Hauptquartier des Prinzen Willem I. von Oranien, danach das Gildehaus der Delfter Tuchhändler und heute ein Museum der Geschichte des niederländischen Freiheitskrieges, zum Prinsenhof, unter dem man kein Schloß verstehen darf, ist es von der Fischhalle und der Brücke hinter dem Rathaus bloß ein Katzensprung, freilich einer um ein paar Ecken herum. Durch ein spätgotisches Tor, das nicht sonderlich auffällt, und einen dunklen Durchlaß voll erhalten gebliebener dumpfer Klösterlichkeit, in dem man sich hinter einem vergitterten Spionierfensterchen gut die Argusblicke einer wachsamen Schwester Pförtnerin vorzustellen vermag, gelangt man in den im 16. und 17. Jahrhundert wiederholt umgebauten und erweiterten Gebäudekomplex des nunmehrigen Prinsenhofs – in ein Labyrinth von Gängen, Durchbrüchen, Stufen und Treppen, in Fluchten von Sälen, Zimmern und Kabinetten, in ein Gewirr einander übertrumpfender Dächer und Giebel und jäh abbrechender Simse, gebaut wie es gerade so kam, wie die Bedürfnisse es verlangten. Was auf diese Weise entstand, löschte die einstige Klösterlichkeit aus, schuf keine residenzhafte Feudalität, keinen Schloßcharakter, sondern wirkt gutbürgerlich und gediegen, gemütlich und bequem, eher unbeschwert als ernst, zumal jetzt bei weitgeöffneten Fenstern und breit einfallendem Sonnenschein, bei rauschenden Baumkronen und Vogelgezwitscher. Das hat beinahe Landhausatmosphäre, man stellt sich Wiesen unter den Fenstern vor, einen zwischen Schilfufern dahinrinnenden Fluß und ein fernes Dorf am Horizont. Doch nur ein Kreuzgang ist dort unten und ein von den verschiedenen Gebäudetrakten umwinkelter kleiner Park mit seinen Kastanien und Buchen, dem gepflegten Rasen und den Beeten voller Dahlien, Stiefmütterchen und Löwenmäulchen, wo an geharkten Wegen auf Barocksockeln üppige Frauengestalten stehen, die Köpfe, Schultern, Arme und Busenspitzen grün bemoost. Wir setzten uns auf eine Bank und betrachteten die Erhebungen und Gefälle der Simse und den spitzen Helm des nicht sonderlich hohen Wehrturms, der einer Burg draußen auf dem Lande gut anstehen würde, dann aber zog ein Starenpaar unsere Aufmerksamkeit auf sich, das seine eben flügge gewordene Brut aufgeregt umflatterte. Ein Herr auf einer Nebenbank bat um Feuer für seine Zigarre, dankte und murmelte etwas von einem herrlichen Tag heute – »prachtig daag vandaag«. Mit ernsten Gesichtern verließ eine Lyzeumsklasse zwölfjähriger Mädchen in blauen Blazern, weißen Faltenröcken und blauen Kniestrümpfen den Prinsenhof und sein Museum. Die höheren Töchter der Nation hatten gerade eine Stunde Anschauungsunterricht in vaterländischer Geschichte hinter sich, mit bedeutsamer und so trauervoller Miene, als sei der Mord erst gestern geschehen, hatte ihnen der Kastellan auf der Wendeltreppe die Stelle gezeigt, an der Balthasar Gerard den Prinzen von Oranien erschoß; doch schon regte sich wieder die Lust am Schabernack, verstohlene Püffe wurden ausgeteilt, Fratzen geschnitten, ein Kichern flackerte auf, um jedoch sogleich zu erlöschen. Die Lehrerin redete indigniert auf die Mädchen ein und sittsam trotteten sie hinüber zur Oude Kerk. Die Konfrontation mit der Geschichte war noch nicht zu Ende.

Die Gräber von Delft, die Gräber der Toten, die Hollands Freiheit erkämpften und die erkämpfte Freiheit sicherten – drüben in der Oude Kerk findet man sie ebenfalls. Die Kirche stammt von 1250, ihr heutiges Aussehen aus der Zeit um 1500: späte Gotik, der massige, ein wenig schief wirkende Turm mit der ›Bourdon‹, einer Glocke, die einen Umfang von sieben Metern hat, einhundertundachtzig Zentner wiegen soll und früher von zwölf Männern geläutet werden mußte, das geheimnisvolle Dämmerlicht zwischen den hohen Säulenphalanxen, und an den Wänden des Chors die Prunkgrabmäler zweier Admirale, die in dieser ältesten Kirche einer Stadt ohne Zugang zum Meer, ohne Seehafen, ohne Reede und ohne ankernde Flotten ihre letzte Ruhestätte fanden. Es sind die Admirale Piet Heijn und Maarten Tromp, während Michiel de Ruyter, der Dritte im Bunde der großen holländischen Flottenführer, in Amsterdam begraben liegt. Das Grabmal Piet Heijns schuf Pieter de Keyser, der Sohn Hendriks, und man spürt das Vorbild, sieht den Einfluß und erkennt die väterliche Idee: schwarzer und weißer Marmor wie an dem Mausoleum Willems von Oranien drüben in der Nieuwe Kerk, derselbe Überschwang der Formen und dieselbe Phantastik der Allegorien, und wieder der Tote ausgestreckt auf einem Polster, daliegend in Lebensgröße, in voller Rüstung. Auch das Wappen fehlt nicht, ein schwarzer Rabe auf einem Schiffsheck, und dazu die Grabinschrift in Latein, eine würdige Laudatio, ein in den Marmor gemeißelter Lebenslauf, dessen Text in freier Übersetzung lautet:

»Zur Ehre des Allmächtigen Gottes und zu ewigem Angedenken! Trauert, Vereinigte Provinzen, um den Hingeschiedenen, dessen glänzende Verdienste um die Republik es nicht dulden, daß er vergessen werde. Hier ruht der Admiral Piet Heijn, ein Name, furchterregend für Brasilien, das mexikanische Meer, die Portugiesen und die Spanier, dem seine Tapferkeit den Tod und dem der Tod das ewige Leben gab. Geboren zu Delfshaven, hat er durch die Eroberung einer reichen Beute im Hafen von Matanca in Amerika den Ruhm seines Vaterlandes in beiden Erdteilen verbreitet.

Indem er sich durch seine Seelengröße und den Ruf seiner Taten über seine niedrige Abstammung erhob, bewies er, daß Helden nicht nur geboren werden, sondern sich durch eigene Kühnheit dazu zu machen vermögen. Nachdem er alle Widerstände zu Wasser und zu Lande mit Gottes Hilfe überwunden hatte, machte er Amerika, Spanien und Flandern erst zum Zeugen seiner Gefangenschaft, bald aber auch seiner Triumphe. Er war mutig ohne Leichtsinn, hochherzig ohne Anmaßung, handhabte streng die Schiffszucht und war ein ebenso vorbildlicher Untergebener wie Vorgesetzter. – Im Jahre 1624 entriß er als Viceadmiral den Portugiesen St. Salvador in Brasilien, indem er an der Spitze seiner Seesoldaten die Festungswälle erstürmte. Im Jahr 1627 besiegte er als Befehlshaber dieser Stadt in ihren Gewässern sechsundzwanzig feindliche Schiffe und nahm im selben Jahr dem Feind drei weitere

Schiffe vor der Insel Marea weg, die er als Kriegsbeute heimschickte. Als er im Jahr 1628 einer Flotte von zwanzig mit Gold, Silber und den kostbarsten Gütern beladenen Schiffen begegnete, entriß er auch sie dem Feind und sandte dieses Goldene Vlies des Königs von Spanien aus dem neuen Colchis der neuen Welt als ein neuer Argonaut in die Vereinigten Provinzen, eine Tat, die der Westindischen Compagnie ungeheuere Reichtümer bescherte, den Spaniern unermeßlichen Schaden zufügte und ihm selber unvergänglichen Ruhm einbrachte. – Als er schließlich, um das Vaterland auf allen Weltmeeren verdient, Oberbefehlshaber geworden war, traf ihn im Jahr 1629 in einer Seeschlacht, in der er Sieger blieb, die tödliche Kugel. Er hat 51 Jahre, 6 Monate und 23 Tage gelebt.«

Nicht viel anders als Piet Heijns Grabstätte nimmt sich, obwohl von Jacob van Campen statt von einem de Keyser geschaffen, das Prunkgrab des Admirals Maarten Tromp aus – Marmor wiederum, dieselbe verschwenderische Fülle beziehungsreicher Embleme, nur daß die lebensgroße Gestalt des Toten hier nicht auf einem Polster ruht, sondern halb sitzend auf einem Schiffsruder liegt, den Kopf an ein Kanonenrohr gelehnt. Überdies ist hier in Marmor geschlagen eine Seeschlacht dargestellt: Schiffe aus allen Geschützen feuernd, von Pulverdampf umhüllt, fliegende Trümmer, zerfetzte Segel, kenternde Schiffsleiber, siegreich flatternd die rotweißblaue Flagge der Vereinigten Provinzen... Aber ebenso wie auf dem Grab Piet Heijns oder des Prinzen von Oranien auch auf diesem die Schilderung des Lebens dessen, der hier liegt, die Aufzählung seiner Taten:

»Zum ewigen Angedenken! Du, der du die Niederländer, die Tugend und die Arbeit liebst, lies dies und traure! Denn die Zierde des niederländischen Volkes, der Gewaltige im Krieg, der durch sein Beispiel lehrte, daß ein Befehlshaber stehend sterben soll, der Gegenstand der Liebe seiner Mitbürger, der Schrecken seiner Feinde und der Held der Ozeane liegt danieder. Maarten Tromp, ein Name, in dem mehr

Ruhm schwingt als dieser Stein ausdrücken könnte, und ein Mann, dem alle Himmelsrichtungen eine Schule, das Meer eine Stätte der Siege und der Erdkreis der Schauplatz seiner Heldentaten war, Maarten Tromp, der Schrecken der Seeräuber, der väterliche Lenker und Erzieher des rohen Menschenschlages der Matrosen und Soldaten, der Beschützer des Handels, hat nach fünfzig Gefechten, unglaublichen Erfolgen und höchsten Ehrenbezeigungen am 10. August 1653 im Alter von sechsundfünfzig Jahren, im Englischen Krieg beinahe Sieger, doch ohne Zweifel unbesiegt, zu leben und zu siegen aufgehört.«

Amsterdam – Lebenslauf einer Stadt

Wo sich das graue Kunstgebirge der Oude Kerk über spitzen Giebeln und vom Seewind moosgrünen Dächern erhebt, ist Amsterdam am alleraltesten. Der kleine Platz, von schmalen Häusern, die selten breiter als drei Fenster sind, gedrängt umstellt, ist kaum größer als der heutige Grundriß der Kirche. Seine Enge verrät indessen keinen mangelnden Sinn für Proportionen, sondern die geringe Ellbogenfreiheit Alt-Amsterdams in seiner Lagunenlandschaft. Somit erlaubt er gerade den Umgang, doch kein weites Zurücktreten, wenn man nach gründlicher Detailbetrachtung größere Übersichten gewinnen möchte. Zudem haben etliche Jahrhunderte an der Kirche verändert, verschönert und erweitert und damit den schon immer bescheidenen Kirchplatz in einer Stadt, die sich den Luxus geräumiger Plätze niemals leisten konnte, noch weiter verengt. Andererseits führte diese lange Bautätigkeit nicht allein zu einer architektonischen Kompliziertheit, die sich weder auf den ersten noch auf den zweiten Blick erfassen läßt, sondern auch zu reizvollen Kombinationen der Stile, die, aus der Distanz genossen, besonders einleuchtend wirken müßten. Diese Distanz jedoch bleibt hier verwehrt; nur in die Höhe kann der Blick an Pfeilern und Streben, an Portalen und hohen Fenstern empor zu den Simsen, Kreuzblumen und Wasserspeiern unbeschränkt schweifen – bis hinauf zu dem blauen Himmel mit seinen ziehenden Wolken, unter denen die Kirche, seltsam schwerelos aus dieser Perspektive, nun selber davonzugleiten scheint.

Ihr Grundstein wurde um das Jahr 1300 gelegt, nachdem man genug Eichenpfähle in den schmatzenden Schlick jener Sandbank zwischen dem Amstelfluß und der Zuidersee getrieben hatte, die die noch junge Stadt trug – und davon, wie naß der Boden war, vermag man sich noch heute ein Bild zu machen, wenn man in der Umgebung Amsterdams die Kühe auf ihren fetten Weiden selbst im Sommer mit den Hufen im Wasser stehen sieht. Von den Häusern, die damals den Kirchplatz umgaben, ein jedes aus Fachwerk, Riedgeflecht, Lehmbewurf und Schilfdächern, überdauerte keines die Zeiten. Sie waren für die primitiven Bedürfnisse der ersten Bürger gebaut, noch nicht für Jahrhunderte. Auch die Kirche, die nun an die Stelle einer noch älteren Kapelle trat, ein schmaler, schlichter Hallenbau, überstand lediglich in Grundmauern und etlichen Wänden und Säulen, die man noch deutlich im Baukörper erkennt, die mannigfachen Veränderungen aus späteren Epochen. Ihre jetzige Gestalt erhielt sie um 1555. Damals wurde aus der Hallenkirche eine vielfältig gegliederte Basilika und aus dem katholischen Gotteshaus mit der Reformation ein protestantisches. Dabei verlor es auch seinen bisherigen Namen: aus der St.-Nikolaus-Kirche, dem Schutzpatron der Stadt geweiht, wurde die *Oude* Kerk, denn sie ist die älteste der Stadt.

An Kirchen wie dieser spiegeln sich Werden und Wachsen der Stadt, der sie zugehörig sind. Sie wachsen oder verfallen mit ihr. Wie Bäume ihre Jahresringe, so setzen sie die Zeichen des Reichtums oder Niedergangs an, die der einander ablösenden Stile und Kunstauffassungen und auch die der Wandlungen des religiösen Bewußtseins. An ihren Wappen, Grabplatten und Inschriftentafeln kann man in Abbreviaturen manches Kapitel der Stadtgeschichte nachlesen. Die Oude Kerk von Amsterdam war vor allem das Gotteshaus der mächtigen Patrizierfamilien mit ihrem stolzen Selbstverständnis. Bürgermeister, Ratsherren und Schöffen, Kaufherren und Reeder bevorzugten ihre Grüfte als letzte Ruhestätten, so daß

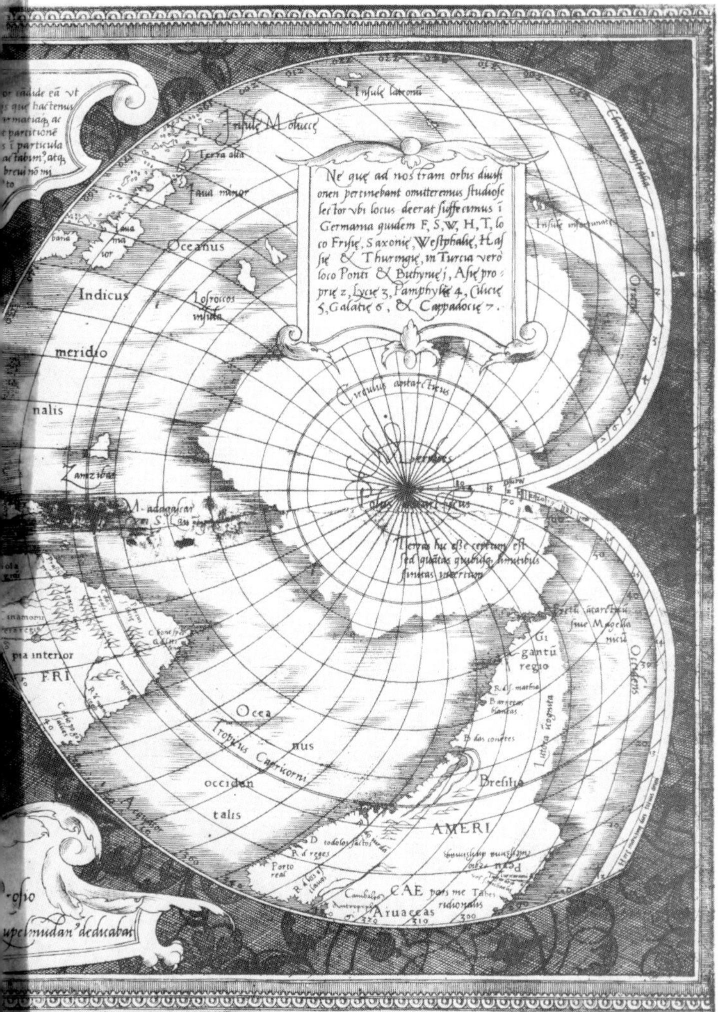

2 Weltkarte in Herzprojektion von Gerhard Mercator, 1538

3 Karte der Niederlande (geostet) von Jakob von Deventer
Kupferstich aus dem ›Theatrum Orbis Terrarum‹
von Abraham Ortelius, Antwerpen 1570

DVCATVS GELDRIÆ PARS
DVCATVS BRABAN
MERIDIES
PARS
PARS
Wageningen
Rhenen
Amersfoort
Nyekerck
Vtrecht
Vreeswijck
Vianen
Culenborch
Bommel
Hoesden
Gorichom
Dordrecht
Oudewatter
Montfoort
Goude
Leyden
Rotterdam
Schiedam
Delft
Haghe
Vlaerdingen
Briele
VOORN
Weesp
Naerden
Haerlem
Asperen
Leerdam
Tiel
Graue
Rauenstein
Meghem
Ysselsteijn

4 Seekarte Europas von Johannes a Duetecum
Kupferstich aus dem ›Speculum Nautidum‹
von Lucus Jansson Wagenaer, Leiden 1586

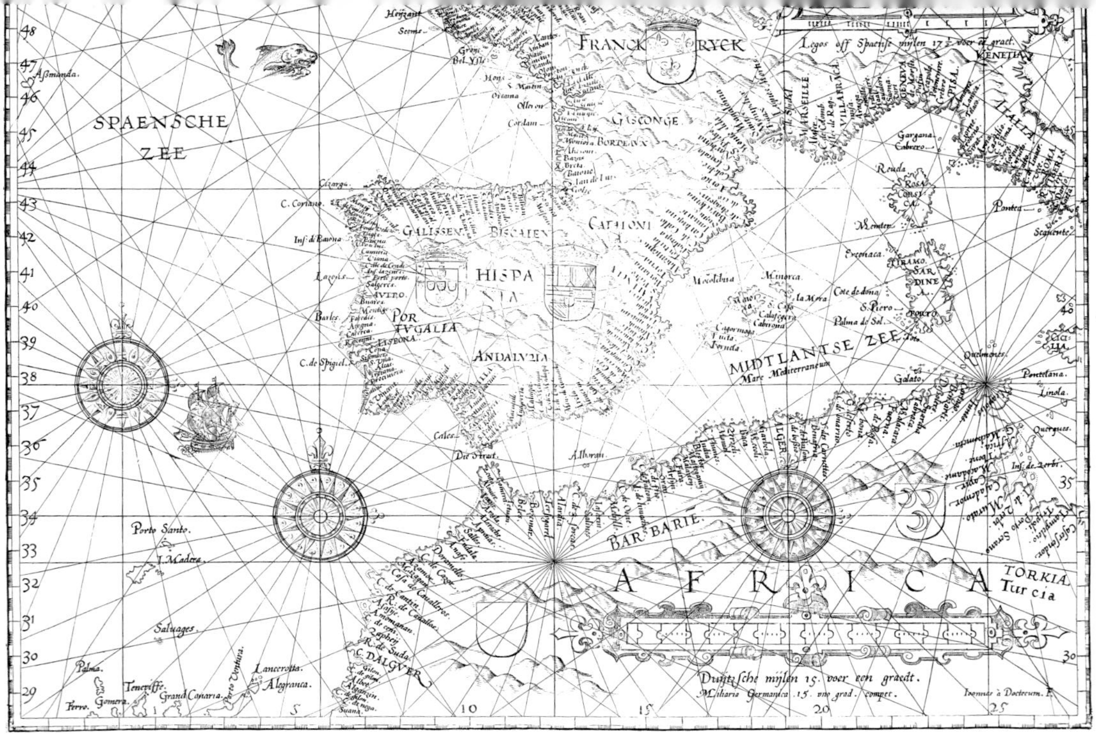
SPAENSCHE ZEE
FRANCKRYCK
GASCONGE
BORDEAUX
MARSEILLE
VILLAFRACA
GENEVA
PISA
VENETIA
ITALIA
HISPANIA
PORTUGALIA
LISBONA
ANDALUZIA
GALISSEN
BISCAIEN
CATALONI
MIDTLANTSE ZEE
Mare Mediterraneum
Minorca
SARDINEA
CORSICA
ALGER
BARBARIE
AFRICA
TORKIA
Turcia
Porto Santo.
I. Madera.
Saluages.
Lancerotta.
Alegranca.
Grand Canaria.
Teneriffe.
Gomera.
Ferro.
Palma.
C. DALGUER
Die Straet.
Alboran.
Legos off Spaentse mijlen 17½ voer et gradt.
Duijtsche mijlen 15. voer een graedt.
Miliaria Germanica 15. vno grad. compet.
Ioannes à Doetecum. F.

6 Admiral Michiel
A. de Ruyter,
1607-1676
Gemälde von
Ferdinand Bol

5 Admiral Maarten
Harpertsz Tromp,
1598-1653
Gemälde von
Dina de Haes

zu Anfang des 18. Jahrhunderts ein anonymer Stadtchronist schreiben konnte: »Der Rat der reichen Stadt Amsterdam hat sich in der Oude Kerk am Oudekerksplein bis in alle Ewigkeit versammelt.«

Zöge man mit einem Zirkel einen Kreis von etwa fünfhundert Metern um diese Kirche, so hätte man in ihm ganz Alt-Amsterdam. Zwischen 1260 und 1270 wurde durch den Amstelfluß ein Damm gezogen, der den Fluß umleitete und in seinen verlandenden Auen Platz für eine Ansiedlung schuf, wo es bisher nur, etwa seit dem Jahr 1000, ein paar elende Fischerkaten gegeben hatte. Diese Stelle – ›Dam‹ genannt – ist bis auf den heutigen Tag ›das Herz der Stadt‹. Dort siedelten sich die ersten Bürger an, und bereits 1275 wurde ›Amstelledamme‹ erstmals urkundlich erwähnt. 1300 oder 1301, die Angaben schwanken, erhielt es Stadtrechte, und 1367 schloß sich Amsterdam der sogenannten Kölner Konföderation an, einer frühen Vorwegnahme der Europäischen Wirtschaftsgemeinschaft unserer Tage, die lediglich wirtschaftlich bedeutende Städte in ihren exklusiven Bund aufnahm. Am Damrak, jener Straße, die damals noch am offenen Wasser lag und heute vom Dam zu dem auf einer künstlichen Insel erbauten Hauptbahnhof führt, verdeckte bereits um diese Zeit »ein Wald von Masten die Lagerschuppen und Speicherhäuser«. Breitbäuchige Koggen, deren Querschnitt so viel Ähnlichkeit mit einer Walnußschale aufweist und deren Konstruktionsidee tatsächlich die im Wasser nur schwer zum Kentern zu bringende Walnußschale zugrunde liegt, warfen hier ihre Fangleinen über Poller und Duckdalben und refften ihre rostroten Segel mit den aufgenähten frommen Emblemen, wenn sie von großer Fahrt heimkehrten. Am Schiffsbau, an der Seefahrt und am Handel wurde die Stadt reich. Sie wurde zum ›Außenhafen‹ Kölns und Frankfurts am Main, und schon bald nach der Entdeckung Amerikas hieß es in Wiener Kaufmannskreisen, der direkte Weg »zu den Schätzen der neuen Welt führt über den Hafen von Amsterdam«. Die Stadt wuchs, umgab sich mit Festungswällen und sicherte sich durch Stadttore, griff immer wieder über sie hinaus und legte neue Befestigungen an. Mehr und mehr Wohnhäuser, Kirchen, auch Klöster wurden auf immer zahlreicher in den Schlickboden gerammten Pfählen erbaut, so daß der große Humanist Erasmus von Rotterdam um 1520 sagen konnte, er kenne eine Stadt, deren Bewohner wie die Raben – nein, nicht stehlen, aber wie die Raben auf den Wipfeln der Bäume leben... Im Jahr 1498 verlieh Kaiser Maximilian »Unserer lieben Stadt Amsterdamme« die Auszeichnung, in ihrem Wappen die Kaiserkrone führen zu dürfen, und so ziert sie noch heute das weißrote Wappen mit den drei Andreaskreuzen dieser Stadt, die Maximilian »eine wahrhaft kaiserliche« genannt hat und die er neben Innsbruck und Wien zu den schönsten des Reiches zu zählen pflegte.

Fünfzig Jahre später wurde gemeinsam mit den niederländischen Kernprovinzen von Friesland bis Seeland und den meisten Städten auch Amsterdam protestantisch. Lediglich die Ostprovinzen Gelderland und Limburg blieben weitgehend katholisch, desgleichen Teile Brabants, von dem ein alter Ausspruch behauptet, dort seien ›die Mönche fett und die Bauern mager, die Klöster reich, die Bauernhütten armselig und die Unwissenheit unbesiegbar‹. Der Glaubenswechsel jedoch, von keinem Landesfürsten und keinem CUIUS REGIO, EIUS RELIGIO dekretiert, geschah, vor allem in Amsterdam, in solcher Einmütigkeit, daß es aussah, als habe das Volk der Friesen und Bataver – siebenhundert Jahre zuvor von den Franken gewaltsam christianisiert – endlich die seiner Art gemäße Form des Christentums gefunden. »Mit dem Feuer pfingstlicher Erleuchtung breitete sich die neue Lehre in aller Herzen aus«, äußerte Erasmus, der freilich eine gründliche Reformierung der römischen Kirche einer protestantischen Reformation und Abspaltung vorgezogen hätte, und Friedrich Schiller kam in seiner ›Geschichte des Abfalls der Niederlande‹ zu dem Schluß, die protestantische Religion tauge für ein Handelsvolk vom Schlage der Holländer besser als die katholische. Weiter schrieb er:

»Dies vorausgesetzt, mußte die neue Lehre, welche Luther in Deutschland und Calvin in der Schweiz verbreiteten, in den Niederlanden das günstigste Erdreich finden. Ihre ersten Keime wurden durch protestantische Kaufleute, die sich in Amsterdam und Antwerpen sammelten, in die Niederlande geworfen... Die große Menge französischer, deutscher und englischer Flüchtlinge, die dem Schwert der Verfolgung, das in dem Vaterland ihrer wartete, in den Freiheiten Flanderns zu entfliehen suchten, beförderten ihre Verbreitung. Ein großer Teil des niederländischen Adels studierte damals in Genf; die neuen Religionsbegriffe, die dort öffentlich gelehrt wurden, brachte die studierende Jugend mit in ihr Vaterland... In einem Lande endlich, wo Arbeitsamkeit die gerühmteste Tugend, Bettelei das verächtlichste Laster war, mußte ein Orden des Müßiggangs, der Mönchsstand, lange anstößig gewesen sein. Die neue Religion, die dagegen eiferte, gewann daher schon unendlich viel, daß sie in diesem Stücke die Meinung des Volkes auf ihrer Seite hatte. Fliegende Schriften voll Bitterkeit und Satire, denen die neuerfundene Buchdruckerkunst in diesen Ländern einen schnelleren Umlauf gab, und mehrere damals in den Provinzen herumziehende Rednerbanden, Rederyker genannt, welche in theatralischen Vorstellungen oder Liedern die Mißbräuche ihrer Zeit verspotteten, trugen nicht wenig dazu bei, das Ansehen der römischen Kirche zu stürzen und der neuen Lehre in den Gemütern des Volkes eine günstige Aufnahme zu bereiten...«

Doch wie die Holländer alles, was sie tun, gründlich tun, so auch die Amsterdamer. Und so fegte schon bald ein Bildersturm durch die Hallen, Seitenkapellen und Nischen der Oude Kerk und anderer Kirchen der Stadt. Heiligenbilder und Heiligenstatuen wurden von den Wänden gerissen und von den Podesten gestürzt. Unwiederbringliches ging dabei verloren. Die kahl gewordenen Kirchen, in denen »fürderhin nichts mehr vom reinen Wort Gottes ablenken« sollte, wie es in einer Kundmachung des Rates der Stadt Amsterdam hieß, wurden von den Lutheranern und Calvinisten übernommen, die zweiundzwanzig Klöster geschlossen, Priester, Mönche und Nonnen, so sie nicht zum Protestantismus übertraten, aus der Stadt verbannt und der katholische Gottesdienst untersagt. Lediglich in ›Schuilkerken‹, den Geheimkirchen, konnte sich die zusammengeschmolzene katholische Gemeinde noch zu Meßfeiern treffen; eine davon – ›Ons lieve Heer op solder‹ – besteht auf dem Söller des Hauses Voorburgwal Nr. 40 noch heute als Museum weiter.

All dies fand die Zustimmung der breiten Öffentlichkeit, der Rom als ›Tummelplatz aller Teufel‹ und der Papst als ›Antichrist‹ galt. Auf einem im Frühjahr 1546 zu Amsterdam gedruckten Flugblatt, das den Tod Martin Luthers meldete, schlug sich die herrschende Meinung derb und unverblümt nieder. Unter dem fast ganzseitigen Bild des Reformators, das ihn mit der Gans zeigt, dem Sinnbild der Wachsamkeit und Unbestechlichkeit, liest man:

Als t' Christenryck wel eer was onderdruckt van Romen
Met leugens en bedroch verbystert en vermomt
Is Luther als een Held des Heeren voort gecomen
En heeft met Pen en Tongh den Antichrist verstomt.

1568 erhob sich das Volk gegen den Absolutismus Philipps II. von Spanien und die spanische Inquisition. Nicht ohne Grund warf es spanische Fremdherrschaft und römischen Katholizismus in einen Topf. ›Für Freiheit und Glauben‹ hieß deshalb auch der Schlachtruf, als im gleichen Jahre noch der Aufstand sich in den offenen Krieg verwandelte, den achtzigjährigen Krieg gegen die Spanier. Er endete erst 1648 mit dem Westfälischen Frieden, in dem die europäischen Großmächte die Niederlande als unabhängige und freie Nation anerkannten.

Trotz des Krieges entwickelte sich Amsterdam weiter und überflügelte selbst das von den Spaniern besetzte Antwerpen, vormals der wichtigste Handelsplatz Westeuropas. Während die Stadt an der Amstel 1580 noch knapp 15000 Einwohner zählte, waren es vierzig Jahre später bereits über 100000. Bis tief in unsere Zeit blieb sie eine Zufluchtsstätte der aus politischen, religiösen oder rassischen Gründen Verfolgten. Spanische und portugisische Juden, von der Inquisition vor die Wahl gestellt, ihrem Glauben abzuschwören oder auf dem Scheiterhaufen zu enden, flüchteten in großer Zahl nach Amsterdam; einer ihrer Nachfahren war der Brillenschleifer und Philosoph Baruch de Spinoza. Ihnen folgten französische Hugenotten, österreichische Protestanten und in hellen Scharen Flüchtlinge aus Flandern, wo unter dem Schutz der spanischen Truppen Herzog Albas die Inquisition die Protestanten folterte, köpfte, verbrannte und wo auf den Marktplätzen von Gent, Brüssel, Antwerpen und anderer Städte die Scheiterhaufen loderten und die Richtblöcke von Blut troffen. In Amsterdam hingegen – vom Feind unbesetzt, mit dem offenen Meer im Rücken und im Besitz einer streitbaren Kriegs- und Kauffahrteiflotte – war vom Krieg zumeist wenig zu spüren. So konnten sich die Anstrengungen der Seefahrer und Kaufleute unbehindert auf die exotischen Lande jenseits der Ozeane richten. Nachdem die Spanier Portugal erobert hatten, beschlossen Amsterdamer Kaufherren, indische Waren nicht länger für portugiesische Rechnung zu verkaufen, sondern sie mit eigenen Schiffen aus Indien zu holen. 1597 brachte Kapitän Cornelis de Houtman erstmals selber von dort geholte Produkte nach Amsterdam: Muskat, Pfeffer und Kokosnüsse, die bald zu begehrten Handelswaren wurden. Mehr noch wurde dies eine kleine, bräunliche, aus Persien stammende Blumenzwiebel – die Tulpe. Ihr Export stellt noch heute einen wichtigen Posten in der niederländischen Außenhandelsbilanz dar, aber damals spekulierte jedermann ›in Tulpen‹. Selbst an der Börse wurden die Zwiebeln gehandelt. Sie waren um 1575 erstmals in Amsterdam aufgetaucht und innerhalb von zwanzig Jahren züchterisch weiterentwickelt worden; bald kletterten ihre Preise ins Unermeßliche. Auf einer Auktion von 1630 erzielte eine einzige Zwiebel 5000 Gulden. Für vier andere wurde ihrem Besitzer eine Prachtkarosse nebst sechs edlen Pferden geboten. Riesengewinne wurden erzielt, denen bald jedoch Riesenverluste folgten, denn durch die Vermehrungszucht schwand der Seltenheitswert und die Preise fielen – 1602 schlossen sich Bankiers, Kaufherren und Reeder zur Vereinigten Ostindischen Compagnie zusammen, der ersten Aktiengesellschaft der Welt, und 1621 fand die Gründung der Westindischen Compagnie statt. In Ostindien, wo Indonesien erst nach dem Zweiten Weltkrieg in die Selbständigkeit entlassen wurde, entstanden Kolonien; desgleichen in Westindien, wo Surinam und die Antilleninseln Curaçao, Aruba, Bonaire, St. Maarten, St. Eustatius und Saba als dem Mutterland gleichberechtigte ›Landesteile in Übersee‹ noch heute zum Königreich der Niederlande gehören. In Südafrika wurde ein Schiffsstützpunkt nach und nach zur Kolonie erweitert, in Brasilien entstanden Niederlassungen und bereits 1645 war das Kolonialreich der Ost- und Westindischen Compagnien sechzigmal größer als das Mutterland nach dem Frieden von Münster und Osnabrück. Der Geograph Peter Plancius arbeitete eine Route durch das Nördliche Eismeer nach China aus, aber die Amsterdamer Kapitäne Heemskerk und Barentsz umrundeten zwar Nowaja Semlja und entdeckten Spitzbergen, kamen dann jedoch im Eis um. Ein anderer Geograph, der Amsterdamer Bürgermeister Nikolaas Witsen, bereiste im Auftrag des Zaren Alexej, des Vaters Peters des Großen, das Russische Reich und veröffentlichte 1673 seinen Reisebericht ›Noord en Oost Tartarye‹. An der Mündung der Dwina ins Weiße Meer erbauten Holländer den Handelsplatz Archangelsk, von dem aus sie vornehmlich Pelze und Kaviar nach Amsterdam verschifften. Amsterdamer Seefahrer fanden 1605 den fünften Erdteil: Australien, zuerst Neu-Holland geheißen, und 1642 landete Abel Tasman an den Gestaden Tasmaniens, dem heutigen Neuseeland. 1653 gründete ein aus Friesland stammender

Amsterdamer Bürger namens Peter Stuyvesant an der Ostküste Nordamerikas eine Niederlassung, die sich gemächlich vom palisadenbewehrten Fort zu einer Stadt mit dem Namen Neu-Amsterdam entwickelte – das jetzige New York, das um 1700 freilich erst knapp zwei- und um 1800 auch erst nur fünfunddreißigtausend Einwohner zählte. Mit einer Geschwindigkeit jedoch, die spätere Generationen ›amerikanisches Tempo‹ genannt hätten, wuchs indessen das alte Amsterdam. In den einhundert Jahren zwischen 1580 und 1680 mußte das immer wieder zu eng werdende Stadtgebiet dreimal erweitert werden, und in den sechzig Jahren zwischen 1620 und 1680 verdoppelte sich die bisherige Einwohnerzahl auf 200000.

Bislang unbekannte Gewerbe ließen sich um diese Zeit in der Stadt nieder. Mit den anspruchsvoller werdenden Bedürfnissen einer nun weltweiten Seefahrt entstand die Fertigung optischer und nautischer Präzisionsgeräte, sowie verläßlicher Land- und Seekarten. Eine Weltkarte hatte Gerhard Mercator schon 1538 in Holland hergestellt, und seine epochemachende, ausdrücklich für die Seefahrt bestimmte ›in usum navigantium‹-Weltkarte folgte dann 1569. Die darauf erstmalig angewandte ›Projektion der wachsenden Breiten‹ ist als sogenannte Mercatorprojektion noch heute vornehmlich bei Marine- und Fliegerkarten üblich. Für eine alle damals bekannten Länder und Erdteile umfassende Kartensammlung wählte er als erster die Bezeichnung ›Atlas‹. Dieses Werk erschien zwar 1595 in Duisburg, an deren Lateinschule Mercator lehrte, doch weite Verbreitung erlangte es erst, nachdem der Amsterdamer Kupferstecher Hondius nach Mercators Tod die Druckplatten erworben hatte und den nun von Jahr zu Jahr auf den neuesten wissenschaftlichen Stand gebrachten Atlas in hohen Auflagen veröffentlichte. Ein anderer bedeutender Kartograph war Mercators Zeitgenosse Abraham Ortelius, dessen Hauptwerk ›Theatrum Orbis Terrarum‹ bereits um 1570 erschienen war, und schließlich gründete Jean Blaeu um 1645 in Amsterdam seine bald in ganz Europa berühmte

LVGDVNI BATAVORVM
Excudebat typis Plantinianis Franciscus Raphelengius,
pro Luca Ioannis Aurigario.
cIↃ. IↃ. LXXXVI.

Titelblatt zu dem Seeatlas SPECULUM NAUTICUM
von Lucas Jansson Wagenaer, Leiden 1586,
mit dem handschriftlichen Besitzvermerk
des Pfalzgrafen Philipp Wilhelm

Landkartendruckerei, in der er einen elfbändigen ›Atlas magnis‹ zu einem wohlfeilen Preis druckte. So nahm zwischen 1570 und 1700 die Kartographie einen Aufschwung, den man in ihrer Geschichte als ›Amsterdamer Periode‹ bezeichnet. Die damals gedruckten Erd-, See- und Detailkarten bestechen noch heute durch erstaunliche Genauigkeit wie durch artifizielle Schönheit. Bei ihrer Herstellung hat außer der Zweckdienlichkeit auch das Schönheitsverlangen jener Epoche den Stift des Zeichners und die Nadel des Stechers geführt. Aber nicht allein die Meere, Küsten, Inseln und gerade erst entdeckten Kontinente nebst den Routen dorthin wurden unter Ausnutzung allen verfügbaren Wissens dargestellt, auch Holland selber wurde, seit Ortelius 1586 seinen Atlas niederländischer Provinzen vorgelegt hatte, als erstes Land der Welt so gründlich ›in longitudinis et latitudinis‹ vermessen und aufgezeichnet, daß der Besitzer einer solchen Karte, wie Wilhelm Heinrich Riehl meinte, »damals durch ganz Holland reiten konnte, ohne jemals einen Bauern nach dem Weg fragen zu müssen«.

Unter diesen günstigen politischen wie wirtschaftlichen Umständen konnte die holländische Flotte schon lange vor dem Westfälischen Frieden zum ›Frachtfahrer der Welt auf allen sieben Meeren‹ und Amsterdam der Hauptumschlagplatz Europas für überseeische Güter werden. Die Kaufherren und Reeder wurden reich, und wer sich regte, wohlhabend. Mit dem Geld wuchs ein neuartiges Bedürfnis nach Luxus heran. Hatte man bislang der Küche und Tafel, den Häusern, Wohnungen und Gerätschaften des täglichen Gebrauchs lediglich eine zweckmäßige Einfachheit abgefordert, steigerten sich nun die Ansprüche, und man verlangte zur Zweckmäßigkeit Schönheit und Repräsentationsfähigkeit. Hollands ›Golden eeuw‹ war angebrochen; es wurde zugleich sein Goldenes Jahrhundert der Architektur und der Malerei – eine Epoche, in der nach einem Wort Chateaubriands »Bürgerfleiß, Bürgermut, Bürgerklugheit, Bürgerreichtum, Bürgerstolz und Bürgerkultur die allerschönste Verbindung mit dem allerglücklichsten Erfolg« eingegangen waren.

Von seiner Küche verlangte der Bürger nun außer Deftigkeit Reichhaltigkeit und selbst Raffinement, von der Architektur und Wohnkultur Repräsentation neben Gemütlichkeit – und von der Malerei außer Schönheit Selbstdarstellung und Selbstbestätigung. Die Maler, Kinder derselben Zeit und geprägt von derselben Mentalität, entsprachen dem und verliehen ihrer Kunst repräsentierenden, dokumentierenden und fabulierenden Charakter. Denn die Bilder dieser Epoche schildern Zustände und erzählen Geschichten – und nicht ohne Grund heißt ›malen‹ in der holländischen Sprache ›schildern‹. Dazu sagt Wilhelm Treue in seiner ›Kulturgeschichte des Alltags‹:

»Wie das Leben im Hause des wohlhabenden und auch reichen Bürgers sich abgespielt hat, das ist nirgends so ungeschminkt und wahrheitsgetreu festgehalten worden wie in der niederländischen Malerei des 17. Jahrhunderts. Da wurde von zahlreichen Meistern der Bürger in allen seinen Lebensäußerungen gemalt – denn die Kunst Hollands war in erster Linie und fast ausschließlich bürgerlich. Der Holländer und seine Familie – im Geschäft, bei den reichen und saftigen Mahlzeiten, bei den Vergnügungen aller Art, bei Spiel und Tanz sehen wir ihn auf diesen Bildtafeln. Und daneben steht er gleichsam photographiert im Einzelporträt und auf Gruppenbildern mit der näheren und weiteren Verwandtschaft, mit den Kollegen im Stadtrat, auf Banketten, bei den Sitzungen irgendwelcher Komitees, wie Rembrandts ›Staalmeesters‹ und seine ›Anatomie des Doctor Tulp‹ – protzige Interieurs und verführerische Stilleben mit gemütlichem Hausrat, bunten Topfpflanzen, kostbarem Tafelgeschirr, Weinflaschen, Fischen, Schinken, Wildbret und all den übrigen Dingen, womit dieses Volk sich das Dasein schmackhaft zu machen wußte. Man betrachte die Bilder dieser Maler des täglichen Lebens einmal auf solche Einzelheiten hin, man wird tatsächlich den gesamten Kreis des bürgerlichen und bäuerlichen Lebens in ihnen aufbewahrt finden. Gab es doch unter den Malern geradezu Spezialisten für die einzelnen Objekte: Paulus Potter malte Rinder, Wouwerman Pferde – mit Vorliebe Schimmel –, Melchior Hondecoeter Geflügel, andere Blumen oder Austern und Hummern oder Früchte oder feines Silber. Und wenn in neuerer Zeit geurteilt worden ist, die ganze damalige niederländische Malerei sei ein einziger großer Hausschatz und Bilderbogen, ein Unterhaltungsbuch und Familienalbum, so können wir mit ruhigem Gewissen die Ironie dieses Urteils übersehen und uns des Umstandes erfreuen, daß wir so das getreue Bild eines ganzen Volkes aus dieser Zeit überliefert bekommen haben.«

Holland brachte jedoch nicht allein eine große Malerei hervor, sondern schuf sich daneben einen bedeutenden Baustil spezifisch holländischer Art, dem Renaissance und Barock die Muster lieferten. Aus Italien nordwärts vordringend, erreichte die Renaissance – schon bald vom Barock eingeholt – die Niederlande erst um 1530. Doch nach kurzem auf eigenwillige Weise abgewandelt, den eigenen Vorstellungen und Bedürfnissen angepaßt, aus der antikisch-italienischen Grundidee ins Holländische übertragen, verlor die Renaissance unter der Hand niederländischer Baumeister früh ihre ursprüngliche Strenge, Kühle und Monumentalität, während der Barock nie den ekstatischen Überschwang wie etwa in Bayern oder Österreich erlangte. Die Baustile des Mittelmeers paßten sich der Nordsee, dem nordischen Himmel und einem ihnen bislang fremden Material an – dem Backstein. Sie verschmolzen zum Stil einer Bürgerschaft, die sich im humanistischen Sinne als ›republikanisch‹ verstand; zu jenem Baustil, der im 17. Jahrhundert die Stadtlandschaften zwischen Schelde und Zuidersee verwandelte. Er verlieh ihnen und insbesondere der Stadtlandschaft Amsterdam nach einem Ausspruch Wilhelm Hausensteins »das Gesetz des Maßes, das Gesetz der Norm – mit einem Wort: das Gesetz des Klassischen«.

Die ersten Architekten der neuen, die Gotik ablösenden Bauauffassung waren noch Italiener: Vincidor di Bologna baute das Schloß zu Breda, Donato di Boni die Festung Rammekens und Alessandro Pasqualini den Turm von Ijsselstein – das vermutlich älteste Renaissancebauwerk in den Niederlanden. Die einheimischen Großmeister waren Jacob van Campen, Hendrik de Keyser, die Gebrüder Vingboons und Adriaan Dorsman. Ihre Schöpfungen, im 17. Jahrhundert entstanden, lassen sich im weiten Umkreis um die Oude Kerk noch überall dort leicht finden, wo Amsterdam am ältesten, nobelsten, romantischsten und manchmal auch am verfallensten ist – überall dort, wo alte Linden oder Kastanien ihr Geäst über die Grachten breiten, wo neben den Portalen der Patrizierpalais dezente Messingschilder die Namen altrenommierter Handelsfirmen oder Reedereien tragen und wo vor blanken Fenstern Petunien oder Geranien aus Blumenkästen quellen. Wo man durch offene Haustüren hühnerstiegensteile Treppen sich hinaufwinden sieht und wo von einem der an keinem Giebel fehlenden Flaschenzüge gerade ein Möbelstück, das über solche Stiegen nicht passen würde, in den ersten, zweiten oder dritten Stock gehievt wird. Wo sich zierliche Brücken – über vierhundert besitzt Amsterdam – über Grachten spannen, wo sich in den schluchtartigen Gassen beim Oudekerksplein Wäsche auf geradezu venezianische Weise quer von Haus zu Haus zieht, wo in düsteren Trödlerläden mit alten Kleidern gehandelt wird oder wo ein Mann auf seiner bunten Drehorgel ›Tulpen aus Amsterdam‹ spielt – wo also, kurz gesagt, vieles noch immer so anmutet wie zu den Zeiten Abraham Rademakers.

Er war einer der genauen Topographen der Stadt an der Amstel. 1675 zu Lisse bei Haarlem geboren, lebte er als Landschaftsmaler, Zeichner, Kupferstecher und Verleger in Amsterdam. Seine zumeist großformatigen Landschaftsbilder hielt schon Tischbein für wenig erwähnenswert, doch durch seine Kupferstiche wurde er neben einer Handvoll anderer

Zeichner seiner Generation und seines Landes auf eine bescheidenere Weise, was wenig später Bernardo Bellotto-Canaletto für Dresden, Wien und Warschau werden sollte: ein akribischer Dokumentarist dessen, was einmal war. »Von Kindheit an mit Zeichnen beschäftigt«, mit sicherem Blick für »das, was ins Auge fällt« und was die Italiener *veduta* nennen, mit einem gefälligen Kompositionsvermögen und einem klaren, knappen Strich begabt, gerieten seine Veduten zu verläßlichen Zustandswiedergaben. Ebenso wie Canaletto von der Wahrhaftigkeit gegen das Motiv und dem Glauben an die totale Reproduzierbarkeit der Realitäten erfüllt, könnte man auch Rademakers Arbeiten Photographien aus vorphotographischer Zeit nennen, die durch das völlige Fehlen irgendwelcher Ausschmückungen der Phantasie des Betrachters jeglichen Raum lassen. Es geht keine Langeweile von ihnen aus, jedoch der zusätzliche Reiz der Nachprüfbarkeit. Denn noch heute finden sich in Amsterdam zahlreiche Bauwerke, aber auch Plätze und ganze Straßenzüge in demselben Zustand wie zur Zeit Rademakers, dessen Amsterdamer Veduten um 1715 entstanden. Zuvor jedoch – in den Jahrzehnten zwischen 1610 und 1700 – hatten van Campen, de Keyser, Dorsman und die Gebrüder Vingboons samt ihren Schülern und Nachahmern die Stadt nicht nur um bedeutende öffentliche Gebäude wie etwa das ehemalige Rathaus und jetzige Königliche Schloß, um eine Anzahl Kirchen und zahlreiche Patrizierpalais und Bürgerhäuser bereichert, sondern ihr überdies in einem verhältnismäßig kurzen Zeitraum ein dermaßen anderes und neues Gesicht gegeben, daß man danach mit Fug und Recht von einer ganz neuen Stadt auf den Fundamenten der alten sprechen konnte. Somit trug sie, als Rademaker seine »naturgetreuen Abbildungen Amsterdamer Besonderheiten und Merkwürdigkeiten« schuf, bereits jenes Aussehen, das wir noch heute als ihr typisches Amsterdamsches Gesicht empfinden, zumal sich diese Stadt im Laufe der Zeit weit weniger als manche andere verändert hat. Doch nicht allein für das

Amsterdam und das Holland seiner Tage interessierte sich Rademaker, sondern nebenher auch für die Relikte einer schon damals verflossenen Vergangenheit. Er schuf unzählige Blätter – man spricht von über sechstausend. Die wichtigsten faßte er in Sammelbänden zusammen, die er selber verlegte. Als sein Hauptwerk gilt heute das ›Kabinet van Neederlantsche en Cleefsche Outheden‹. 1730 starb er als wohlhabender Mann in Haarlem.

Seit Amsterdam jedoch im 17. Jahrhundert seine Neugeburt erfahren hatte, riß es bis auf den heutigen Tag fremde Besucher immer wieder zu mündlichen wie schriftlichen Laudatien hin. Selbst August Wilhelm Schlegel, der von 1791 bis 1795 in der Familie des Amsterdamer Bankiers, Ratsherrn und Schöffen Henry Muilman als Hauslehrer lebte und weiß Gott kein Mann mit einem liebevollen Blick für architektonische oder landschaftliche Reize war, konnte nicht umhin zu schreiben: »Hier reiht sich der Reichtum an den guten Geschmack und der gute Geschmack wiederum an den Reichtum.« Das war freilich auch das nahezu einzige anerkennende Wort, das über Amsterdam aus seiner Feder floß. Denn nörglerisch wie er war, mißfiel ihm an der Stadt mehr als ihm gefiel, und in seinen Briefen beklagte er sich über mancherlei: über die lauten Straßen, das Gewimmel am Hafen, den Handelsgeist der Bewohner, das allgemeine Interesse an Geldsachen, die Reserviertheit der vornehmen Familien, die Ratten, den Regen, das Fehlen einer öffentlichen wissenschaftlichen Bibliothek, den Dunst über den Grachten, der ihn für seine Lunge fürchten ließ, und vor allem beklagte er sich über die »Stupidität« seines Zöglings, »der mir mit vollem Ernst zu verstehen gab, daß er wie sein Vater auch ohne eine gründliche Kenntnis des Griechischen und Lateinischen durch das Leben zu kommen gedenkt«.

Aus ganz anderem Holz als der nachmalige Wortführer der Romantik und erste Sucher ihrer blauen Blume war dagegen der spätere Philosoph Arthur Schopenhauer. Er war fünfzehn

Jahre alt, als er 1803 mit seiner Mutter für einige Wochen zu Besuch nach Amsterdam kam. Johanna Schopenhauer, eine vielgelesene Reiseschriftstellerin, hatte ihren Sohn schon frühzeitig daran gewöhnt, auf allen Reisen seine Eindrücke, Erfahrungen und Erlebnisse sogleich in präziser Sprache niederzuschreiben:

»Amsterdam übertraf bei weitem meine Erwartung. Die Straßen sind sehr breit, daher ist das Gewühl hier nicht so unangenehm wie es sonst wohl in großen Handelsstädten zu sein pflegt, auch sieht man hier wenig Wagen; sehr auffallend für Fremde sind die sogenannten Schleifen. Dies sind Kutschen ohne Räder, die auf zwei gebogenen Hölzern wie Schlitten ruhen und von einem Pferd langsam gezogen werden. In den meisten Straßen ist in der Mitte ein schöner, breiter Kanal, an beiden Seiten mit Bäumen bepflanzt, oft auch eine Allee. Die Stadt hat ein heiteres Aussehen. Dies geben ihr die breiten Straßen, die häufigen Bäume, die vielen Plätze, die man überall findet, und vorzüglich die große Reinlichkeit, die hier herrscht. Die Häuser sehen nicht modern aus, aber neu, weil sie beständig gewaschen und bemalt werden...«

Der junge Schopenhauer – neugierig, beeindruckbar und »nach dem Frühstück bis gegen Abend auf den Beinen, denn eine merkwürdigere Stadt als Amsterdam findet sich nicht so leicht noch einmal« – durchstreifte sie von einem Ende zum anderen und sah in wenigen Wochen mehr von ihr als Schlegel in seinen fünf Jahren. Oft lehnte er am Geländer der Prinsengracht, um dem Glockenspiel von den Türmen der Oude, der Wester- und der Zuiderkerk zu lauschen, die der ›Glockenmechanicus‹ François Hemony geschaffen hatte, oder um das »feine Spiegelbild« zu betrachten, das der Turm der Westerkerk über das grüne Wasser warf, der mit seiner weithin sichtbaren Kaiserkrone als Spitze nach wie vor als der allerschönste der Stadt und als ihr Wahrzeichen gilt. Die 1638 vollendete Westerkerk jedoch ist ebenso wie die zwischen 1603 und 1611 erbaute Zuiderkerk ein Werk Hendrik de Keysers, der mit eben dieser Zuiderkerk die erste protestantische Kirche Amsterdams erbaute – einen um die Kanzel als Mittelpunkt gruppierten Zentralbau, der derPredigt alsHauptteil des protestantischen Gottesdienstes gerecht wird und in der Folgezeit einer stattlichen Anzahl protestantischer Kirchenbauten zur Vorlage diente.

Vom Hafen und vom Hafenleben, wie könnte es anders sein, zumal in seinem Alter, war der Junge wie berauscht. Er sah mit silbriger Bugwelle einlaufende Ostasien-, Afrika- und Amerikaclipper, die dann Bord an Bord an den Kais lagen und sich im Atem der Zuidersee hoben und senkten. Er sah den Kolonnen der Schauerleute zu, die auf ihren Rücken die Güter fremder Erdteile aus den Bäuchen der Schiffe in die Speicherhäuser schleppten und sah verstohlen den Matrosen mit ihren malerisch um den Kopf geschlungenen Tüchern, den goldenen Ringen in den Ohren und den langen Dolchen im Gürtel nach, die sich zwischen Schiffen, Kneipen und Heuerbüros herumtrieben. Er hörte das Klatschen der Segel im Wind, das Knirschen der Taue, an denen die Schiffsleiber zerrten, das Rasseln der Ankerketten und das nie endende Geschrei der Möwen. Er roch den Duft von Salz und Tang, von nassem Holz und heißem Teer, von Wasser und Weite. Und er hörte alle Sprachen Europas nebst den unverständlichen Idiomen ferner Palmenküsten. Im Hafen von Amsterdam fand er sich auf der Türschwelle zur weiten Welt und träumte den glühenden Traum aller Knaben von Abenteuern und fremden Ländern.

An anderen Tagen ging er mit seiner mondänen Mutter, der die Männer nachblickten, denn weibliche Eleganz war nie ein Vorzug dieses Landes gewesen, an den »Grachten mit den noblen Namen« spazieren – an der Heren-, Prinsen- oder Keizersgracht, die Dorsman und die Vingboons mit ihren vornehmsten Bauten gesäumt hatten. Die Schöpfungen des einen lassen sich von denen der anderen leicht unterscheiden: während die Gebrüder Vingboons den ihren breite, den Grachten zugewandte Fassaden gaben, an deren Giebeln ein verhaltener, von den französischen Königsstilen inspirierter Barock ins Auge fällt, schloß Dorsman seine zumeist weniger ausladenden Fronten mit flachen, strengen Kronleisten ab. Doch gemeinsam ist den einen wie den anderen – und gleicherweise den Palais der reichen wie den Häusern der kleinen Leute – eine »Gleichheit der Haltung«, von der Wilhelm Hausenstein sagt, daß sie eine gewissermaßen »republikanische Höhe« niemals überschreite. Aber das ist eine Eigenart mancher Städte auf dem prekären Boden flacher Strände und deltaartiger Flußmündungen, der Bauwerke über eine bestimmte Höhe hinaus nicht mehr tragen will – »selbst die Venezianer haben ihre Hauptkirche, die des heiligen Markus, mehr hingelegt als erstellt; ihre Niedrigkeit und Breite ist ihre Besonderheit«. Freilich ist es andererseits so, daß das Lebenmüssen auf gefährdetem Boden ein feinfühliges Bewußtsein von der Gleichheit aller produziert. Und so gesehen kann eine ganze Stadt in ihren Bauten sehr wohl zum Ausdruck einer bestimmten politischen und gesellschaftlichen – eben republikanischen – Übereinkunft werden. In Amsterdam ist dies in besonders reiner Form der Fall.

Natürlich führte Johanna Schopenhauer ihren Sohn dann auch zu dem Rathaus auf dem Dam – dem seinerzeit monumentalsten Bauwerk der Stadt, zwischen 1648 und 1655 von Jacob van Campen erbaut und wegen seiner Monumentalität ein beredtes Zeugnis bürgerlicher Selbsteinschätzung. Dennoch überschreitet dieser rechteckig und breit hingelagerte, aber die Nachbarschaft kaum überragende Baublock die zitierte ›republikanische Höhe‹ nicht. Die Außenfronten sind durch Pilaster geschoßweise gegliedert und von einem antikisierenden, profilierten Gebälk und ebensolchem Mittelgiebel gekrönt. Durch sieben Portale, die die sieben alten Provinzen der Niederlande symbolisieren, betritt man das Gebäude. In der betonten Mittelachse befindet sich sein Herzstück: der sogenannte Bürgersaal. Er durchstößt das Rathaus bis zur Rückfront, ist 34 Meter lang, 16,75 breit und 28 hoch und reicht mit seinem mächtigen Tonnengewölbe bis unter das Dach. Er erhält sein Licht von zwei ihn flankierenden Innenhöfen. Arthur Schopenhauer besah »voll Bewunderung« sowohl das Äußere wie das Innere und schrieb danach:

»Es ist ein schönes und imposantes Gebäude, geschmackvoll und einfach, groß und majestätisch; es entspricht ganz dem Begriff eines Hauses, aus dem dieser merkwürdigen Republik Gesetze gegeben werden. Voll Bewunderung stand ich in dem großen marmornen Saal. Mir schwindelte beim Anblick des hohen Gewölbes und der Mauern und Säulen, die es tragen. Und ich überdachte, mit welcher ungeheuren Mühe, auf dem sumpfigen Boden, das große, massive Gebäude, welches dem Zahn der Zeit zu trotzen scheint, mit seinen ellendicken Mauern und Pfeilern gestützt wird. Ich starrte diesen großen Saal an, in dem die Stimme verhallt, daß man kaum die Worte der Nebenstehenden hören kann. Und ich sah, mit welcher Mühe an den hohen Marmorwänden jede kleine Verzierung, die sich in unzählbaren Wiederholungen verliert oder in der unabsehbaren Höhe verschwindet, ausgearbeitet ist, und wie so nach vieler mühsamer Arbeit das Vollkommene wurde, dessen Anblick so viel Erhabenes hat, daß man mit stummem Erstaunen das große Werk ansieht. Das Rathaus faßt überdies einen großen Schatz von Gemälden in sich. Die größten niederländischen Meister haben sich hier verewigt und alle Zimmer enthalten die schönsten Kunstwerke.«

Fünf Jahre nach Schopenhauers jugendlich-ungelenker Beschreibung verlor – 1808 – die Bürgerschaft ihr Rathaus. Mit der so alten wie anmaßenden Behauptung, Schelde, Maas und Rhein seien urfranzösische Flüsse, die Niederlande ihr Schwemmland und somit französische Erde, hatten bereits 1795 Truppen der Pariser Revolutionsregierung das Land besetzt und es als ›Batavische Republik‹ Frankreich zugeschlagen. 1808 wandelte Napoleon Bonaparte, Kaiser der Franzosen, die Republik in ein Königreich um, auf dessen Thron er seinen Bruder Louis setzte, der mit seiner Stieftochter Hortense Beauharnais nicht eben glücklich verheiratet war, und per Dekret wandelte Napoleon, der sich um alles kümmerte, das Rathaus in ein Königsschloß um, »denn ich wüßte kein Bauwerk in meines Bruders Hauptstadt, das königlicher Würde angemessener wäre«. In ihm hatte Louis, der am liebsten gar nicht König geworden, sondern Privatmann geblieben wäre, nun auf Befehl des Kaisers zu residieren; das Regieren freilich besorgte Napoleon, zumal er seinen Bruder für zu schwach und zu gutmütig hielt, um mit den »widerspenstigen holländischen Pfeffersäcken« fertig zu werden, von Paris oder seinen wechselnden Feldquartieren aus selber.

Denn wie alle unterworfenen Länder, so benutzte der Kaiser nach einer Feststellung des Freiherrn vom Stein auch Holland als eine »Melkkuh, die nichts zu fressen braucht, jedoch ständig Milch zu geben hat«, und seinen Bruder Louis lediglich als obersten Vollzugsbeamten seiner Ausbeutungspolitik in den Niederlanden. Napoleon preßte aber nicht nur ungeheure Kontributionssummen aus dem Land und zog nicht allein Abertausende von Rekruten zur Grande Armée ein, die für des Kaisers Gloire und Frankreichs Grandeur auf den Schlachtfeldern von Spanien bis Rußland zu sterben bestimmt waren, sondern ruinierte durch die 1806 verhängte ›Kontinentalsperre‹ noch zusätzlich die Wirtschaft des Landes.

Diese Blockade sollte die Häfen des Kontinents für Englands Waren sperren, es seiner Festlandsmärkte berauben, ihm den wirtschaftlichen Zusammenbruch bringen und es Napoleons Weltmachtträumen gefügig machen. Doch sie erwies sich bald als ein Schnitt in das eigene Fleisch. Denn weder brach England zusammen noch kapitulierte es. Zwar wurde Englands Export beeinträchtigt, doch andererseits verhinderte die Royal Navy, daß Güter aus den überseeischen Besitzungen Frankreichs oder Hollands nach Europa gelangten, und je länger die Kontinentalsperre dauerte, je mehr wurde sie – wie es Alexander von Humboldt ausdrückte – zu einer »Blockade auf Gegenseitigkeit«, die indessen den Kontinent mehr als England schädigte. König Louis, der von Anfang an vor der Zweischneidigkeit dieser Form des Wirtschaftskrieges gewarnt hatte, schrieb seinem Bruder: »Mein Land ist gewiß nicht das einzige, wohl aber das von Ew. kaiserlichen Majestät Kontinentalsperre am ersten und schwersten betroffene, weil Holland nach seiner gesamten wirtschaftlichen Ausrichtung wie kaum ein anderes auf den freien Welthandel und die Freizügigkeit der Schiffahrt orientiert ist. Man könnte glauben, diese unselige Gütersperre sei gar nicht gegen das uns feindliche England, sondern ausdrücklich gegen mein Königreich ersonnen worden.« Als Napoleon diesen Brief las, stieß er lediglich ein verächtliches »Bah!« hervor und sagte: »Mein Bruder, der König von Holland, hat sich mal wieder etwas von seinen um ihren Morgenkaffee besorgten Mijnheers eintrichtern lassen.«

Indessen verödeten auf dem Kontinent die Häfen. An den Kais von Amsterdam faulten die Schiffe, ihre Segel verschimmelten, die Ankerketten rosteten. Die hohen, spitzgiebeligen Speicherhäuser – noch heute eine Sehenswürdigkeit der Stadt – leerten sich. Nach den bitteren Spottliedern der Bänkelsänger zu schließen, starben in ihnen bald sogar ›die Ratten Hungers‹. Ein Pfund der in den Speicherecken zusammengefegten Kakaoschalen – aus denen die Damen der Gesellschaft ein Getränk mit dem anzüglichen Namen ›Schokolade nach Art des Kaisers der Franzosen‹ kochten und es den Gästen ihrer Salons reichten – kostete um 1809 das Dreifache dessen, was in glücklicheren Zeiten ein ganzer Zentner besten Kakaos gekostet hatte. Überseeische Güter von der Baumwolle bis zum Pfeffer, vom Tabak bis zum Tee, Kaffee, Kakao oder Rohrzucker wurden Mangelwaren. Der Geldwert verfiel. Altrenommierte Handelshäuser und Fabrikationsbetriebe schlossen. Arbeitslosigkeit breitete sich aus. Not ging in der Stadt um. Erwerbslose Schauerleute, Werftarbeiter und Matrosen wurden zu Bettlern, Dieben, Einbrechern, Straßenräubern oder noch Schlimmerem. Nach einem Bericht der städtischen Polizei nahmen das Bettler- wie das Verbrecherunwesen ›fast den Umfang an, den man von Paris kennt‹. Doch ungerührt von allem patrouillierten auf der Zuidersee und vor den holländischen Küsten schwerbewaffnete Zollkreuzer der französischen Marine, um die strikte Einhaltung der Kontinentalsperre zu überwachen. Sie nahmen zwar Reißaus, sobald sich fern am Horizont ein Kriegsschiff mit dem Union Jack zeigte, hielten aber dennoch die holländische Handelsflotte in den Häfen fest. Lediglich ein paar Fischkutter durften dann und wann zum Fang auslaufen. In jenen schwarzen Nächten jedoch, wenn undurchdringlicher Nebel über dem Wasser lag oder der Regen prasselte, durchbrachen immer wieder verwegene Schmuggelboote die Kette der Aufpasser. Was sie an Waren aus England nach Holland brachten, deckte freilich nicht einmal den Bedarf des Schwarzen Marktes. Trotzdem wurden die Schmuggler reich durch ihren gefährlichen Beruf. Zudem galt damals das Schmuggeln als nationale Tat und die Schmuggler als die heimlichen Helden der Stadt – verherrlicht von Bänkelsängern und Geschichtenerzählern. Aber fing man sie, fackelten die Behörden nicht lange. Man hängte sie an den Rahen ihrer eigenen Schiffe auf und zündete diese an. Brennend trieben sie sodann auf dem offenen Meer, bis sie schließlich versanken.

König Louis, der als ein zweiter *bon Henri* jedem Untertan sein Huhn im Topf gegönnt und gern ein sattes und zufriedenes Volk in friedlichen Zeiten regiert hätte, und dem dies vielleicht sogar geglückt wäre, hätte sich sein Bruder nicht ständig eingemischt und dauernd Kriege geführt, sah sich sowohl dessen Politik wie auch das Treiben seiner Frau eine Zeit an. Denn Hortense war nach einem Wort des österreichischen Staatskanzlers Metternich, der ebenfalls irgendwann einmal ihr Liebhaber gewesen war und es folglich wissen mußte, eine »unersättliche Männerfresserin«. Von ihrem schon bald verstorbenen ersten Kind behauptete der Pariser Salonklatsch steif und fest, nicht ihr Ehemann, sondern ihr Stiefvater Napoleon sei dessen Erzeuger gewesen, und von ihrem 1808 geborenen Sohn Louis Napoleon – dem späteren Kaiser Napoleon III. –

hieß es, sein Vater sei entweder der französische Husarenobrist Graf Flahaut oder der holländische Admiral Ver Huell; wer von beiden es wirklich sei, wisse vermutlich nicht einmal die Königin. Jedenfalls sang man an der Seine wie an der Amstel:

Le roi de Hollande
Fait la contrebande
Et sa femme Hortense
Fait le faux Louis.

Aber wie dem auch gewesen sein mag – eines Tages war der König von Holland sowohl seiner Gemahlin wie seines Königtums überdrüssig. Denn er hatte einsehen müssen, daß weder Hortense von ihren Affären lassen konnte, noch aus seiner Illusion, den Holländern ein wenn schon aufgezwungener, so doch wenigstens guter König zu sein, jemals etwas werden würde. Und als dazu noch der Kaiser, der fortwährend neues Geld und frisches Blut für seine ewigen Kriege brauchte, im Frühjahr 1810 zur schnelleren Erfüllung seiner Forderungen starke französische Truppenkontingente nach Holland beorderte – bisher waren nur einige Küstenfestungen von den Franzosen besetzt gewesen –, war das Maß voll. Nun gab sich der König nicht mehr länger dazu her, des Kaisers ›Fronvogt und Konterbandeschnüffler‹ zu spielen und sich von Hortense weiterhin lächerlich machen zu lassen. Am 1. Juli 1810 dankte er nach nur zweijähriger Regierungszeit ab, packte seine Koffer, verließ Holland, seine Frau und ihren Sohn, den ›faux Louis‹, und begab sich nach Böhmen. Von seinen Kanzleibeamten hatte er sich einen Paß auf den vergleichsweise schlichten Namen eines Grafen de Saint-Leu ausstellen lassen, denn er wollte künftig weder durch Titel noch durch Privilegien an sein königliches Intermezzo und an seine gutgemeinten Illusionen erinnert werden. Aus Karlsbad schrieb er seiner über die Abdankung erbosten Frau, die nicht daran dachte, ihren Titel abzulegen: »Nennen Sie sich von mir aus ruhig weiter Königin, Madame, aber lassen Sie bitte mich damit in Frieden.«

Später zog er nach Graz. Dort ging er mit seinen Jagdhunden jeden Vormittag an der schäumenden Mur spazieren, die ihn an die Wildbäche seiner korsischen Heimat erinnerte, und nachmittags verfaßte er Romane. Seine letzten Lebensjahre verbrachte er in Florenz, wo er 1846 starb. In Holland gedenkt man seiner nicht gerade in Liebe, jedoch als eines Mannes, der kein Unmensch war.

Als 1814 Napoleons Imperium unter dem Zugriff der alliierten preußischen, österreichischen, britischen und russischen Heere zusammenbrach, wurde Holland wieder frei, auch die Hauptstadt Amsterdam. Das geknickte Selbstbewußtsein der Bürger richtete sich auf, doch ihr stolzes Rathaus bekamen sie nicht zurück. Es blieb Königsschloß, und der Stadtrat mußte weiterhin in dem entschieden weniger repräsentativen Gebäude der ehemaligen Admiralität am Oud Zijds Voorburgwal amtieren. Denn aus der einst von den Erbstatthaltern aus dem Fürstenhaus Oranien regierten Republik wurde nach dem unerwünschten Zwischenspiel als französische Satellitenmonarchie das freie Königreich der Niederlande, und anstelle eines Napoleoniden bestieg nun ein Sproß eben dieses den Holländern seit langem in guten wie in bösen Tagen verbundenen Hauses Oranien als König Willem I. den Thron.

Doch wie alle Erbstatthalter vor und alle Könige und Königinnen nach ihm, so residierte auch Willem I. nicht in der Reichshauptstadt Amsterdam, sondern in der Residenzstadt Den Haag, in der das Parlament, die Regierung und die Botschaften der fremden Mächte ihren Sitz haben. Deshalb steht, auch heute noch, das Amsterdamer Schloß den allergrößten Teil des Jahres leer – »ein unbewohntes Haus, vier Reihen leerer Fenster, in der Nacht eine tote, lichtlose Front«, wie Wolfgang Koeppen schrieb; benutzt lediglich bei Besuchen fremder Staatsoberhäupter, zur Entgegennahme der Neujahrsglückwünsche des Diplomatischen Corps und während der rund acht Tage im Jahr, an denen der jeweilige Monarch der Verfassung gemäß hier Hof zu halten hat. Dann freilich ziehen vor den Portalen die Ehrenwachen auf, auf dem Dach weht die Königsstandarte und abends erstrahlen sämtliche Fenster im Licht der Kristallüster – »die Königin und ihr Gemahl treten auf den Balkon, und es ist noch ein echtes Volksfest, die Kontore haben geschlossen, echter Jubel herrscht, man winkt und ruft, marschiert in ineinandergehakten Reihen vorbei, spielt Königsvolk, acht Tage lang, und danach verschwindet die Majestät wieder im weiten, stillen Park von Soestdijk«.

Zurück jedoch zur Befreiung von 1814, erkämpft von preußischen Grenadieren, österreichischen Kürassieren und den Kosaken des Zaren. Neue Zuversicht durchströmte danach das Land. In Amsterdam zögerte man am wenigsten. Die alten Schiffe wurden eilends repariert, kalfatert und gestrichen und neue wurden auf Kiel gelegt. Dann wurden die Segel gehißt, die Leinen losgeworfen und die Anker gelichtet. Bald sah man, als hätte es niemals eine Kontinentalsperre gegeben, die holländische Flotte erneut auf allen Weltmeeren und bald auch wieder die Flaggen aller seefahrenden Nationen im Hafen von Amsterdam. Allmählich füllten sich die Speicherhäuser, mit ihnen die Kassen. Jeder ging seinen Geschäften nach oder seiner Arbeit, niemand hatte Zeit, *time is money* galt schon damals, ›sich regen bringt Segen‹ war schon immer eine holländische Maxime, und wenn ein Fremder jemanden mit Fragen aufhielt, so bekam er, wie Johann Peter Hebel behauptete, oft nur ein unwirsches ›Kannitverstan‹ zu hören, denn wer läßt sich in dieser Stadt schon gern beim Geldverdienen stören!

Und wieder sprengte die neuerlich wachsende Einwohnerschaft die Stadtgrenzen. Erneut verschlang Amsterdam Dörfer und Weiler und breitete sich über Felder und Wiesen aus. ›Es wird sich noch die ganze Provinz einverleiben‹, prophezeite jemand, der die Randstad Holland vorausgeahnt haben muß. Heute ist Amsterdam mit einer knappen Million Menschen die größte Stadt der Niederlande.

Aber trotz Bevölkerungsexplosion, Stadtausweitung und Industrialisierung vermochten das 19. und 20. Jahrhundert die

Substanz Alt-Amsterdams bis heute nicht zu zerstören. Zwar fielen im abreißwütigen 19. Jahrhundert manche Straßenzüge der Spitzhacke zum Opfer, auch Grachten wurden zugeschüttet, doch noch immer ist das Grachtennetz etwa dreihundert Kilometer lang, und es stehen viertausend Häuser unter Denkmalsschutz – ungerechnet derer, die es ebenfalls wert wären. Die tristen Mietskasernenblöcke der Jahre zwischen 1870 und 1930 und die dem menschlichen Wohlbefinden oft nicht weniger feindlichen Betonwohntürme der jüngsten Zeit entstanden gottlob außerhalb des Altstadtkerns, und somit läßt sich mit den Kupferstichen Rademakers in der Hand nach wie vor die weitreichende Kongruenz des einstigen mit dem gegenwärtigen Amsterdam aufspüren – ohne große Mühe, ohne viel Phantasie. Freilich fehlt es auch heutzutage nicht an Zerstörungsabsichten; so wurde zum Beispiel im Sommer 1970 erbittert ein Vorhaben diskutiert, in der Nachbarschaft der Oude Kerk – dem ältesten Teil der Stadt – wiederum Grachten zuzuschütten und weite Häuserfluchten abzureißen, um sie durch Allerweltsbauten der einfallslosen Raster- und Bienenwabenarchitektur zu ersetzen, die dieses Stadtviertel der Bannmeile von Paris, der Umgebung von Moskau oder dem Hansaviertel Berlins angeglichen hätten. Noch aber waren die Proteste stärker, noch kam es nicht zu solcher Nivellierung – noch ist Amsterdam keine Stadt, die man nur notgedrungen in Geschäften aufsucht, um sie nach deren Erledigung auf schnellstem Wege wieder zu verlassen. Denn noch besitzt diese Stadt ihre Würde, ihren Charme und ihre unverwechselbaren Eigenarten, und noch immer spiegeln sich wie in den Tagen des jungen Arthur Schopenhauer die von den Gebrüdern Vingboons oder von Adriaan Dorsman erbauten Stadtpalais im Wasser der Grachten, putzen sich in der Nachmittagssonne milder Herbsttage, wenn das graue Kunstgebirge der Oude Kerk goldene Säume bekommt, auf den Kreuzblumen und Simsen die Tauben und spielen die Glocken der vielen Kirchtürme von Amsterdam dieselben Melodien wie zur Zeit Abraham Rademakers.

Zar und Zimmermann

Zaandam, hart im Nordwesten Amsterdams gelegen und heute eher einem Vorort als einer selbständigen Stadt gleichend, ist das ›Saardam‹ der vielgespielten Lortzing-Oper ›Zar und Zimmermann‹. Der jetzige, allen Sehenswürdigkeiten bare Industrieort an der Zaan mit seinen Fabriken, Artilleriewerkstätten, weitläufigen Holzstapelplätzen, Sägewerken und eintönigen Arbeitersiedlungen gilt als die Geburtsstätte des Golfspiels, ist wie in früheren Zeiten noch immer ein Zentrum des holländischen Holzhandels und beherbergte im 17. und 18. Jahrhundert die großen Werften Amsterdams und der Ostindischen Compagnie. Hier ist es, wo Zar Peter I. von Rußland, später ›der Große‹ genannt, unter dem Decknamen Peter Michailow mehr oder minder unerkannt das Schiffsbauerhandwerk erlernte, um sich, wie er in einem seiner Briefe an den Patriarchen von Moskau darlegte, die Grundkenntnisse zum Aufbau einer eigenen russischen Flotte zu verschaffen.

Am 10. März 1697 war der Zar mit großem Gefolge in Moskau zu einer Westeuropareise aufgebrochen. Der Weg, den man nahm, führte über Riga, Königsberg, Kolberg, Berlin und Magdeburg nach Hannover. Hinter Hannover trennte sich Peter von seiner fast dreihundert Köpfe zählenden Begleitung, eilte ihr ungeduldig nach Holland voraus und begann bald darauf auf einer der damals berühmten Zaandamer Werften als Zimmermannslehrling zu arbeiten. Einzelheiten über seine vier Monate und fünf Tage dauernde Lehrzeit schildert Werner Keller in seinem Buch ›Ost minus West gleich Null‹:

»Unbeschreiblich vielseitig ist das tägliche Pensum des energiegeladenen Russen. Überall auf Werften und Docks, wo Schiff an Schiff liegt, stöbert er umher, studiert genau alle Fortschritte des Schiffsbaus. Noch nach Feierabend besucht er Ölpressen, Seilereien und Tuchwalkereien, läßt sich die Arbeitsgänge in einer Papiermühle erklären und schöpft selbst einen Bogen Büttenpapier. Stundenlang hockt er in Werkstätten und fordert Erklärungen über Sextanten und Teleskope. Spätnachts in den Hafenkneipen setzt er beim Trunk die Ausfragerei fort. Sein Notizbuch beginnt sich mit Informationen und Beobachtungen zu füllen, Seite um Seite...«

Seine Lehrstelle auf der renommiertesten Werft der Ostindischen Compagnie hatte ihm der Amsterdamer Bürgermeister Nikolaas Witsen beschafft, der bereits 1694 für die Lieferung eines mit 48 Kanonen bestückten holländischen Kriegsschiffs an die Russen gesorgt hatte. Sein Lehrmeister wurde dort der Schiffsbaumeister Gerrit Claas Pool, der Konstrukteur der großen Ostindienfahrer der Compagnie. Von ihm erhielt der kaiserliche Lehrling nach seiner Lehrzeit folgenden Gesellenbrief:

»Ich, unterschriebener Gerriet Claesz Pool, Meister-Schiffszimmermann der octroyierten ostindischen Compagnie zu Amsterdam, bescheinige und bezeuge als die Wahrheit, daß Peter Michaeloff – zum Gefolge der großmoskowitischen Gesandtschaft gehörig, und daraus unter denjenigen, die allhier auf der ostindischen Schiffswerft vom 30. August 1697 bis heute gewohnt und unter unserer Aufsicht gezimmert haben – sich während der Zeit seines edeln Aufenthaltes dahier als ein fleißiger und tüchtiger Zimmermann benommen hat, als da ist in Rauharbeiten, Stoßhölzeranlegen, Abkrabben, Bröwen, Hobeln, Einfügen, Behauen, Abschlichten, Bohren, Sägen, Planken- und Stoßhölzerbrennen und was einem guten und trefflichen Zimmermann zu tun bekommt, und hat eine Fregatte, Peter und Paul getauft, über 100 Fuß lang, von Anfang an – an Vordersteven und an Steuerbord – bis sie beinahe fertig war, machen helfen, und das nicht allein, sondern ist durch mich überdies noch in der Schiffsarchitektur und Zeichenkunst vollkommen unterwiesen worden, so daß Se. Edeln dieselben aus dem Grunde versteht, und das, so weit sie unseres Dafürhaltens praktiziert werden kann. Zum Zeugnis der Wahrheit habe ich dies mit meiner eigenen Hand unterschrieben. So geschehen den 15. Januar im Jahre unseres Herrn 1698. Gerriet Claesz Pool, Meister-Schiffszimmermann der E.E. octroyierten ostindischen Compagnie in Amsterdam.«

Zar Peters Interesse galt jedoch nicht allein der holländischen Schiffsbauerkunst. Auch in andere Wissenschaften versuchte er Einblicke zu gewinnen – und so wird »dieses kleine und doch so große und so moderne Holland für Peter ein wahres Paradies des Lernens. In diesem Lande blüht die Medizin, blühen die exakten Naturwissenschaften, von denen man in Rußland noch nicht einmal die Namen kennt. Die holländischen Festungsbauer genießen Weltruf, und niemand übertrifft dieses Volk in der kunstvollen Anlage von Kanälen, Schleusen, Wasserschöpfanlagen und allen erdenklichen Wasserbauten... Neben härtester Arbeit und dem Unterricht bei Gerrit Claas Pool bewältigte Peter ein unglaublich vielseitiges Programm – auch an Bestellungen; er ebenso wie sein Gefolge kaufen an Geräten, sie verpflichten an Fachleuten alles, woran es Rußland ermangelt. Ganze Ladungen von Waren und Instrumenten, ganze Kolonnen von Technikern und Mechanikern treten den Schiffsweg nach Rußland an. Im berühmten Anatomischen Kabinett des Professors Friedrich Ruysch wohnt Peter mehrmals der Sektion von Leichen bei und versucht sich selbst darin, in Leiden weilt er lange in den Laboratorien des Mediziners Hermanus Boerhaave. Er schaut Glasschleifern zu, deren Linsen alle Welt rühmt. Stundenlang hockt er in Delft über Mikroskope gebeugt; Antonij van Leeuwenhoek, der eine ganz neue Welt des bisher Unsichtbaren erschlossen hat, bemüht sich selbst, ihm das Mikroskop und seine Wunder zu erschließen. Er sucht den Mechaniker van Heyden auf, dessen Wasserlöschpumpen ihn fesseln: wie oft hat im hölzernen Moskau der rote Hahn gewütet, und in ganz Rußland hat man noch nie auch nur ein einziges echtes Löschgerät gesehen...« Kurz und gut – es gab kaum etwas in diesem damals fortgeschrittensten Land der Erde, das den wißbegierigen Zaren nicht interessiert hätte. Was es nur gab, wollte er sehen, prüfen, kennenlernen, immer mit der Absicht, sein eigenes wildes Land zu kultivieren und zu zivilisieren. Auch Frisuren, Barttrachten und Kleidung studierte er; daheim verbot er sodann seinen Landsleuten die wallenden Bärte und ließ ihnen durch seine Soldaten die bodenlangen Kaftane kurz unter dem Knie abschneiden. Selbst einen puppenhausgroßen Querschnitt durch ein typisches zweistöckiges Amsterdamer Wohnhaus mit kleinen, der Wirklichkeit minuziös nachgestalteten Möbeln ließ Peter sich von einem Kunstdrechsler anfertigen. Aus irgendwelchen Gründen nahm er das hübsche Gebilde dann aber doch nicht, wie vorgesehen, nach Moskau mit, und so kann man es heute im Amsterdamer Rijksmuseum besichtigen.

Unernster, burlesker, auf Verwechslungskomik und eine Liebesaffäre mit Happy-end reduziert, nimmt sich Zar Peters Zaandamer oder Saardamer Lehr- und Wanderjahr in Albert Lortzings Komischer Oper in drei Akten aus. Ins Gedächtnis zurückgerufen sei bei dieser Gelegenheit, daß sie am 22. Dezember 1837 im Leipziger Stadttheater uraufgeführt und bald Lortzings volkstümlichstes Werk wurde, wozu die Zarenarie ›O selig, o selig, ein Kind noch zu sein!‹ nicht wenig beitrug, die nach kurzem jedermann sang, summte oder pfiff. Der Komponist, der auch das Libretto verfaßte, gab der Oper den heute oft unterschlagenen Untertitel ›Die zwei Peter‹, womit über ihre Handlung schon beinahe alles gesagt ist – über das Märchen vom Zaren Peter, der als Peter Michailow inkognito auf einer Zaandamer Werft arbeitet, und Peter Iwanow, einen anderen jungen Russen, der seine Heimat verlassen hatte, um dem Militärdienst zu entgehen, und nun auf derselben Werft beschäftigt ist. Er liebt Marie, die Nichte des Zaandamer Bürgermeisters van Bett, wird fälschlich für den Zaren gehalten und demgemäß sowohl von dem französischen wie dem englischen Gesandten, die beide ihr politisches Geschäft mit dem Herrscher Rußlands machen möchten, weidlich umschmeichelt. Komische Opern sind musikalische Märchenspiele für Erwachsene, und so geht schließlich, nach dem die Verwechslungskomik ausgiebig zu ihrem Recht gekommen ist, alles gut aus: Zar Peter ernennt Iwanow zum kaiserlich-russischen Oberaufseher, was immer das sein mag, er kann seine Marie heiraten und glücklich und zufrieden in Holland leben, während der Zar in dem schönen Gefühl, sich als gütiger Monarch erwiesen zu haben, heim nach Moskau reist.

Heute gibt es von seinem hiesigen Aufenthalt nur noch eine einzige Spur. Trotzdem wird der Fremde, der ohne an Peter von Rußland oder Albert Lortzing zu denken, durch die Zaandamer Geschäftsstraßen schlendert, schon bald auf des Zaren Zimmermannszeit, die man richtiger einen Blitzkursus in der Kunst des Schiffsbaus nennen sollte, hingewiesen werden. Denn in den Schaufenstern der Schallplattenläden stößt er häufiger als anderswo auf Plattenhüllen mit den bunten Szenenbildern aus ›Zar und Zimmermann‹, in denen der Musikaliengeschäfte auf Opernpartituren und sogar Stahlstichporträts Lortzings und in den Buchhandlungen außer auf Bücher über diese zwar nicht allzu wichtige, jedoch spektakuläre Episode der Stadtgeschichte auf allerlei ›Ansichten von Zaandam zur Zeit Peters des Großen‹. Damals war die jetzt fünfzig- oder sechzigtausend Einwohner zählende Industriestadt ›eine einzige Schiffswerkstätte‹. An den Ufern der Zaan reihte sich Werft an Werft, Holzstämme stapelten sich zu hohen Bergen, und Windmühlen trieben die Sägewerke an, deren unaufhörliches Kreischen einem nach den Worten eines damaligen Besuchers ›die Seele aus dem Leibe jagte‹. Das freilich ist in manchen Gegenden der Stadt auch heute noch nicht anders.

Doch sieht man sich näher in Zaandam um, findet man endlich auf der sogenannten Krimp, wo früher die größten Werften lagen, jene bereits erwähnte einzige Spur – ein kleines Haus, in dem Peter gewohnt haben soll. Ganz sicher ist das zwar nicht, doch man nimmt es an. Um 1950 und auch noch um 1960 schloß einem ein Invalide gegen eine geringe Eintrittsgebühr die Haustür auf. Zwar habe ich dieses Haus niemals besucht, mir jedoch erzählen lassen, daß es nicht viel war, was man dort zu sehen bekam: ein paar alte Bilder ohne großen Wert, einige Stiche und das für die Körpergröße des Zaren zu kurze Bett... Inzwischen ist der alte Mann längst tot und die Haustür bleibt verschlossen.

Nördlich von Amsterdam

Broek in Waterland galt um 1830 als das reichste Bauerndorf im ganzen Land – auch als das sauberste. Reinlichkeit war hier zur Manie geworden. Einmal im Jahr wurden die Hausdächer mit Wasser und Kernseife geschrubbt, und jeden Sonnabend nicht nur die Dielenbretter in den Stuben, sondern sogar das Straßenpflaster vor den Gehöften. Damit die weißen Zimmerwände nicht zu bald vergilben, durften die Männer im Haus nicht rauchen. Im Sommer taten sie es auf der Gartenbank oder unter den Vordächern, im Winter jedoch oft in den Scheunen; vielleicht brannte das Dorf deswegen einige Male ab. Seinen Reichtum verdankte es den saftigen Weiden, den prallen Eutern der Kühe, dem großen Milchdurst der nahen Stadt Amsterdam und der besonders sahnigen Butter, die man hier kirnte. In Holzmodeln zu Herzen, Birnen oder Kugeln geformt, im Sommer in nasse Rhabarberblätter gehüllt, wurde sie allwöchentlich auf zweirädrigen Pferdekarren nach Amsterdam zum Markt gefahren. »Könige«, schrieb ein etwas neidischer Amsterdamer, »können in ihren goldenen Karossen kaum stolzer sitzen als diese Bauern auf dem Bock ihrer Wagen voller goldgelber Butter. Wenn sie in die Stadt einfahren, hallt der flinke Hufschlag glatter, glänzender Pferde von den Mauern wider, am kostbaren Zaumzeug klingeln silberne Schellen, wohlgekämmte Mähnen und Schweife wehen, und fröhlich knallen Peitschen. Jeder von uns weniger gesegneten Erdenbürgern weiß, was das bedeutet: Heij, Platz da, jetzt kommen wir, die reichen Kuhbauern von Broek in Waterland!« Und noch heute hört man in Frankreich dann und wann die Redewendung: ›Je ne suis pas de Brouck‹, wenn jemand andeuten will, daß er kein Krösus ist, denn so weit war die Kunde von dem Reichtum dieser Bauern gedrungen.

Broek liegt im Norden Amsterdams, an der Autostraße nach Edam, Hoorn und Den Helder. Die Fahrten mit der Butter zum Markt sind freilich längst Geschichte. Heute liefert man das ›weiße Gold‹ der Kühe in Tankwagen an die nächste Großmolkerei, die daraus Schlagsahne, Butter, Vorzugsmilch und Joghurt bereitet. Überdies ist Amsterdam mittlerweile bis nach Broek gekommen: der Ring der Außenbezirke aus Glas und Beton hat sich bis an die Dorfgemarkung vorgeschoben, und schon kündet sich der nicht mehr ferne Tag an, an dem die Hauptstadt sich nach so vielen anderen auch dies Dorf einverleiben wird. Lediglich in der Bezeichnung eines zukünftigen Stadtviertels wird alsdann sein Name weiterleben. Doch bis es soweit ist, weiden hier nach wie vor die Kühe auf Wiesen, so saftig wie eh und je, liegen die Gehöfte blitzblank hinter den Malven, Rosen und Hortensien der Vorgärten und ziehen auf dem Dorfweiher Bläßhühner und Enten ihre stillen Kreise – eine bukolische Idylle, angekränkelt bereits, doch noch nicht so vernichtet wie im benachbarten Volendam, wo Folklore zu mäßigen Preisen an Anspruchslose verramscht wird.

Dabei könnte das einstige Fischernest an der Ijsselsee mit seinen zierlichen Puppenhäuschen am Hafen noch immer ein anheimelnder Ort sein, ergössen nicht an jedem Sommertag Hunderte von Ausflüglerbussen ihre Fracht an Männergesangvereinen und Damenkegelklubs in die Gassen, rieselte nicht pausenlos Schlagermusik über das Menschengewühl, das in der Amsterdamer Kalverstraat auch nicht dichter sein könnte, und hätte man Volendam nicht allzu geschäftstüchtig mit Würstchenbuden, die nach schlechtem Fett riechen, und mit Souvenirläden verschandelt, in denen man bemalte Holzschuhe, Ansichtspostkarten, geschmacklose Schiffsmodelle, nachgemachte Petroleumlampen, falsche Antiquitäten, scheußliche Ölgemälde und überhaupt Kitsch jeder Art kaufen kann. Denn diese kleine Stadt, die eher ein soziologisches Phänomen als das in Werbeprospekten versprochene ›farbige Bild altholländischen Lebens‹ darstellt, ist von Kopf bis Fuß auf das Geschäft mit den Fremden und ihrer Sehnsucht nach einer Begegnung mit der guten alten Zeit eingestellt. Die Fischerboote, die heutzutage mehr als dekorative Kulisse denn zum Fischfang dienen, sind in dieses Gewinnstreben ebenso eingespannt wie die alten und steinalten Männer, die am Kai auf Mauern und Bänken als beliebte Fotomodelle herumsitzen: gekleidet in die einstmals in dieser Gegend gebräuchliche schwarze, oftmals bereits grünlich schimmernde Fischertracht, die aus einer runden Kappe, einer engen, kurzen, mit Silberkettchen verschnürten Weste, weiten Pluderhosen und Klompen besteht. Und da saß nun solch ein Achtzigjähriger – wäßrige Augen, zitterndes Kinn, die gichtknotigen Hände über der Krücke seines Stocks verschränkt. Sobald sich jedoch eine Kamera auf ihn richtete, wurde sein sonst so trüber Blick wieder scharf und aufmerksam und verriet, daß selbst noch dieser Urgroßvater eingespannt war in das einträgliche Fremdenverkehrsgewerbe Volendams, wo man, wie ich in meinem holländischen Reiseführer nachlesen konnte, sich seinen Lebensunterhalt kaum noch mit der Fischerei, sondern »mit weiten Hosen und auffallenden Miedern« verdient:

»Denn nirgendwo anders lebt man so ausschließlich vom Tourismus wie hier, nicht einmal in Venedig. Für Geld lassen sich die Leute photographieren und für Geld ihre Häuschen mit Küche, Wohnstuben und Schlafkammern besichtigen. Viele sprechen fließend mehrere Sprachen. Kein Wunder, denn viele sind waschechte Amsterdamer, die sich in die hiesige Fischertracht geworfen haben wie Schauspieler in ihre Kostüme, um damit Geld zu verdienen. Abends – nach einem langen Tag, an dem sie Illusionen verkauft haben – streifen sie sie wieder ab und gehen oder fahren nach Hause. Sogar von den Einwohnern Volendams wohnen längst nicht mehr alle in den Häusern, die sie tagsüber den Touristen zeigten, sondern in ganz und gar nicht sehenswerten Reihenhäusern außerhalb der Altstadt.«

Unter den Speeltoren

Wie Volendam liegt auch Edam an der Küste der Ijsselsee – ein Lagunenstädtchen am Rande einer von Gräben und Kanälen kreuz und quer durchschnittenen Landschaft. Denn auch hier ist überall ›Waterland‹. Zwar fallen einem, sobald der Name Edam genannt wird, unwillkürlich die glänzenden roten Kugeln des Edamer Käses ein, uns aber außerdem auch noch die weißgestrichenen Zugbrücken aus Holz, von denen es hier ganz besonders viele zu geben scheint. Denn noch jedes Mal, wenn wir nach Edam kamen, hob sich eine dieser Brücken vor unserer Nase, um erst irgendein Schiff durchzulassen: einen Kajütkreuzer aus Mahagoni und Messing, eine schnittige Rennyacht mit Plastikrumpf oder eines dieser ausgedienten Fischerboote von der ehemaligen Zuidersee, die breitbäuchig daherkommen, aus unverwüstlichen Eichenspanten und Eichenplanken gefügt sind, naivgeschnitzte Bugspriets in der Gestalt von Meerjungfrauen oder Seeschlangen haben und von Leuten mit viel Geld und viel Sinn für das Altertümliche von den Schiffsfriedhöfen geholt und restauriert wurden. Sie alle aber glitten mit hohen Masten, gerefften Segeln und leise tuckernden Hilfsmotoren an Ufermauern, an Gotik, Renaissance, Barock und Klassizistik und an rückwärtigen Gärten voller Blumen vorbei. Geschickt fing der Brückenwärter die ihm von Deck zugeworfenen Trinkgelder und Zigarettenpäckchen auf, legte zwei Finger an den Mützenschirm, ›Goede reis!‹ und ›Dank U, mijnheer!‹, danach senkte sich die Brücke wieder, und nun konnten auch wir über die unter den Wagenrädern klappernden Bohlen in die Stadt einfahren.

Meistens parkten wir auf dem großen Kaas-Markt. Um dorthin zu gelangen, muß man sich durch etliche enge Gassen mühen, manchmal aussteigen, um Puppenwagen, Dreirädchen oder sonstiges Spielzeug, das Kinder, die von ihren Müttern zum Essen gerufen wurden, stehengelassen haben, aus dem Weg zu räumen, oder abwarten, bis irgendwer – ein Handwerker, der Milchmann oder ein Kohlenhändler – sein Fahrzeug auf- oder abgeladen hat. Denn hier übereilt man sich nicht, in Edam hat man noch Muße; hier scheint die Welt nicht nur morgens um sechs noch in Ordnung zu sein. Einmal hatten wir in einer solchen Gasse eine längere Verhandlung mit einem kastanienroten Irischen Setter, der sich mitten auf ihr sonnte. Unserem Wagen sah er gelassen entgegen. Auf unser Hupen hob er lediglich seine langen Schlappohren. Nachdem wir schließlich ausgestiegen waren, beschnupperte er uns interessiert; gewiß witterte er unsere beiden Hunde daheim. Als Ursula ihm gut zuredete, klopfte er freundlich mit der Rute, als ich ihm ans Halsband fassen wollte, knurrte er warnend. Doch plötzlich war er es leid, erhob sich und trollte sich freiwillig – ihm war die Sache zu fad geworden.

Edam kann sicherlich mit keiner *architecture extraordinaire* aufwarten, noch mit berühmten Söhnen oder Töchtern, jedoch mit reizvollen Bauten einer einst allgemeinen bürgerlichen Geschmackssicherheit in einer adäquaten Stadtlandschaft, sowie mit drei Originalen, die unvergessen blieben – mit Trijntje Keizer, die der Stadtchronik zufolge schon mit 17 Jahren über vier Meter groß gewesen sein soll, einem Herbergswirt, der einen Leibesumfang von fast drei Metern besaß, und dem Bürgermeister Dircksz, ›dessen roter Bart den Boden fegte‹. Als er einmal eine Treppe hinabschritt, trat er selber auf ihn, fiel hinunter und brach sich den Hals.

Länger als diese kurze Liste der Originale von Edam ist die der hübschen Gebäude; wie zum Beispiel die Waage mit ihrer offenen Wiegehalle auf dem Kaasmarkt, das Houten huis – ein Holzbau aus dem 15. Jahrhundert – in der Breestraat, das von einem reichen Kapitän um 1550 gebaute und statt mit Zimmern mit Roofs und Kajüten eingerichtete spätgotische

Treppengiebelhaus am Dam, daneben das Rathaus von 1737 mit seinem in Grün und Gold ausgemalten Sitzungssaal, der Speeltoren oder Spielturm mit dem 1561 zu Mecheln gegossenen Glockenspiel und endlich die Groote Kerk. Von ihr sagte J.A. van der Aa in seinem 1843 zu Gorinchem erschienenen ›Aardrijkskundig Woordenboek der Nederlanden‹, sie sei vor ihrem ersten Brand »uitstekend prachtig en sierlijk« gewesen, »ihre Wände waren kunstvoll mit Engelsfresken geschmückt, auch besaß sie zwei oder gar drei Orgeln, zum Teil mit silbernen Pfeifen. Der Chor war ganz mit goldgelbem Kupfer ausgeschlagen, das geschmackvoll mit allerlei Rankenwerk, Blättern, Blüten, Früchten und Vögeln verziert war. Schließlich besaß die Groote Kerk noch einen Turm, dessen birnenförmige Spitze allein 31 Ellen hoch war und den Edamer Schiffen auf der Zuidersee den sicheren Kurs in den heimatlichen Hafen wies.« Doch leider hatte diese Kirche, wie van der Aa ebenfalls vermerkte, in ihrer Geschichte wiederholt unter Blitzschlägen zu leiden:

»Am 24. Februar 1602 schlug während eines Wintergewitters ein Blitz in die Spitze des Turms ein, wodurch sie vernichtet, der Turm stark beschädigt und die Kirche eingeäschert wurde. Noch schwelten die Trümmer, als man bereits wieder daran dachte, sie aufzubauen. Zu diesem Zweck wurde sogleich eine Kollekte veranstaltet. Sie zeigte eine solche Spendenfreudigkeit der Bürger, daß man, statt mit einem Teller von Haus zu Haus zu gehen, mit einem Schlitten fahren mußte, um die beträchtlichen Mengen von Gold, Silber, Kupfer, Blei und Eisen einzusammeln, die von der Bevölkerung geopfert wurden. Am 5. August desselben Jahres wurde dann auch der Grundstein gelegt, um auf den alten Fundamenten, Mauern und Säulen die neue Kirche zu errichten. Im darauffolgenden Jahr konnte mit der Instandsetzung des Turms begonnen werden, der nun eine zierliche Spitze erhielt, freilich nur noch 29 Ellen hoch. Bereits am 9. oder 10. Januar 1608 konnte in dem Neubau ein Dankgottesdienst gehalten werden, freilich dauerte es noch bis 1626, ehe die Groote Kerk vollständig wiederhergestellt war ... Seitdem ist der Blitz noch viermal eingeschlagen, seltsamerweise stets bei Wintergewittern. Nämlich am 22. Februar 1642, am 9. Januar 1645, am 2. Februar desselben Jahres und am 5. März 1699; die ersten Male ohne größeren Schaden anzurichten, während er beim vierten oder eigentlich fünften Mal wiederum die Turmspitze vernichtete. Mit dem Bau einer neuen, nunmehr dritten Spitze wurde noch im gleichen Sommer begonnen; sie wurde jetzt aber bloß 16 Ellen hoch. Doch nach wie vor gilt die Groote Kerk zu Edam als eine der schönsten Kirchen von ganz Nordholland, und dies vor allem wegen der herrlichen Glasmalereien an den Fenstern, von denen vielleicht die herrlichsten jene sind, die die Edamer Zunft der Salzsieder und die Städte Amsterdam, Haarlem und Leiden stifteten. Sie sind beinahe ebenso prächtig wie die berühmten Fenster von St. Jan zu Gouda.«

Es ist jedoch keineswegs der Turm der Groote Kerk, von dem her zu jeder vollen Viertelstunde, rasselnd zuerst, dann silberhell, eine Glockenspielmelodie über Edam klingt, sondern der Speeltoren der längst abgerissenen Kleine Kerk; ein Turm, schmal und graziös, den Aufsatz behängt mit den Läutewerken des ältesten Glockenspiels im Lande, mit einer Spitze wie von einem Weihnachtsbaum und dem Charakter eines freundlichen Kobolds. Denn wo man auch gerade sein mag in der Stadt, immer wieder taucht er überraschend dort auf, wo man ihn am wenigsten vermutete – am Ende einer langen Gracht oder als Spiegelbild in ihrem Wasser, in einer Lücke zwischen Baumkronen oder über einer Gartenmauer, über Dachreitern, Wetterfahnen und Schornsteinen oder gar unvermutet zwischen den Sparren, Trossen und Ketten einer der vielen weißen Brücken.

Die schmalste von ihnen ist die Kwakelbrug, so schmal, daß zwei Fußgänger nur mit Mühe aneinander vorbei können. Mit ihrem hohen Gerüst, der barocken Querstrebe und dem langen Zugarm ist sie der Mittelpunkt jenes schönen Bildes, das dem Ankömmling die verlockendste Introduktion in die heile Welt von Edam bietet. Denn an rückwärtigen Gärten zieht sich der Kanal entlang, an grünem Rasen, bemoosten Putten und blauem Rittersporn. Auf dem Fensterbrett eines Pavillons mit Patinadach und einem goldenen Knauf in der Mitte reiften bereits gepflückte Tomaten nach. Bei der Brücke hatten sich Gänse versammelt und waren mit dem Kopf unter den Flügeln eingeschlafen. Unterhalb der Brücke weitet sich der Kanal zu einem schilfumrandeten Hafen voller Buchten. Auch eine Werft ist dort, auf der Segelboote gezimmert werden. Eins war noch nicht fertig und sah mit seinem klobigen Kiel und den unbeplankten Spanten wie ein großer Fisch aus, von dem hungrige Möwen nur die Gräten ließen. Jenseits der Kwakelbrug führt eine Gasse in die Stadt hinein und zum Speeltoren. Die kleinen Häuser haben rcchtschenklige dunkle Dreiecksgiebel aus Holz, eingefaßt von weißen Barockleisten. Pappeln rauschten. Über Zäunen ließen Sonnenblumen schwer die Köpfe hängen. Und wieder war eine Viertelstunde vorüber. Rasselnd zuerst, dann silberhell, klang vom Turm die einfache Glockenspielmelodie aus alter Zeit über Edam hinweg.

›Coûte que coûte‹

Auf dem Marktplatz von Hoorn, dem Rode Steen, steht auf der einen Seite die von dem Amsterdamer Baumeister Hendrik de Keyser entworfene Waage, auf der anderen das ebenfalls aus dem 17. Jahrhundert stammende Gerichtsgebäude und in der Mitte auf hohem Sockel das Denkmal Jan Pieterszoon Coens, des eigentlichen Begründers der ehemaligen Kolonie Niederländisch-Ostindien. Neben dem gleichfalls in Hoorn geborenen Abel Tasman, dem Seefahrer und Forscher, der Neuseeland entdeckte, ist er der berühmtere der beiden berühmtesten Söhne der Stadt. Denn weil Coens Wirken auf den zahllosen Inseln der heutigen Republik Indonesien wesentlich zu Hollands Wohlstand beitrug, Tasmans Tat dagegen lediglich von geographisch-wissenschaftlichem Interesse war, erfreute sich Coen der größeren Wertschätzung. Und deshalb steht sein und nicht Tasmans Denkmal auf so hohem Sockel mitten auf dem Marktplatz ihrer beider Geburtsstadt.

Jan Coen wurde am 8. Januar 1587 geboren, wuchs in Hoorn auf, kam mit zwölf oder dreizehn Jahren zu Verwandten nach Rom, um das »feinere Wesen der Geschäfte und die wertvolle Kunst der italienischen Buchführung« zu erlernen, und kehrte um 1606 in seine Vaterstadt zurück. Doch genau am 22. Dezember 1607 segelte er mit einem Schiffskonvoi der Ostindischen Compagnie, die den jungen Mann, wie man heute sagen würde, als Nachwuchs-Führungskraft eingestellt hatte, nach Java, vermutlich mit dem ausdrücklichen Auftrag, sich kritisch in der jungen Kolonie umzusehen, freimütig über seine Eindrücke zu berichten und Verbesserungsvorschläge zu unterbreiten. Wahrscheinlich dachten die leitenden Herren in Amsterdam, ein solch intelligenter junger Mann ohne Betriebsblindheit müsse einen schärferen Blick und bessere Ideen haben als ein alter Routinier. Die Zukunft sollte erweisen, daß sie sich nicht irrten.

Wie alle Schiffe aus dem Mutterland lief der Konvoi Fort Bantam an – damals nicht allein das Zentrum des Pfefferhandels, sondern ein Stapelplatz, über den der gesamte holländische Ostasienhandel ging. Seide und Porzellan aus China, Lackarbeiten aus Japan und Kattun und Gewürze von den Molukken waren die bedeutendsten Güter.

Coen blieb drei Jahre auf Java, besuchte während dieser Zeit, so ist zu vermuten, Sumatra, Borneo, Celebes und eine Reihe kleinerer Inseln des Archipels und sandte mit fast jedem heimreisenden Schiff seine sehr direkten, von den Schnörkeln und Floskeln des damaligen Korrespondenzstils freien Berichte, die daheim sorgfältig studiert wurden und wegen der in ihnen enthaltenen Gedanken zustimmendes Kopfnicken fanden. 1610 berief man ihn nach Amsterdam zurück. Dort verfaßte er seinen ›Discours‹, ein Memoire über Zustand und Zukunft der Kolonie, in dem er zum ersten Mal mit Nachdruck darauf hinwies, daß das gegenwärtige System der an den Inselküsten verstreuten Forts, Schiffsbasen und Handelsniederlassungen mit ihrem von feindlichen Eingeborenen bewohnten Hinterland nur geringe Chancen für die Zukunft habe. Denn bewohnt von wenigen Kaufleuten, aber von vielen Sklaven, die nur darauf lauerten, ihnen die Kehle durchzuschneiden, und nur von einer Handvoll Soldaten verteidigt, würden sie massiven Angriffen der Eingeborenen kaum lange standhalten können. Um diesen Zustand zu ändern, schlug Coen die Auswanderung möglichst vieler tüchtiger Männer und Frauen aus Holland nach Ostindien vor. Auf diese Weise würden die Eingeborenen zurückgedrängt und allmählich »sichere neue Provinzen unter neuen Sternen« entstehen – seine Lieblingsidee während der folgenden Jahre seines Lebens, die künftig wie ein roter Faden alle seine Briefe und Berichte durchziehen sollte. Und selbst als die Auswanderung schon im Gange war, forderte er immer noch mehr Menschen an; so heißt es in einem Brief, den er bereits als Generalgouverneur schrieb, er brauche wenigstens vier- bis fünfhundert weitere Mädchen zwischen zehn und zwölf Jahren, die von »ehrbaren und bedachten Begleitpersonen« nach Java gebracht werden sollten, um dereinst brave Kolonistenfrauen abzugeben.

1611 kehrte er nach Java zurück und wurde 1618 Generalgouverneur, nachdem er in der Zwischenzeit verschiedene hohe Verwaltungsposten bekleidet hatte. In jedem Amt erwies er sich als zielstrebiger Kolonisator ohne jegliche Skrupel, dazu als guter Feldsoldat, der seine Aufgaben löste, koste es, was es wolle – *côute que côute* war seine Devise. Erfolgreich schlug er sich so lange mit den Engländern herum, bis sich die niederländische und die britische Ostindiencompagnie gütlich auf die Abgrenzung ihrer Interessensphären einigten. Als Privatmann wie als Beamter scheint er freilich von einer selbst für damalige Begriffe abstoßenden Härte gewesen zu sein. Als er einmal einen jungen Fähnrich seiner Leibwache mit seiner Pflegetochter flirten sah, schoß er ihn auf der Stelle nieder, und sein Feldzug gegen die Bewohner der Inseln Ambon und Banda, die sich den Holländern nicht auf Gedeih oder Verderb unterwerfen wollten, empörte als ›Mord von Ambon‹ Europa. Von den 15000 Einwohnern jener unglücklichen Inseln wurden über 14000 niedergemetzelt, die etwa 700 Überlebenden als Sklaven verkauft.

Anstelle Bantams, das ungesund zwischen moskitoverseuchten Fiebersümpfen lag, gedieh während seiner Gouverneurszeit das an der Mündung des Tjiliwungflusses gelegene Batavia zum Haupthandelsplatz der Kolonie – ein Fort, das sich innerhalb weniger Jahrzehnte zu einer zweiten Ausgabe von Amsterdam entwickelte, heute Djakarta heißt und die Hauptstadt der Republik Indonesien ist. In einem Reisebericht aus jenen Tagen wird es als ein Ort beschrieben, in dem allein die Palmen und die von Wasserbüffeln gezogenen zweirädrigen Karren, Grobaks genannt, daran erinnerten, daß Batavia eben doch nicht Amsterdam sei, obwohl man dies »angesichts der typisch holländischen Häuser und der Grachten, Brücken und Windmühlen« beinahe glauben könnte. Dagegen meinte ein späterer Reisender, völlig anders als daheim sei in dieser Stadt, in der jeder Weiße wie ein Fürst lebe, der Lebenszuschnitt: »Im Mutterland schlugen sogar die reichen Bürgermeistersfrauen die Hände fassungslos über dem Kopf zusammen, wenn sie hörten, daß ihre nach Ostindien verheirateten Nichten fünfzig oder sechzig Sklavinnen und Sklaven zur Bedienung hätten, in Samt und Seide gingen, Unterwäsche aus Satin trügen und die Stoffe ihrer Gewänder golddurchwirkt seien. Die Kleider übersät mit Diamanten, schwere Perlenschnüre im Haar und auf der Brust – das überstieg bei weitem ihr Fassungsvermögen.«

Jan Coen starb nach nur zwei- oder dreitägigem Kranksein in der Nacht vom 20. auf den 21. Dezember 1629 in Batavia, wahrscheinlich an einer Tropeninfektion. Am 22. Dezember wurde er feierlich auf einem Platz im Mittelpunkt der Stadt beigesetzt. Über seinem Grab wölbte sich später eine weiße, pompöse Gedenkstätte.

Bereits zu seinen Lebzeiten hatte sich in der Wirtschaft der Kolonie eine Gewichtsverschiebung angedeutet: zum Handel kam die Produktion. Auf dem Boden gerodeter Urwälder und unter den Pflug gebrachter Savannen entstanden nach und nach jene riesigen Plantagen, die oftmals umfangreicher waren als europäische Grafschaften oder selbst Herzogtümer. Pfeffer, Muskat und andere Gewürze wurden angebaut, Reis und Chinarinde, Öl- und Kokospalmen, Kaffee, Tee, Kakao und Tabak und vom Ende des 19. Jahrhunderts an auch Kautschuk. Durch den Export dieser billig erzeugten Waren, deren Erlös in den Bilanzen der Compagnie bald höher zu Buche schlug als der Zwischenhandel mit Lackarbeiten aus Japan oder Porzellan und Seide aus China, wurden ungeheure Vermögen erworben, die letztlich in fast jedem Fall ins Mutterland flossen. Denn war man vierzig oder fünfundvierzig Jahre alt geworden, hatte man zwei Jahrzehnte oder mehr in den Tropen gelebt und es dort zu etwas gebracht, so schiffte man sich mit seinem Geld nach Holland ein, wo man sich in seiner Heimatstadt oder gar an der Amsterdamer Heren-, Prinsen- oder Keizersgracht neben den Palais der Reeder und Handelsherren das seine erbaute, dazu einen Landsitz draußen an der Vecht, und sich zur Ruhe setzte. Ein anderes gewinnträchtiges Gewerbe war der Handel mit Menschen. In den Plantagen, wo die Peitschen der Aufseher auf die schweißüberströmten Rücken zu Tode erschöpfter Sklaven niederklatschten, waren die Ausfälle hoch. Doch es gab Unternehmer, die sich auf die Beschaffung von Nachschub spezialisiert hatten. Mit ihren schwerbewaffneten Banden überfielen sie in den Bergen Javas, Borneos, Sumatras und der übrigen Inseln Eingeborenendörfer und schleppten an Menschen weg, was sie einfangen konnten: Männer, Frauen und Kinder. Auf den Märkten Batavias und der anderen Städte wurde die ›braune Ware‹ dann meistbietend versteigert. Zwar sprangen die Franzosen, Engländer, Portugiesen und Spanier in ihren Kolonien auch nicht gerade human mit den ihnen ausgelieferten Eingeborenen um, dennoch galten unter Kennern der Verhältnisse die Holländer als die brutalsten Kolonialherren – die Holländer, denen ein so kluger und niemals zu Schmeicheleien aufgelegter politischer Schriftsteller wie Benjamin Constant bescheinigte, sie hätten »von allen Völkern der Erde die schönste Geschichte«, denn nie habe dieses wackere Volk seine Nachbarn mit Krieg überzogen, nie deren Länder verwüstet und geraubt. Constant irrte sich zwar nicht, sein Urteil jedoch bezog sich allein auf die Holländer im Mutterland, nicht auf die strebsamen jungen Männer, die in die Tropen gingen, um es dort – *coûte que coûte* – zu etwas zu bringen. Entschlossen wie sie waren, heiligte für sie der Zweck jegliche Mittel, selbst die ungeheuerlichsten; womit erneut erwiesen wäre, daß die Bestie im Menschen stets dann erwacht, wenn einer gewalttätigen Minderheit unbeschränkte Macht über eine wehrlose Mehrheit gegeben wird – und wo wäre dies in der jüngeren europäischen Geschichte beispielhafter der Fall gewesen als im Kolonialismus, Faschismus und Bolschewismus...

Es ist seltsam, auf welche einem selber unerwartete Gedanken man manchmal vor Denkmälern historischer Gestalten kommt – zum Beispiel auf diesen: wäre es nicht der historischen Symmetrie angemessen, wenn auf dem Marktplatz von Hoorn dem aufwendigen Denkmal Jan Pieterszoon Coens eins des Dichters Multatuli gegenüberstünde, der zwar nicht aus Hoorn stammte, der aber als Ankläger holländischer Kolonialmethoden und Agitator der Menschlichkeit Coens Gegenpol war!

Multatuli, der mit bürgerlichem Namen Eduard Douwes Dekker hieß, kam am 3. März 1820 als Sohn des Seekapitäns Engel Douwes Dekker in dem Haus Nr. 20 auf dem Korsjespoortsteeg zu Amsterdam zur Welt; einer Gasse nicht weit von der noblen Herengracht, in der damals ehrbare Leute wohnten, während sie heute, stark heruntergekommen, eher ein Quartier schwerer Jungs und leichter Mädchen ist. Wie Coen trat auch Dekker früh in die Dienste der Ostindischen Compagnie, ging mit neunzehn Jahren nach Java und wurde mit sechsunddreißig Resident von Lebak. In seinen amtlichen Berichten begann er schon bald auf eine menschenwürdigere Behandlung der Eingeborenen zu dringen, doch seine Kollegen und seine Vorgesetzten begriffen seine Gedanken nicht. Sie verspotteten sein Engagement für die ›Wilden‹, schüttelten die Köpfe über seine Behauptung, es wäre »der Beruf des Menschen, Mensch zu sein«, und wollten sich ausschütten vor Lachen über seine hirnverbrannte Idee von der gleichberechtigten Partnerschaft zwischen Weißen und Farbigen, mit der er freilich seiner Zeit weit voraus war. Schließlich wurde er als Störer der doch seit altersher ausgezeichnet funktionierenden Kolonialordnung entlassen. Da er nun keine amtlichen Berichte mehr abzufassen hatte, begann er Bücher zu schreiben, weil seine Chefs sich als unverständig erwiesen, wandte er sich an die Öffentlichkeit, statt theoretischer Erörterungen über die Verbesserung der elenden Lage der einheimischen Bevölkerung der Kolonien verfaßte er nun spannende Romane, die nicht ohne Wirkung blieben.

Wie sich Melville seine unromantischen Erlebnisse als Seemann von der Seele schrieb, indem er in seinen Büchern die haarsträubenden Verhältnisse an Bord der Segelschiffe und das Ausgeliefertsein der Matrosen unter die Willkür der Kapitäne aufzeigte, so trat Dekker für die Eingeborenen ein. Sein bekanntestes Werk wurde der aus flammendem Protest geborene autobiographische Roman ›Max Havelaar‹, Erlebnisse eines Verwaltungsbeamten in Niederländisch-Ostindien. Das 1860 unter dem indonesischen Pseudonym ›Multatuli‹ – ›Ich habe viel gelitten‹ – erschienene Buch wurde in Holland von jedermann gelesen, es wurde in viele Sprachen übersetzt und lenkte nicht allein die Blicke der Holländer auf die Methoden, mit denen überall in den Kolonien verwaltet, erzeugt, geerntet und ausgebeutet wurde. Die Compagnie reagierte auf diese Enthüllungen auf ihre Weise: sie entfesselte gegen den Autor eine Verleumdungskampagne, warf ausgerechnet diesem Mann unrechtmäßige Bereicherung im Amt vor und hetzte die Polizei auf ihn. Dekker floh nach Deutschland. Dort kauften ihm seine Bewunderer ein Haus in Nieder-Ingelheim bei Bingen, um ihm Ruhe zur Arbeit zu verschaffen. In diesem Haus, in dem unter anderen Büchern die ›Millionenstudien‹, die ›Minnebriefe‹ und ›Aus dem Seelenleben eines Kindes‹ entstanden, starb er 1887. Aber sein Werk ist in seinem Heimatland noch nicht vergessen, noch nicht verstaubt. Jüngst erst urteilte ein holländischer Literaturkritiker: »Als Schriftsteller setzte Multatuli alias Dekker seine gesamte Persönlichkeit ein und wurde einer der ganz wenigen Autoren unseres Landes von internationalem Format. Sein Werk ist bis auf den heutigen Tag lesbar geblieben, und es wird in der Tat noch immer gelesen. In den mehr als hundert Jahren seines Bestehens formte es unsere Begriffe von geistiger und persönlicher Freiheit und der Gleichwertigkeit aller Menschen ohne Ansehen der Hautfarbe.« Und ein deutscher Kritiker schrieb: »Es sind immer kraftvolle, anschauliche Darstellungen, die von der Erzählung zur Polemik, von der Kritik zur Parabel reichen. Multatulis Kunst ist reich nuanciert. Die Bilder der Welt seiner bitteren Erfahrungen kreuzen sich in Dialogen und Selbstgesprächen mit seinen Gedanken über eine mögliche glücklichere Wirklichkeit. Tragik wechselt in seinen farbigen Schilderungen mit überlegener Heiterkeit, dramatischer Ernst mit beißendem Sarkasmus.«

Multatulis Gesicht kannte ich schon lange von stockfleckigen und vergilbten Daguerreotypien: eine hohe Stirn und zurückgekämmtes Haar, milde Augen, gerade Nase, Schnauzbart und ein energisches Kinn... Da ich jedoch wußte, daß ich zum Verständnis seiner Wirkung auf seine Zeitgenossen und Nachfahren auch einige Seiten über seinen Gegenpol Coen würde schreiben müssen, hätte ich dessen Standbild auf dem

Marktplatz von Hoorn gern ins Gesicht geblickt, aber der Sockel war viel zu hoch. Zudem kann dieses erst 1893 aufgestellte Denkmal kaum als authentisch gelten, wogegen ein zeitgenössisches Porträt von hoher Authentizität nur wenige Schritte weiter im Westfriesischen Museum hängt, einem ehemaligen Patrizierhaus aus dem 17. Jahrhundert. Durch ein Tor aus zartem schmiedeeisernem Rankenwerk kommt man auf einen winzigen Vorplatz, sodann zwei, drei Stufen zur Haustür, einen Gulden Eintrittsgebühr – Coens Konterfei findet man in der ersten Etage in einem hohen Saal mit kassetierter Decke, Butzenscheiben, Marmorkamin und spiegelblankem Fliesenfußboden; einem Saal, wie man ihn von den gemütlichen Interieurs Pieter de Hoochs oder des Jan Vermeer van Delft kennt. Was einem jedoch kalt aus Coens von unbekannter Hand gemaltem Porträt entgegenspäht, ist ein ungemütliches Wallensteingesicht mit den harten Augen eines Mannes, mit dem nicht gut Kirschen essen ist: Hakennase und spitzes Kinn, Halskrause und brokatnes Wams, die rechte Hand in die Hüfte gestützt und die linke auf den Degenknauf...

Kaasland

Westlich von Edam, auch von Hoorn, ist nicht nur Waterland. An so mancher Einfahrt zu Bauernhöfen steht auf weißgestrichenen Schildern in schwarzen Lettern der Hinweis: Kaasboerderij, was Käsebauernhof heißt und besagen will, daß auf diesen zumeist von sturmzerrauften Eichenbäumen umringten Gehöften heute noch nach alter Weise und bewährtem Rezept jene innen goldgelben, außen feuerroten Kugeln hergestellt werden, die man auch in Deutschland als ›Edamer Käse‹ schätzt.

Solche Bauernhäuser haben oft grüne, rote oder orangefarbene Giebel, denn hier im Kaasland ist man in einem farbenfrohen Landstrich; sie haben Storchennester auf den Firsten der Rieddächer, kleine Fenster, die von Pethunien oder

III AN DER GRACHT

Ausschnitt aus dem Gemälde ›Der Brief‹
von Pieter de Hooch (1629- nach 1684)

Rijksmuseum, Amsterdam

Geranien fast verdeckt sind, und neben den Haustüren Stellagen, auf denen frischgescheuerte Milchkannen aus Zink und Käsebottiche aus Kupfer in der Sonne oder im Wind trocknen. Auf den Wiesen grast rot- oder schwarzbuntes Niederungsvieh und schlägt träge mit den Schwänzen nach den Fliegen. Dazwischen gibt es jedoch auch noch die weißen Kühe mit den wolligen Köpfen der Bilder Wouwermans oder Paulus Potters. Die rötlichen Backsteinkirchen mit den gedrungenen Türmen, weithin sichtbare Landmarken, liegen inmitten frischer und eingesunkener Gräber am Ende linealgerader Chausseen als Schnittpunkte eines Koordinatensystems, das von der Geburt bis zum Tod alles Leben umschließt. An Sonntagen lassen manche Bauern ihre Autos in den Garagen und schirren für die Fahrt zur Kirche ein herausgeputztes feistes Pferd vor den Wagen. Diese Kutschen prunken in üppiger Buntheit, sind Prachtstücke rustikaler Handwerkskunst und gleichen wahrscheinlich jenen, mit denen einst die Bauern von Broek in Waterland stolz und peitschenknallend zum Markt nach Amsterdam fuhren. Bock und Wagenkasten sind im Gegensatz zu den beiden weißen, hohen Rädern, dem weißen Fahrgestell und der ebenfalls weißen Deichsel grün lackiert und mit aufgemalten silbernen Weinranken oder Rosengirlanden verziert.

In etlichen Dörfern dieses Polderlands, über das sich noch zu Beginn des 17. Jahrhunderts die weiten Wasser des bald darauf von Jan Adriaanszoon Leeghwater trockengelegten Beemster-, Purmer-, Wormer- und Schermersees erstreckten, fassen die winzigen Rathäuser gerade nur einen Sitzungssaal, eine Schreiberstube und einen Dachboden für abgelegte Akten. Doch um so größer sind die prächtig ausgemalten Gemeindewappen über den Renaissanceportalen. Den Rathäusern gegenüber befindet sich fast immer der Dorfkrug, und in alten Gemeindeordnungen heißt es, daß früher der Wirt während bestimmter Ratssitzungen verpflichtet war, zu jedem halb- und vollstündigen Glockenschlag mit voller Bierkanne ins Rathaus zu eilen, um die ausgetrunkenen Humpen nachzufüllen.

Allerdings tranken die Ratsherren nicht nur zu ihrem Vergnügen. Denn bei manchen Sitzungen war ein wichtiger Tagesordnungspunkt die Prüfung des jungen Käses, weil allein die beste Qualität zum Verkauf auf den großen Käsemärkten von Edam, Hoorn oder Alkmaar freigegeben wurde, um den guten Ruf des Dorfs als käseproduzierende Gemeinde nicht zu schädigen. Da schärfte das Bier die Zunge der Prüfer und neutralisierte sie für die nächste Kostprobe. Somit tranken die Prüfer gewissermaßen pflichtgemäß, und der eine oder andere soll auf seinem torkelnden Heimweg vom Pfad abgekommen, in einen der vielen Entwässerungsgräben gefallen und darin ertrunken sein.

Zwischen Haarlem und Den Helder

In dem Arzneischränkchen meiner schlesischen Großmutter gab es eine kleine Medizinflasche mit einer schwarzbräunlichen, abscheulich riechenden Flüssigkeit, die HAARLEMER ÖL hieß. Wozu sie diente, weiß ich längst nicht mehr. Doch um so besser erinnere ich mich, daß ich einmal – ich muß damals wohl fünf gewesen sein, jedenfalls ging ich noch nicht zur Schule – fragte, was das denn sei: Haarlem? Eingeprägt hat sich mir, daß dies an einem jener trüben Wintertage war, an denen es nicht richtig hell wird. Wir saßen um den Teetisch am Fenster. Das Haus lag an der Oder, auf der Eisschollen trieben. Am anderen Ufer stand hinter einer weiten, leeren Schneefläche wie eine schwarze Wand der Wald von Lubowitz. Von Joseph von Eichendorff wußte ich damals noch nichts, aber von dem Wald glaubte ich, er stecke voller Wölfe. Im Augenblick interessierten sie mich freilich nicht, denn ich wünschte zu wissen, was das denn nun eigentlich sei: Haarlem? Eine große Stadt in Holland, nahe dem Meer, erklärte mir meine Großmutter. Sie stand auf, holte ein dickes, schweres Buch, blätterte darin und zeigte mir Bilder: Windmühlen an schnurgeraden Kanälen, waldlose Wiesenebenen, auf denen Kühe weideten, Bauern in Holzschuhen, ein gelber Strand, auf dem Männer mit Pferden Fischnetze aus dem Wasser zogen, spitzgieblige Häuser aus unverputztem Backstein; lauter Dinge, die es im seefernen Schlesien nicht gab, alles sehr fremdartig, sehr exotisch. Schließlich zeigte sie auf das Bild eines langen, schmalen Platzes mit engbrüstigen Häusern und einer mächtigen Kirche: »– das ist der Marktplatz von Haarlem«.

Vier Jahre danach, im November 1933, ich war inzwischen neun geworden, sah ich den Groote Markt und die Groote Kerk von Haarlem mit eigenen Augen. Mein Vater lebte seit einigen Monaten in Paris, meine Mutter mit mir in Westfalen, und um ihn wiederzusehen, trafen wir uns in Holland. Ich saß auf der Fensterbank des Hotelzimmers und schaute hinunter auf die Köpfe der Fußgänger und Radfahrer auf dem Markt und hinüber zu der Kirche, deren kronenartiger Turmhelm von der untergehenden Sonne rosig überhaucht war. Für solche Schönheit fehlte mir damals sicherlich noch der Blick. Eingeprägt hat er sich mir trotzdem.

Urkundlich erstmals erwähnt wurde Haarlem im 10. Jahrhundert. Im 12. wurde es befestigt und von den Grafen von Holland zur Residenz erwählt. Unter Graf Willem I. beteiligte es sich mit Geld und Soldaten an den Kreuzzügen und half 1219 bei der Eroberung von Damiette. Zur Erinnerung heißen die kleinen Glocken des Läutewerks der Groote Kerk ›Damiaatjes‹. Sie werden allabendlich um neun geläutet, der Stunde, zu der seinerzeit die im Nildelta gelegene Festung fiel. 1572 wurde hingegen Haarlem belagert – von spanischen Truppen unter Federico di Toledo, dem Sohn Herzog Albas. Als die Stadt nach langer, verzweifelter Verteidigung, bei der selbst Frauen »wie Löwinnen« mitkämpften und zehntausend Menschen umgekommen sein sollen, fiel, ließ der rachsüchtige Sohn eines rachsüchtigen Vaters zweitausend ketzerische Bürger im Namen des Heilands, des Papstes und des Königs von Spanien hinrichten. Doch fünf Jahre später war Haarlem wieder frei. Hugenottische Flüchtlinge gründeten Textilmanufakturen, die bald zu florieren begannen. Mit dem Wohlstand ging, wie überall im Lande, so auch in Haarlem ein Aufblühen der Künste Hand in Hand. Denn »damals war alles geistig belebt in Holland«, schrieb Heinrich Wilhelm Tischbein. »Seine Helden schlugen mit wenig Volk zahlreiche Feinde, seine Admirale waren die Beherrscher der Meere. Ich sah in Berlin einen toten Admiral in seiner Rüstung abgebildet, und er hatte solchen Ausdruck, daß man sich noch im Tode vor ihm fürchtete. Bei allen diesen kriegerischen Zeiten war dennoch der Geist in so hoher Kraft, daß Werke der Kunst geliefert wurden, die in Erstaunen setzen, ja, die Kunst war so ausgebreitet, daß Söhne von Tagelöhnern große Künstler wurden; und das rege Aufstreben des Geistes war so gewaltig, daß zu allen Ständen große Männer aus der gemeinen Volksmasse aufwachten. Helden und Künstler, Kaufleute und Staatsmänner. Was für große Unternehmungen haben sie damals ausgeführt und was für weise Gesetze!« Heute ist Haarlem mit 170000 Einwohnern die Hauptstadt der Provinz Nordholland und die sechstgrößte Stadt des Königreichs. Früher lag sie an den Gestaden des 1852 trockengelegten Haarlemer Meers, seither jedoch nur noch an den Ufern des ihre Altstadt umschlängelnden und ihre Grachten speisenden Flüßchens Spaarne, von dem der Haarlemer Feuilletonist Godfried Bomans meint, daß dies ein ziemlich tiefer Fluß sei, in dem manchmal einer der Bürger ertrinke. Darüber hinaus habe die Spaarne keinerlei Bedeutung ...

Der Mittelpunkt von Haarlem war, ist und bleibt der Groote Markt, auf dem die in ihrem Grundriß einfache, in ihrem Baukörper übersichtliche Groote Kerk zwar dominiert, ihn jedoch keineswegs erdrückt, zumal sie zurückgezogen am Ende des Platzes liegt, ihn gewissermaßen noch weiter verlängernd. Die Kirche, die bis zur Reformation St.-Bavo-Kerk hieß und noch heute oft so genannt wird, ist eine spätgotische Kreuzbasilika aus dem 15. Jahrhundert mit hallenartigem Längs- und Querschiff und zwei unproportioniert flachen Seitenschiffen, gekrönt von einem Glockenturm mit barockem Helm, der aus der Kreuzfugung aufsprießt und eher einem Dachreiter ähnelt. Das umlaufende Band gleichförmiger Fenstereinschnitte, die Eckpfeiler, die in spitzen Hüten, und die Pilaster, die in einfachen Kreuzblumen ausmünden, mildern nur wenig die kahle Flächigkeit der Außenmauern. Allein die

Stirnseiten des Querschiffs sind mit hohen, weit über die Hälfte der Front hinaufstoßenden Blendfenstern und reicherem Maßwerk versehen, desgleichen die Portalfront des Längsschiffs, die unter ihrem gleichschenkligen Dreiecksgiebel eine Balustrade, darunter ein Blendfenster mit sparsamem Gewände und schließlich ein Portal mit nicht minder sparsam verziertem Tympanon besitzt. Wie bei vielen jahrhundertealten Kirchen hat sich im Laufe der Zeit auch an den Seitenschiffen der Groote Kerk eine regellose Kolonie von Nebenkapellen, Priester- und Küsterwohnungen, Läden und Kiosken angesiedelt und lockert wirkungsvoller als aller Schmuck die Strenge dieses Kirchenbaus auf, der zwar keineswegs zu den großen Schöpfungen der Gotik zählt, jedoch noch immer erkennen läßt, wie unerhört mächtig er im 14. bis 16. Jahrhundert die niedrigen Fachwerk- und Strohdachhäuser der damaligen Stadt überragte. Vorzustellen vermag man sich überdies, wie überwältigend auf die Menschen jener Zeit das Kircheninnere mit seiner ursprünglichen und wahrscheinlich üppigen Ausstattung an Altären, Reliquienschreinen, Heiligenfiguren und sonstigen Devotionalien und Dekors gewirkt haben muß. Doch wie durch alle Kirchen hierzulande, fegte auch durch die dämmrigen Hallen der Groote Kerk der Bildersturm der Reformation. Und so ist nichts geblieben außer einem Gitter aus der Entstehungszeit der Kirche vor der Taufkapelle und den reichgeschnitzten Chorschranken des 16. Jahrhunderts. Die von Georg Friedrich Händel wegen ihres außerordentlichen Wohlklangs und der Macht ihrer Bässe gerühmte Orgel, auf der auch der junge Mozart gespielt hat, stammt erst aus dem frühen 18. Jahrhundert. Unter vielen anderen Bürgergräbern aus verschiedenen Epochen befinden sich in dieser Kirche jedoch auch die Gräber Lieven de Keys, das des Malers Frans Hals und seines Schülers Adriaen van Ostade.

Ich finde den Marktplatz von Haarlem nie ergreifender als an gewissen, noch hochsommerlichen Mittagsstunden zu Ende September oder Anfang Oktober, weil gerade an ihnen die Sonne denselben Goldton auf alle seine Bauwerke legt, den man von vielen altholländischen Stadtansichten kennt, und wie auf ihnen erscheint dann der Himmel genauso hoch und blau und wie aus hauchfeinem Tüll gewebt. Keine Wolke droht mit Regen, kein unfreundlicher Windstoß treibt Straßenstaub und altes Papier kreiselnd vor sich her. Aber aus dem Dünen- und Heideland von Zandvoort schweben die Fäden des Altweibersommers bis in die Gassen hinein und bis auf diesen Platz. Man sitzt vor einem Café, ißt Eis, blinzelt in die Sonne, betrachtet das auf dem Markt stehende Denkmal von Laurens Coster, den man in Haarlem augenscheinlich für den Erfinder der Buchdruckerkunst hält, oder das im Verlauf der Jahrhunderte mehrmals veränderte Rathaus, das einst die Stadtburg der Grafen von Holland war und trotz seines grazilen Turms mit der durchbrochenen Barockhaube schwer und düster gegenüber der Groote Kerk auf der anderen Schmalseite des langgestreckten Marktplatzes lastet, tastet mit den Augen die maßvollen Konturen der gotischen Kirche und die überschwenglichen der bürgerlichen Profanbauten der Renaissance ab und fühlt sich eingefügt in die Folge der Zeiten und gelebten Leben.

Sein Aussehen erhielt der Groote Markt weitgehend in der ersten Hälfte des 17. Jahrhunderts, als die Stadt nach dem spanischen Blutgericht von 1572 wieder frei geworden war, bald darauf zu vorher unbekannter Wohlhabenheit gelangte und damit zu einem neuen, beinahe übersteigerten Selbstbewußtsein, das sich in einer ebenfalls bislang ungebräuchlichen architektonischen Prachtentfaltung zu artikulieren suchte. Damals entstanden an allen vier Platzseiten jene Patrizierhäuser, derentwegen Händel von Haarlem als von einer Stadt der Bürgerpaläste sprach – mit einer bereits das Barock vorwegnehmenden, noch ungebändigten Formenfülle des Portal-, Fronten- und Giebelschmucks ausgestattet, die späteren Bürgergenerationen, die sich an ihren mittlerweile schon alten Familienreichtum längst gewöhnt hatten, nicht selten als ›parvenühaft‹ oder gar ›barbarisch‹ erschien. In diesem oder jenem Fall wurde der Renaissanceschmuck deshalb wieder abgeschlagen, um den klaren, zurückhaltenderen Linien des nun gerade modernen Klassizismus zu weichen. Dennoch waren es nur wenige Häuser, die im 18. Jahrhundert auf diese Weise umgestaltet wurden. Die meisten verblieben in ihrem alten Zustand bis heute – so auch die mit Konsolen, Obelisken und Ziertürmchen überladene ›Fleischhalle‹ der Metzgerzunft von 1602, die als das Hauptwerk des Haarlemer Stadtbaumeisters Lieven de Key manchen als das wichtigste Renaissancebauwerk ganz Nordhollands erscheint, anderen dagegen nur als ein Ungetüm, errichtet von einem Architekten, der sein Leben lang zu tief ins Geneverglas geblickt hat.

Aber nicht nur in seiner ›guten Stube‹, dem Groote Markt, von dem neun Straßen oder Gassen in alle Richtungen ausgehen, ist Haarlem eine Stadt des 17. und 18. Jahrhunderts geblieben, sondern ebenso in allen Gegenden der Altstadt: an den Ufern der Spaarne und am Rand der Grachten, in der Stille winziger Plätze und der Verträumtheit jener eigenwilligen Gassen, die unerwartete Bogen schlagen oder überraschende Haken und einen meist gar nicht dorthin führen, wohin man glaubte. Zudem ist Haarlem mehr noch als Amsterdam und genau wie Leiden eine Stadt der ›Hofjes‹ – dieser mildtätigen, zumeist privaten Stiftungen zugunsten der Waisen, Alten, Kranken oder Armen, mit denen sich wohlhabende Bürger ein der Allgemeinheit nützliches, die Zeiten überdauerndes Denkmal setzten. Da die Stifter es jedoch nicht nur im Sinn hatten, Waisen- oder Krankenhäuser, Altersheime oder Armenasyle zu errichten, sondern die Hofjes genau wie ihre eigenen Wohnhäuser mit dem reichen Schmuckaufwand damaliger Zeiten versahen, stellen diese Gebäude oder diese oftmals um Innenhöfe mit Arkaden, Brunnen, Rasenflächen und Blumenrabatten gruppierten Gebäudekomplexe eine nicht allein ideell-moralische, sondern dazu noch real-architektonische Zierde des Stadtbilds dar.

Eins von ihnen ist das 1756 von dem vermögenden Seidenfabrikanten Pieter Teyler gestiftete Teylershofje mit seinem der Spaarne zugewandten noblen Säulenportikus; es liegt nicht weit vom Teylersmuseum entfernt, einer zweiten Stiftung jenes Fabrikanten, in dem man sich Fossilien, Rembrandtsche Zeichnungen und solche altitalienischer Meister, elektrische Apparaturen aus vergangener Zeit und Gemälde der Haagschen Schule zu Gemüte führen kann. Ein anderes ist das Bakenesser Hofje an der Bakenesser Kerk, der ältesten Kirche der Stadt, älter als selbst die Groote Kerk, und auch dieses Hofje ist vermutlich das älteste von allen. Gestiftet hat es 1395 auf seinem Sterbebett ein gewisser Dirk van Bakenes, und erbaut wurde es in seinem Todesjahr von seiner Witwe Lijsbeth und seinen beiden Söhnen Jan und Dirk. Die Baulichkeiten von heute sind freilich nicht mehr jene vom Ende des 14. oder aus den ersten Jahren des 15. Jahrhunderts, sondern stammen, wie eine Jahreszahl über dem Tor mitteilt, von 1632. Ebenfalls in Stein gehauen findet sich in demselben Torbogen auch der Zweck der Stiftung angegeben:

GESTICHT DOOR DIRK VAN BAKENES
VOOR VROUWEN ACHT EN TWEE MAEL SES.

In seinem Buch ›Nederlandsche Hofjes‹ nennt Jonkheer Dr. D. Graswinkel diese Inschrift »doppeldeutig« und schreibt: »Ursprünglich bot das Hofje, der Inschrift nach zu schließen, Platz für 8 + 2 × 6, also 20 Frauen; man kann dieses Verschen allerdings auch so lesen, daß die Frauen 8 × 6 + 2 × 6, also 60 Jahre alt sein mußten, um aufgenommen werden zu können.« Möglicherweise, so fanden Ursula und ich, hat der Autor diese Inschrift aber gar nicht doppeldeutig, sondern doppelsinnig gemeint – als Hinweis auf ein Altersheim für 20 Frauen von mindestens 60 Jahren. Denn schließlich liebte man in der Zeit um 1632 Wortspielereien und philologische Spitzfindigkeiten. Doch groß den Kopf zerbrochen haben wir uns darüber nie, wenn wir unter dieser rebusartigen Inschrift durch das von ionischen Pilastern flankierte Tor gingen und wieder das Hofje verließen, wo um einen Garten mit längst schon abgeblühten Fliederbüschen weißgetünchte Häuschen standen, und vor ihren blanken Fenstern Kanarienkäfige und Töpfe mit roten Geranien.

Hinter dem Bakenesser Hofje beult sich eine schlauchartige Gasse zu einem winzigen Platz aus, auf dem die schiefen Häuser uralte Jahreszahlen tragen, die Mauern Risse zeigen, alle Treppenstufen ausgetreten sind und die meisten Dächer Senkrücken haben, und man braucht es nicht erst ausdrücklich gesagt zu bekommen, daß man sich im ältesten Viertel Haarlems befindet. Zwei Läden gibt es hier; in dem einen, in dem ich schon einige Male Zigaretten kaufte, riecht es dumpf nach Schimmel, Heringen, Käse, Tabak und Katzen, in dem anderen reihen sich auf wackligen Regalen Hunderte von leeren, alten Flaschen aller Art – große und kleine, manche kaum drei Zentimeter hoch und daneben Ballonflaschen von mehr als einem Meter, Flaschen in allen erdenklichen Formen und Farben: bauchige und schlanke, glatte und geriffelte, Flaschen mit und ohne Griffe und Henkel, grüne, blaue, braune, auch weiße aus blasigem Glas, altertümliche Rotsponbouteillen und Geneverkrüge, altmodische Limonaden- und Medizinflaschen und noch zahllose andere, weiß der Himmel, wofür. Auf einigen stehen eingeätzt oder hervorgehoben durch erhabene Buchstaben Werbesprüche und Firmenadressen: ›Mineraalwaterfabriek Louis Boes Heuvelstraat Tilburg‹ oder
›Who de Kyper's Old Geneva nightly takes –
Soundly sleeps and fit awakes‹
und Flaschen schließlich mit Empire-, Biedermeier- oder rankenreichen Jugendstilornamenten … Wenn wir diesen Laden betreten, an dem E. T. A. Hoffmann seine Freude gehabt hätte, ruckt der unrasierte alte Mann, der ihn betreibt, an seiner Schiffermütze: »Daag, mevrouw, mijnheer, mal wieder im Lande?« Dann läßt er Ursula aussuchen, was sie für ihre Flaschensammlung benötigen könnte, während ich mich mit ihm

über Politik oder das Wetter unterhalte und mir beim Streicheln seines gelbzottligen Hundes schmutzige Hände hole.

Frans Hals

Ein weiteres Haarlemer Hofje liegt in einer Gasse mit dem frommen Namen Groot Heiligland – einer Gasse, die Alfons Paquet einmal »die malerischste nicht allein der Stadt, sondern der gesamten Provinz« genannt hat. Ihre Häuser entstammen samt und sonders dem 17. Jahrhundert. Wenn die weißgerahmten Schiebefenster offenstehen, gestatten sie Blicke in niedrige Stuben, deren Decken Stuckwerk haben oder von schweren Eichenbalken getragen werden, und auf Kamine, die mit blauen Delfter Kacheln verkleidet sind. Dunkle Toreingänge führen zu Hinterhäusern, an deren sonnebeschienenen Wänden blaue Glyzinendolden niedertropfen oder Efeu sich rankt, und in Innenhöfe, in denen manchmal Pumpen mit kunstvoll behauenem steinernem Schaft und nicht minder kunstvoll geschmiedetem Maul und Schwengel aus Eisen stehen. Am Ende der Gasse aber tut sich das grüne Wasser der Spaarne auf.

Das Hofje liegt bescheiden in der Fluchtlinie dieser Gasse und fällt lediglich durch den ausholenden Schwung seiner Portalbekrönung auf. Es ist ehemalige Oude Mannenhuis, ein 1608 gestiftetes Altersheim für Männer, das 1810 in ›Stichting Groot Heiligland‹ umbenannt wurde und von da an lange Zeit als Waisenhaus diente: ein einstöckiges Backsteinbauwerk mit hohen Fenstern und Blendarkaden im Erdgeschoß und kleineren quadratischen Fenstern im Oberstock, dessen vier Flügel einen Garten ganz im französischen Geschmack des 17. Jahrhunderts umrahmen, in dem die nach streng geometrischen Formen angelegten Rasenbeete von sauber gestutzten niedrigen Hecken eingefaßt sind.

Um 1862 begann man in den Sälen des Erdgeschosses den städtischen Kunstbesitz zusammenzutragen, der bislang über verschiedene Gebäude Haarlems verstreut gewesen war: über das Rathaus, die Groote Kerk, die Commanderij van St. Jan und andere. Auf diese Weise kam in dem einstigen Altersheim und nachmaligen Waisenhaus, das seit 1912 Frans Hals-Museum heißt, nicht allein eine heute weltberühmte Sammlung von Werken der Zeitgenossen des in Haarlem schaffenden Porträtisten zusammen, sondern überdies ein wichtiger Teil seines eigenen Oeuvres, dessen Hauptstücke neben den Darstellungen anonymer Volkstypen und den sogenannten Regenten- und Regentessenbildern – den Porträts der Vorsteher und Vorsteherinnen der vielen Haarlemer Hofjes – die großflächigen Schützendarstellungen sind, über die Paul Claudel äußerte, auf ihnen breiteten »schlagflüssige Bürger« unverfroren und lärmig ihren frisch erworbenen Reichtum aus:

»Was für Schärpen, was für Gürtel, welch ein Kampf zwischen Orange und Blau, was für Uniformen, Federbüsche, Hüte, Spitzen und Samt! Das alles brüllt einem ins Gesicht, ein allgemeines Hurragebrüll ist das. Von allen Seiten wird man angerufen, alle sprechen auf einmal, alle zugleich und jeder für sich versuchen sie, sich einen Platz in der vordersten Reihe zu verschaffen. Gewiß, weder mit Farbe noch mit Talent hat man gespart, das ist mit beiden Händen zugleich gemalt, als hätte man mit Posaunen und Saucen drauf gespritzt!«

Als »entfesselter Riese« erscheint Frans Hals dem Dichter, als poltriger Lacher. »Gehen wir weiter!« ruft Claudel aus, um schon im selben Augenblick den Schritt wieder zu verhalten, denn nun – »welch ein Gegensatz, welch eine Veränderung! Nun ist's vorbei mit dem wilden Gewirbel von Tambourmajoren und der ausgelassenen Heiterkeit eines Wachkorps. Hier handelt es sich nicht mehr um große Kinder, die sich belustigen und prahlen, das sind verantwortungsbewußte Männer, die miteinander Rat pflegen. Der Maler hat alle Frivolität von seiner Palette verbannt und nur noch Schwarz und Weiß darauf gelassen, dieses Schwarz und Weiß von Frans Hals, das nicht die abwechselnde Verneinung von Licht und Schatten ist, sondern ihre Bestätigung im Positiven, die materielle Beschaffenheit des einen und des anderen. Ich habe ein Gemälde vor mir, in ihm modulieren den von seitwärts hereinfallenden Strahl vier Girlanden von Hüten, Gesichtern, Halskrausen und Händen. Unser Augenmerk ist ins Innere verwiesen. Die Hauptgestalt kehrt uns den Rücken, wir sehen ihr Gesicht lediglich im Profil. Und jener Kamerad am Tischende, der sich mit Behagen den Bauch streichelt; wenn auch sein ganz von Bedeutungslosigkeit gedunsenes Gesicht sich uns zuwendet, so ist der Blick seiner Augen, das eine im Licht, das andere im Schatten, einzig auf die Trinkgemeinschaft gerichtet ...«

Und so wanderte Paul Claudel damals, im Herbst von 1934, von Saal zu Saal, von Bild zu Bild, abgestoßen erst, dann angerührt, aufgewühlt schließlich von den späten Regenten- und Regentessenbildern, um kurz darauf in einem Vortrag in Den Haag, der einige Monate später in der ›Revue de Paris‹ abgedruckt wurde, von seiner Ergriffenheit von dem Alterswerk des großen Menschenmalers Frans Hals zu künden – »wie gebannt bleiben wir mitten im letzten Saal stehen, denn bei den beiden sich gegenüberhängenden Rahmen wissen wir nicht mehr, ob uns von diesem Hintergrunde, der ebenso schwarz ist wie die Draperie einer Leichenfeier, Lebende oder Tote anschauen. Eines dieser Gemälde stellt den ›Regentenrat‹ dar, das andere die ›Regentinnen‹ der gleichen Vereinigung. Dem Komitee der fünf finster dreinblickenden Damen, vor das wir zitiert sind, die Stirn mutig bieten, das können wir nicht, ohne zugleich im Rücken die fahle Aufmerksamkeit der sechs anderen geisterhaften Marionetten zu fühlen, die dort aufgestellt sind. Weder bei Goya noch bei Greco gibt es etwas ebenso Meisterhaftes und zugleich Grauenerregendes; die Hölle selbst verursacht uns weniger Schrecken als diese Zwischenzone ... Und so endet der lebenstrotzende Frans Hals. Das sind die Bilder, in denen der fröhliche Spaßmacher des Korporationsgetümmels von einst sich im Alter von achtzig Jahren gefiel.«

Frans Hals wurde um das Jahr 1580 in Antwerpen geboren

und starb am 26., 27. oder 28. August 1666 in Haarlem, wo er bis auf seine ersten zehn Kindheitsjahre sein ganzes Leben verbracht hatte. Feste Daten über seinen Lebenslauf sind spärlich; man kennt weder sein Geburtsjahr noch seinen genauen Sterbetag. Fest steht lediglich, daß er der älteste Sohn eines Leinenwebers aus Mecheln war, der einige Zeit in Antwerpen gewohnt hatte, ehe er sich gegen 1590 in Haarlem niederließ, wo sein Sohn bald darauf die von dem Maler und Kunstschriftsteller Karel van Mander geleitete Akademie besuchte. Bereits als junger Mann verschaffte sich Frans Hals nicht allein einen guten Ruf als Schilderer mit Humor gesehener Volkstypen, sondern wurde überdies zu einem gesuchten Maler repräsentativer Einzelporträts und Gruppenbilder – einer jener ›Söhne von Tagelöhnern‹, die damals, wie Tischbein es ausdrückte, allerorts in Holland »aus der gemeinen Volksmasse aufwachten«, um große Künstler, Gelehrte, Entdecker, Admirale, Kaufleute oder Staatsmänner zu werden. Seine Kunst, so schrieb 1965 H.P. Baard in einem Katalog des Frans Hals-Museums, »ist unkompliziert und spricht eine klare Sprache. Sie wirkt wie ein brillanter und spontaner Augenzeugenbericht über das holländische bürgerliche Leben seiner Zeit; seine Kraft liegt in der beinahe unbegrenzten Fähigkeit, Charakter und äußere Erscheinung seiner Modelle in einer vollkommenen Synthese zu fassen, die sein Pinsel von aller Erdenschwere löst.«

Er malte Porträts von Bürgermeistern, Richtern, Geistlichen, Gelehrten und Kaufleuten, sie alle oft mit ihren Frauen und Kindern, und von den Vorstehern und Vorsteherinnen der Hofjes ... Dazu die großflächigen Gruppenbilder der Offiziere der Schützengilden; jene nicht selten eine halbe Wand bedeckenden Leinwände, die keineswegs, wie Claudel spottete, Versammlungen »schlagflüssiger«, ihren Wohlstand protzig ausbreitender Bürger darstellen, sondern Runden kampferprobter Männer, die es nicht nur im Geschäft oder Betrieb zu etwas brachten, sondern sich darüber hinaus auch noch im Freiheitskrieg gegen die Spanier, bei der Verteidigung der Städte und oft genug in offener Feldschlacht als wackere Truppenführer erwiesen haben – so wie damals auch die Schützengilden und Schützenbruderschaften militärisch ernst zu nehmende Bürgerwehren waren und nichts gemein hatten mit den Schützenvereinen unserer Tage, die mit Gewehrattrappen über der Schulter, grünen Hüten schräg auf dem Ohr und den lächerlichen Orden der Eitelkeit auf der grundlos geschwellten Brust als Karikaturen militärischer Verbände über unsere Kirmeswiesen marschieren. Gewiß ging es im Kreise dieser Männer, bei ihren Sitzungen und Banketten, bei denen sie sich besonders gern malen ließen, alles andere als leise zu, und es läßt sich denken, was da lachend, übermütig und angeheitert geredet, gerufen und dazwischengeschrien wurde, in einer Sprache dazu, der holländischen nämlich, die ob ihres Reichtums an Rachenlauten sowieso nicht zu den elegantesten zählt; in einer Sprache, von der irgendwer einmal meinte, wer sie kenne, begreife, daß sich die besten holländischen Poeten statt der Feder, der Tinte und des Schreibpapiers lieber des Pinsels, der Farben und der Leinwand bedienten! Man kann verstehen, daß Claudel, von dem es heißt, er sei bei jedem derberen Wort zusammengezuckt und habe schmerzlich seinen Mund verzogen, diese Gesellschaft rauhbeiniger Bürger-Offiziere wenig lag, die von Frans Hals ausdrücklich in ihrer ganzen naiven Prahlsucht und Was-kostet-die-Welt-Attitüde abkonterfeit worden war – übrigens in einer Weise, die das Gruppenbild wohl zum ersten Mal in der Geschichte der Malerei von seiner bisherigen Steifheit befreite. Denn bei Hals stehen die abgebildeten Personen nicht mehr ohne Kontakt zu einander in einem ihnen nicht angemessenen Raum, sondern fügen sich unter der Regie des Malers ohne Starrheit oder unnatürliche Pose zu selbstverständlicher Lebendigkeit. Seine Genialität, so schreibt wiederum H.P. Baard, »offenbart sich nicht allein in einer virtuosen Palette, sondern in der fast unbegreiflichen Fähigkeit, die Gesamtheit von Form, räumlicher

7 Bauernhaus am Kanal
Federzeichnung von Aert van der Neer (1603-1677)
←

8 Mole in Zaltbommel
Lavierte Bisterzeichnung von Constantijn Huygens, 1669

9 Schiffe vor dem Hafen von Amsterdam. Aquarellierte Federzeichnu

Jan Claes Rietschoof (1652-1719)

10 Gottesdienst in der Haarlemer Bavokirche
Aquarell von Gerrit Adriaensz Berckheyde, 1697

Turm am Hafen mit Segelbooten 11
Lavierte Federzeichnung von Jan Bruegel (1558-1625)
→

Ausdehnung und Materie, von Farbe, Sphäre, Körperhaltung und Charakter mit einigen wenigen leichten Pinselstrichen auszudrücken ... In der Selbstverständlichkeit, mit der er nicht am rein Stofflichen haften bleibt, liegt das Hinreißende seiner Kunst. Diese souveräne Macht über die Materie erhebt sein Werk auch über die kleine provinzielle Welt, in der die Porträtierten sich in ihrer Selbstgenügsamkeit geborgen fühlen.

Und schließlich malte Frans Hals auch noch seine humorvollen Porträts anonymer Zeitgenossen: Marktfrauen, Fischer vom Haarlemermeer, rotznäsige Straßenjungen, Käsebauern aus den umliegenden Dörfern, lockere Mädchen wie die ›Hille Babbe‹, wandernde Musikanten wie der ›Narr‹ oder ›Lautenspieler‹, ein Bild, das man heute freilich eher seiner Kollegin Judith Leyster zuzuschreiben geneigt ist, und Stutzer mit keck aufgezwirbelten Schnurrbärten wie der ›Lachende Kavalier‹. Seine Modelle fand er allerorten: auf dem Groote Markt und auf den Gassen, auf den Fischerbooten im Hafen, in Werkstätten und Kneipen, vor allem in den Kneipen, denn wie so vielen seiner Kollegen sagt man auch ihm eine große Liebe zum wasserhellen Genever nach. Aber wenn es dann über ihn kam, die Kumpane immer lauter, die Reden immer lustiger und die Lieder immer frecher wurden und ein Gesicht ihm besonders gefiel, dann nahm er es aufs Korn und begann – Skizzenblock und Stifte trug er stets mit sich – es mit schnellen Strichen festzuhalten, um später im Atelier ein Bild daraus zu machen. Nichts konnte ihn dabei stören, weder der Kneipenlärm oder ein um ihn herum aufgeflammter Streit, noch das trübe Licht der Ölfunzeln oder die Leute, die ihm bewundernd über die Schulter schauten. Wie so viele Maler seiner Zeit, von denen etliche sich gern auf regelrechte Wettkämpfe im Schnellmalen einließen, war auch Frans Hals, dessen Porträts »mit drei Strichen gemalt zu sein scheinen«, ein so geschwinder Arbeiter, daß sich das Volk noch lange nach seinem Tod Wunderdinge davon erzählte. Eine dieser Anekdoten ist durch Heinrich Wilhelm Tischbein auf uns gekommen:

»Als van Dyck eines Tages aus Italien wieder in sein Vaterland kam, hörte er von den schnellen Arbeiten des Frans Hals. Er besuchte ihn in Haarlem und gab sich für einen Kavalier aus, der sein Porträt geschwinde zu haben wünschte, weil er gleich weiterreise. Frans Hals fing auf dies Begehren sogleich an, und nachdem er kurze Zeit gearbeitet hatte, stand er auf und sagte: ›Mein Herr, Ihr seid fertig.‹ Der Kavalier sah das Bild mit Verwunderung. ›Ich glaubte nicht‹, sprach er, ›daß Ihr so schnell malen könntet; nun aber habe ich noch einige Zeit übrig, und da ich sonst auch etwas gemalt habe, will ich versuchen, Euer Porträt zu machen.‹ Der Kavalier nahm Leinwand und Palette, und nach kurzer Zeit sagte nun er: ›Ihr seid fertig, mein Herr.‹ Frans Hals staunte, besah das Porträt, umarmte den Fremden und rief: ›Entweder seid Ihr van Dyck oder der Teufel!‹«

Alkmaar

Es war Sonntag, es war warm, die Mittagssonne schien, die Stadt war wie ausgestorben. Wahrscheinlich waren an diesem vielleicht letzten hochsommerlichen Tag im Oktober alle Alkmaarer hinausgefahren aufs Land: ans Alkmaarermeer, wo viele ihre Segelboote liegen haben, an den Strand von Bergen an Zee oder Egmond, wo man zwar nicht mehr baden, aber in der Sonne in den Strandkörben sitzen konnte, oder ins Kaasland, wo die Kühe auf den immer noch grünen Weiden grasten, die Wildenten und Bläßhühner sich aufführten, als sei es Mai, und nur die verlassenen Storchennester und das bereits gilbende Laub an den Herbst erinnerten.

Auf dem Platz vor der Waage, die ehemals eine Kirche war und einen hohen Turm mit dem hierzulande üblichen barokken Aufsatz aus Säulen, Altanen und kronenartiger Spitze besitzt, auf diesem großen Platz, auf dem an jedem Freitag der berühmte Käsemarkt von Alkmaar stattfindet, von dem niemand verbindlich zu sagen sich traut, ob er nur eine Show ist oder noch immer ernsthaftem Handel dient, auf diesem nun leeren Platz trippelten lediglich ein paar Tauben umher, pickten da und pickten dort oder kratzten sich mit rubinroten Füßen im Nacken, wobei sie verzückt die Augen verdrehten. Am offenen Fenster einer Gaststätte saß ein Neger mit seinem Transistorgerät hinter einem Colaglas und lauschte dem Mittagskonzert von Radio Hilversum: »Ick heb mijn hart in Heijdelberg verloren...« Die Tauben flogen plötzlich auf und lieließen sich nach kurzem Kreisen auf den Gesimsen, Konsolen und Schnecken des Giebels der Waage nieder, der sich mit all dem Zierat und seinen goldenen Mosaiken zittrig in einer Gracht spiegelte. Ein ziemlich verrostetes Auto aus Belgien fuhr über den Platz, hielt jedoch nicht an. Die schweren Tore der Waage waren fest verrammelt; nicht sperrangelweit aufgestoßen wie an jedem Freitag, wenn der Käsemarkt beginnt, die Männer mit den weißen Hemden und Hosen, mit den bebänderten roten, grünen oder blauen Strohhüten heraustreten und im dichten Ring der Zuschauer alle Kameras schußbereit gemacht werden. Je zwei Männer schleppen alsdann eine jener Bahren, die man hier Berries nennt – eine jede vollgepackt mit roten Edamer Käsekugeln. Zwei Zentner oder mehr mögen es schon sein, die da pyramidenförmig aufgeschichtet sind, und die Männer marschieren mit ihrer Last mal hierhin, mal dorthin, mal nach links, mal nach rechts, mal im Kreis herum, einer Choreographie folgend, die nur die Beteiligten kennen. Vielleicht geht es dabei wirklich noch immer um die Zurschaustellung und das Anbieten von Ware, vielleicht wollen diese freundlichen Bahrenträger aber auch nur einer jeden Amateurkamera Gelegenheit geben, gut zum Schuß zu kommen. Und vielleicht führt man auf dieser imposanten Freilichtbühne bloß ein Folklore-Schauspiel mit dem zugkräftigen Titel ›Der Käsemarkt von Alkmaar‹ auf, in dem der vollfette Edamer der Star, die Träger mit den bunten Strohhüten die Nebenakteure und die Männer mit dem Gehabe gewiefter Käsehändler die Statisten sind.

Doch jetzt ist es Mittag, Sonntag dazu, der Platz vor der Waage ist leer und die Stadt wie ausgestorben. Knarrend schließt der Küster das Portal der St.-Laurens-Kerk zu, deren Chor die in die hellen Quaderwände geschnittenen himmelhohen Spitzbogenfenster etwas Luftiges und Schwebendes geben, wenn über den Himmel weiße Schönwetterwolken gleiten. Auf dem Steingeländer der Freitreppe des Rathauses sitzen wappenhaltende Löwen mit grübelnden Gesichtern. Unter dem flachen Tempeldach einer offenen Fischhalle mit dorischen Säulen zieht auf einem Fries ein Mann einen riesigen Fisch an Land. In einem Unkrautstreifen längs einer brüchigen Grachtmauer nascht ein Schwarm Dompfaffen von den silbrigen Samenkapseln meterhoher Disteln. Ein Hauszeichen zeigt einen Seemann in Transtiefeln und Südwester, der in einen umgekippten Bienenkorb gefallen ist und wenig Gefallen daran findet. An Deck eines schwarzen Lastkahns, auf dem man Begonien in Töpfen und Chrysanthemensträuße kaufen kann, sitzt ein Junge, hält in der Linken ein Buch, in der Rechten eine Angelrute und läßt seine bloßen Beine über die Bordwand baumeln. An Patrizierhäusern funkeln Volutengiebel mit vergoldeten Ranken und Kartuschen und vielfarbenen Wappen im Sonnenlicht. Das ›Haus mit der Kugel‹ ist das älteste der Stadt und gründet mit seiner hölzernen Rückfront in einer Gracht. Im Erdgeschoß ist ein Andenkenlädchen, in dem, wenn nicht gerade Sonntag ist, auf Birkenscheiben aufgezogene Stadtansichten verkauft werden. In dem Laden kann man eine steile Treppe hinaufsteigen und für ein paar Cents eine Wohnung im Stil des 17. Jahrhunderts besichtigen, und dies sogar sonntags, wie auf einem Pappschild draußen an der verschlossenen Ladentür ausdrücklich vermerkt ist: ›3 × bellen S.V.P.‹ – ›3 × klingeln bitte!‹ ...

Wir klingelten nicht, sondern gingen Schaufenster besehen – die Schaufenster der Antiquitätengeschäfte, von denen Alkmaar wie eine jede holländische Stadt mehr als nur ein Dutzend besitzt. Einige freilich sind nur Trödlerläden, düstere

Höhlen mit Staubgirlanden an den Balkendecken und an den Wänden, in denen der alte Kitsch der letzten Dezennien des 19. Jahrhunderts erneut an den Mann gebracht werden soll. Die meisten Geschäfte bieten hingegen gediegene Antiquitäten an: Möbel, Silberzeug und Glaswaren, Zinn-, Kupfer- und Messinggerät, Porzellan aus den großen europäischen Manufakturen und aus China, Waffen und Ostasiatica – schmerbäuchige Buddhas und chinesische Vasen, Säbel, Degen, Pallasche und Matrosendolche, Steinschloßflinten und Reiterpistolen, Kannen und Krüge, Kerzenleuchter und Petroleumlampen, Delfter Kacheln und eiserne Kaminplatten mit nautischen Emblemen, Familienwappen oder biblischen Szenen, Truhen, Schränke, Sekretäre, Tische und Stühle von der Renaissance bis zum Biedermeier, und nicht zu vergessen jene beliebten Klapptischchen, die man in Holland so bildhaft und treffend Hangoortafeltjes nennt.

Auch die Antiquitätenhandlung neben dem ›Haus mit der Kugel‹ zeigte in ihren beiden Schaufenstern drei oder vier solcher Hangoortafeltjes, dazu einige friesische Truhen mit Muschelschnitzereien und einen Stollenschrank des späten 17. Jahrhunderts mit ›Bolpooten‹ – Kugelfüßen. Doch außer auf Möbel schien sich dieses Geschäft auf Stiche und Lithographien spezialisiert zu haben: auf Veduten europäischer Hauptstädte, Porträts berühmter Männer der holländischen Geschichte und Darstellungen historischer Ereignisse. Da gab es eine Ansicht der Ile St. Louis von 1770, augenscheinlich gezeichnet an einem Vorfrühlingsabend, wenn sich über Paris ein violetter Himmel wölbt, die Sonne hinter purpurnen Wolkenbänken versinkt, auch das Wasser der Seine purpurn schimmert und hinter den Fenstern der alten Adelspalais die Kerzen angesteckt werden, sodann einen Porträtstich des großen Seefahrers und Entdekkers Dirck Schouten, der wie Abel Tasman aus Hoorn stammt, als erster die Südspitze Feuerlands umsegelte und ihr den heute noch gültigen Namen Kap Hoorn gab, sowie ein Porträt des in Alkmaar unvergessenen Diederik van Sonoy. Er war um 1570 zum Lieutenant oder, wie man heute sagen würde, zum Militärbefehlshaber des Noorderkwartiers ernannt worden, jenes Gebiets, das etwa von Haarlem bis Den Helder reicht. 1573 verteidigte er Alkmaar gegen die Spanier und zwang die Bauern der Umgebung, alle Seedeiche an der Zuidersee zu durchstoßen und sämtliche Schleusen zu öffnen. Wie bei der Belagerung von Leiden im darauffolgenden Jahr bedienten sich die Holländer schon hier »des Wassers als Waffe, ihres Erbfeinds als Verbündeten«. Das Land lief unter. Die einströmende Zuidersee vereinigte sich mit den zu jener Zeit noch nicht eingepolderten Beemster-, Purmer-, Wormer- und Schermerseen, Alkmaar wurde umflutet, die Spanier mußten die Belagerung aufgeben und abrücken, aber noch für lange Zeit lag die Stadt wie eine Insel in einem einzigen riesigen See, der sich im Norden fast bis Schagen, im Süden bis Zaandam, im Osten zwischen Hoorn und Edam unübersehbar weit hinaus in die Zuidersee erstreckte und im Westen von den Dünenkämmen der Nordseeküste begrenzt wurde ... Der vierte Blickfang aber war eine bunte, drastische Lithographie nach Art der Neuruppiner Bilderbogen, die die Eroberung des etwa fünf Kilometer nordwestlich von Alkmaar liegenden Dorfes Bergen – heute Bergen-Binnen genannt – durch ein britisch-russisches Expeditionskorps zeigt: das Dorf brennt bereits lichterloh, Granateinschläge schleudern Erdfontänen, Gebäudetrümmer und Menschen- und Pferdeleiber empor, mit gefällten Bajonetten greift russische Infanterie in grünen und britische in roten Uniformröcken die das Dorf verteidigenden Franzosen an – ein grausiges Gemetzel, das am 19. September 1799 stattfand.

1795 hatten französische Revolutionsheere die Niederlande besetzt und sie als Batavische Republik Frankreich angegliedert. Im Morgengrauen des 19. September 1799 erschien eine britische Invasionsflotte vor dem Strand von Bergen und begann mit der Ausschiffung des Korps, das überwiegend aus russischen Regimentern bestand. Im Rahmen der Gesamtkriegsführung der Koalitionsmächte Österreich, Preußen, Großbritannien und Rußland gegen das revolutionäre Frankreich sollte es Bergen und Alkmaar im Handstreich nehmen und dadurch einen Landekopf für weitere Streitkräfte und eine Basis für spätere Operationen bilden. Die Landung gelang zwar, doch in Bergen wehrte sich die französische Garnison unerwartet heftig und wies bei hohen Verlusten für beide Seiten mehrere Sturmangriffe ab. Das Korps konnte deshalb erst gegen Mittag das Dorf besetzen, aber bereits am Nachmittag rückten starke französische Verbände an und eroberten es zurück. Gegen Abend mußte sich das Korps unter Zurücklassung von 5000 gefallenen Russen, 900 gefallenen Briten, 25 Geschützen, 5 Fahnen und 2000 Gefangenen auf die Schiffe zurückziehen – die Invasion war mißglückt. Unter den Gefangenen befand sich auch der Kommandeur des Unternehmens, der russische General von Hermann.

Bergen-Binnen

Dieser blutige 19. September des Jahres 1799 ist jedoch nicht schuld daran, daß die im 11. Jahrhundert erbaute Kirche von Bergen-Binnen heute zum allergrößten Teil eine Ruine ist. Sie brannte nämlich bereits 225 Jahre früher ab, im Sommer 1574. Bei diesem Brand stürzte auch der hohe Turm ein, der den Schiffern und Fischern auf der Nordsee jahrhundertelang als weithin sichtbare Orientierungsmarke gedient hatte. Erst 1597 baute man wenigstens den Chor unter Verwendung stehengebliebener Außenmauern wieder zu einer Kirche aus, die freilich nur noch ein Drittel der Größe der alten erreichte, aber mit ihren zwischen stark vorspringenden Strebepfeilern wie in Nischen liegenden gotischen Fenstern, dem einfachen Steildach, dem zierlichen Glockentürmchen und den Mauerresten des ursprünglichen Bauwerks die wahrscheinlich stimmungsvollste Dorfkirche im gesamten Noorderkwartier darstellt.

Wenn man im Frühling, im Herbst oder im Winter nach

Bergen-Binnen kommt, herrscht auf den Straßen kein Gedränge und Geschiebe wie während der Badesaison, man findet eine Parkmöglichkeit, wo immer man möchte, alle Eisdielen, Snackbars und Fischbuden sind geschlossen, aus den zu Tanzlokalen umfunktionierten Kuhställen lärmt keine mäßig gespielte Beatmusik in die Nacht hinaus, und man wird nicht früh um zwei oder drei durch den Gesang Angeheiterter aus dem Schlaf gerissen – falls man bis dahin überhaupt schon eingeschlafen war. Denn im Frühling, Herbst oder Winter sind die Nächte still in Bergen-Binnen. Nur ein Käuzchen ruft manchmal in den Eichen, Linden und Roßkastanien, unter denen der Ort liegt, und die Turmuhr der Kirche schlägt mehr einschläfernd als aufweckend die vollen Stunden. Die anheimelnden Landhäuschen im Cottagestil der zwanziger Jahre unseres Jahrhunderts in ihren verwilderten Gärten bieten jetzt nicht mehr geschäftstüchtig ›Kamers met Ontbijt‹-Zimmer mit Frühstück oder Rooms With Breakfast an und quellen nicht mehr über von Feriengästen, sondern sehen wieder aus, als hätten sich in ihnen verschrobene oder gar menschenscheue grauhaarige Advokaten, Stadtarchivare oder Professoren zur Ruhe gesetzt, die gelegentlich den Vorgartenrasen scheren, im Herbst die Rosenstämmchen liebevoll mit Strohmanschetten vor dem kommenden Frost schützen, im Winter die Vögel mit Hanf- und Sonnenblumenkernen füttern und ansonsten ihren Erinnerungen nachhängen, wogegen die schiefen alten Katen rings um die Kirche mit ihren ehrwürdigen Jahreszahlen aus dem 17. Jahrhundert an den Giebeln wenigstens noch einen schwachen Abglanz jener vergangenen Zeiten bewahren, als Bergen-Binnen ein Fischer- und Bauernnest war.

Nicht verträumt wie Bergen-Binnen, sondern verlassen auf eine geradezu herzabdrückende Weise wirkt dagegen außerhalb der Saison Bergen an Zee, der in die Dünen und bis an den Strand vorgeschobene neue Außenposten der seit dem Jahr 866 urkundlich bekannten Herrlichkeit Bergen – ein seelen-

IV DER GROOTE MARKT IN HAARLEM
Ausschnitt aus dem Gemälde
›Ansicht aus Haarlem‹
von Gerrit Adriaensz. Berckheyde
(1638-1698)

National Gallery, London

loser Bungalow- und Campingplatzort, geschichtslos und verwechselbar wie die meisten Badeorte entlang der holländischen Küste, wie Katwijk, Noordwijk oder Zandvoort, und nun ausgestorben auf eine Weise, die nicht mit der angenehmen Leere Alkmaars an einem schönen, sommerlichen Sonntag im Oktober zu vergleichen ist, sondern von einer gespenstischen Ausgestorbenheit, die Visionen von einer Welt ohne Menschen nach einem Atomkrieg aufkommen läßt, und ebenso menschenleer ist nun auch der Strand, den wir noch übervölkert im Gedächtnis hatten. Von Unrat von irgendwoher, den die Flut anspülte und den nun niemand mehr aufsammelt, ist er übersät, dazu von schwarzem Tang und grauen Quallen, gallertartigen Gebilden, vor denen Hunde angewidert die Lefzen hochzuziehen pflegen, und die nun unter dem austrocknenden Seewind stinkend im Sand versickern. Das Meer ist ruhig und läuft in kleinen Wellen mit schmutzigweißen Schaumkronen an. Nicht einmal eine Möwe zeigt sich. Aber weit draußen exerziert ein Schnellbootverband der Königlich-niederländischen Kriegsmarine. Signalgasten blinken sich mit Handscheinwerfern gegenseitig an, und immer wenn sie es getan haben, vollführt der ganze Verband eine Wendung in einem scharfen Knick oder einem weitausholenden Bogen. Das sieht graziös und nahezu unkriegerisch aus.

Der Wind sirrt im Sand der Dünen und raschelt im Strandhafer. Und er rauscht mächtig in den Linden, die den einstigen Friedhof und die romantische Kirche von Bergen-Binnen umsäumen. Welke Blätter schweben durch die Fensterhöhlen jenes Teils des neunhundertjährigen Bauwerks, das bis zum heutigen Tag eine Ruine blieb. Efeu rankt sich am Gemäuer empor. Auf dem Friedhof gibt es weder Gräber noch Kreuze. Sie sind längst in die Erde versunken und von Gras überwachsen, und Gras umwuchert auch im zerstörten Kirchenschiff die steinernen Grabplatten mit den Wappen, Namen und Lebensdaten der früheren Herren von Bergen: der Barone van Haemstede, van Borselen und van Brederode. Ihre Grabstätten stammen noch aus der Zeit vor dem Kirchenbrand von 1574. Nur eine ist jünger – die eines britischen Offiziers, der am 19. September 1799 beim Sturmangriff auf Bergen fiel.

Die toten Städte

Über Nacht wurde es kälter. Der Wind legte sich, und Nebel stieg aus den Kanälen, Gräben und Kolken. Morgens waren an den Ufern Schilf und Kräuter bereift. Zwar schien die Sonne bald wieder, doch ab und zu quollen Wolken auf und warfen Schatten über das Land. In der Gegend zwischen Enkhuizen und Medemblik grasten plötzlich Hunderte aus Skandinavien gekommener Nonnen-, Grau- und Saatgänse, die man nachts hoch in den Lüften hatte rufen hören, auf den Feldern und Wiesen. Jäger mit braunweißen Hunden versuchten sich anzupirschen. Doch die Gänse waren wachsam und strichen ab, ehe die Jäger zum Schuß kamen, und ihre großen Schwärme warfen nun wie die Wolken Schatten über das Land. Kerzengerade stieg der Rauch aus den Schornsteinen der seltsamen Gehöfte dieser Gegend, die man Stelphäuser nennt; sie sind nahezu quadratisch im Grundriß und vereinen Menschen, Tiere und Ernte unter einem hohen Rieddach, das wie eine Pyramide auf den niedrigen Hauswänden lastet. Die Luft war klar, und man konnte weiter als sonst blicken. Scharf umrissen standen ferne Windmühlen oder Kirchtürme vor einem gläsernen Horizont. Der Herbst war über Nacht gekommen – ein Herbst wie in Lenaus ›Auf eine holländische Landschaft‹:

Müde schleichen hier die Bäche,
Nicht ein Lüftchen hörst du wallen,
Die entfärbten Blätter fallen
Still zu Grund, vor Altersschwäche.

Krähen, kaum die Schwingen regend,
Streichen langsam; dort am Hügel
Läßt die Windmühl' ruhn die Flügel;
Ach, wie schläfrig ist die Gegend!

Lenz und Sommer sind verflogen;
Dort das Hüttlein, ob es trutze,
Blickt nicht aus, die Strohkapuze
Tief ins Aug' herabgezogen.

Schlummernd, oder träge sinnend,
Ruht der Hirt bei seinen Schafen,
Die Natur, Herbstnebel spinnend,
Scheint am Rocken eingeschlafen.

Medemblik und Enkhuizen – das sind zwei ehemals wichtige Überseehäfen und Handelsplätze an der früheren Zuider-, der heutigen Ijsselsee, die man jetzt gelegentlich als ›tote Städte‹ bezeichnet. Aber das heißt nicht, daß sie nun ausgestorben oder gar Ruinenfelder wären, sondern lediglich, daß sie nach einer Epoche wirtschaftlicher Hochblüte im 17. und 18. Jahrhundert, als beispielsweise Enkhuizen ein Zentrum des Pfefferhandels der Ostindischen Compagnie war, erneut in Bedeutungslosigkeit und Vergessenheit zurücksanken. Immerhin war diese Glanzzeit lang genug, um in beiden Städten steinerne Zeugen jener Epoche zu hinterlassen, als in ihren, nunmehr allein von ein paar Fischerbooten belebten, Häfen oft fünfzig oder mehr Fernsegler aus Ost- und Westindien oder dem Mittelmeer auf Löschung ihrer Ladungen warteten, die Speicherhäuser von den Warensendungen fremder Zonen überquollen, sich die reichlich hereinrollenden Goldgulden in den schweinsledergebundenen Geschäftsbüchern zu endlosen Zahlenkolonnen zusammenaddierten und der solcherart in beide Städte einströmende Wohlstand sogar, wenn auch stark verdünnt, bis in die Häuschen der Sackträger und Gelegenheitsarbeiter floß.

Die Wahrzeichen beider Städte stammen freilich aus noch älteren Zeiten. In Enkhuizen ist es der ›Dromedaris‹, eine Torburg von 1540. Sie besteht aus zwei massiven Rundtürmen, die ein von Renaissancemaßwerk verbrämtes Tor einklemmen und die beide zusammen nur einen einzigen Turmaufsatz besitzen – so wie auch ein Dromedar nur einen Höcker hat. In

Medemblik hingegen ist es die im 7. Jahrhundert erbaute und im 13. Jahrhundert modernisierte Burg des Friesenkönigs Radbout, den die Legende als einen wilden Grobian zeichnet. Denn als er um das Jahr 690 von dem Missionar Willibrord getauft werden sollte, um nach seinem Tod in den Himmel zu kommen, erkundigte er sich zuvor mißtrauisch, wo sich seine ungetauften Ahnen befänden? Leider allesamt in der Hölle, soll ihm Willibrord geantwortet haben. Diese Auskunft ergrimmte Radbout maßlos. Wütend ergriff er das schwere steinerne Taufbecken, schleuderte es über die Köpfe aller Anwesenden hinweg in den Sumpf und verschwand mit seinem Gefolge fluchend hinter den Palisaden seiner Burg ... In Wirklichkeit dürfte er freilich erkannt haben, daß es bei der Taufe keineswegs um sein und seines Volkes Seelenheil ging, sondern um die Unterwerfung unter die Herrschaft des Frankenkönigs Pippin des Kurzen und der römischen Kirche, in deren beider Auftrag Willibrord, der später heiliggesprochen wurde, die Friesen zu bekehren trachtete. – Die Burg wurde um 1260 unter inzwischen gewandelten Herrschaftsverhältnissen von Graf Floris v. von Holland ausgebaut, als Zwingburg gegen die zwar längst getauften, aber immer noch rebellischen Friesen, die 1256 in einer Schlacht seinen Vater Willem von Holland getötet hatten, der seit 1247 Deutscher König war. Heute steht die düstere Burg leer. Mauersegler und Dohlen nisten in ihren Hallen, und durch die Fensterhöhlen fliegen in Sommernächten Fledermäuse ein und aus. Doch im Zweiten Weltkrieg lagerte man in ihren bombensicheren Verliesen, in denen zu den Zeiten der holländischen Grafen mancher wackere Friese geschmachtet hat, die wertvollsten Stücke des Amsterdamer Reichsmuseums, wie zum Beispiel Rembrandts ›Nachtwache‹.

Sieht man sich heutzutage am Wester- oder Oosterhaven von Medemblik um, wo nur ein paar Möwen sich auf morschen Duckdalben aufplustern und einige altersschwache Fischerboote an den Leinen dümpeln, vermag man sich nur mit Mühe das Menschengewimmel, die Geschäftigkeit und den Lärm vorzustellen, die hier herrschten, als noch schwerbeladene Fernsegler rauschend einliefen, Kapitäne ihren Reedern die glückliche Heimkehr meldeten, Aufseher in den Schiffspapieren abhakten, was aus den dunklen Bäuchen der Schiffe ans Licht gehievt wurde, Trägerkolonnen Säcke und Ballen, Kisten und Fässer von Bord über schmale Gangways in die Speicherhäuser schleppten und Matrosen abends in den Hafenschenken von Abenteuern und Stürmen im Indischen Ozean, im Atlantik oder im Mittelmeer erzählten. Doch das ist lange vorbei. Der Schauplatz ist abgeräumt. Lediglich die Patrizierhäuser können sich noch daran erinnern.

Nicht anders sieht es in Enkhuizen aus, der zweiten toten Stadt. Auch hier ist der Hafen leer. Auf der Ijsselsee nimmt kein Schiff aus Batavia oder Brasilien mehr Kurs auf Enkhuizen, kein Ausguck oben im Mastkorb jubelt auf, wenn er den hohen Turm der Wester- oder den noch höheren der Zuiderkerk über den Wassern auftauchen sieht, und im Peperhuis der eingegangenen Ostindischen Compagnie feilscht niemand mehr um die Pfefferpreise.

Denn längst ist an die Stelle meerüberspannenden Handels jene nun auch schon wieder altgewohnte provinzielle Selbstgenügsamkeit getreten, wie man sie auf Cornelis Springers ›Stadsgezicht te Enkhuizen‹ findet – einem um 1870 gemalten Bild, auf dem die Sommersonne satt und warm auf rötlichen Treppen- und Volutengiebeln liegt, ein Lindenbaum bizarre Schatten wirft und Hühner Grashalme aus Pflasterritzen pikken ... Auf dem ein Mädchen einen Fisch entschuppt, wobei ihm ein dicker Mann und ein kleiner Hund zusehen, eine Brücke sich bucklig über eine Gracht wölbt und ein Fischer sich auf seinem Kahn zu schaffen macht ... Auf dem eine alte Frau vor ihrer Haustür Kartoffeln schält und dabei ihrem Enkel etwas erzählt, ein Holunderbusch über eine Mauer ragt, ein Fuhrknecht seinem Pferd ein Bündel Heu vorwirft und ein Junge gerade aus der Schule kommt ...

Erbsen mit Stockfisch

Den Helder – eine Stadt von knapp sechzigtausend Einwohnern und Hauptflottenbasis der Königlich-niederländischen Kriegsmarine – kündigte sich mit Barackencamps und Kasernen, Exerzierplätzen und Schießständen, Depots und Treibstofflagern, Radarstationen und Sendetürmen, Funkantennen und Schiffsmasten schon lange im voraus an.

Es war ein klarer, frostiger Januartag, an dem wir letztens dort waren. Auf der Chaussee von Alkmaar überholten wir eine Kompanie Seesoldaten, die mit Tarnnetzen über den Stahlhelmen von einer Geländeübung heimmarschierte. Auf dem Marinefliegerhorst neben der Straße, dessen Betonpiste sich linealgerade durch Dünensand, Schneidegras und Ginster frißt, landete soeben die ›Seahawk‹ einer Küstenschutzstaffel und rollte mit flirrenden Luftschraubenblättern ihrer Splitterbox zu. Im Tiefflug von der Nordsee kommend, schrillte ein Schwarm Phantom-Jäger über die Liegeplätze der Flotte hinweg und zog über dem Wattenmeer so steil in die Höhe, daß die Düsenmaschinen bald nur noch silbrige Pünktchen an der Spitze wattig zerfasernder Kondensstreifen waren. Wenige Sekunden später durchbrachen die Flugzeuge knallend die Schallmauer.

Am Stadtrand bogen wir nach rechts zu den Schiffsliegeplätzen ab und ließen die allein auf die technischen Bedürfnisse einer hochmodernen Flotte zugeschnittene Industriestadt Den Helder mit ihren Werften, Trockendocks, Überholungswerkstätten, Kränen, Lagerschuppen, Schmieden, Schlossereien und Arbeitervierteln links liegen. Doch plötzlich endete die Straße vor einem Schlagbaum. Die bärtigen jungen Matrosen, die dort Posten standen, sahen in ihren weißen Stahlhelmen, blauen Kollanis mit Goldknöpfen und den schweren Trommelrevolvern am Koppel so adrett wie abweisend aus. Ursula dachte bereite ans Umkehren. Aber dann entdeckten wir rechts einen asphaltierten Weg ohne ein ›Verboden Toegang‹-Schild, der einen hohen Deich hinaufführte. Wir fuhren ihn ein paar hundert Meter, hielten erneut und stiegen aus.

Dort unten lagen sie nun Bordwand an Bordwand – die hellgrauen schnittigen Rümpfe der Schnellboote, Minenleger, Minenräumer, Zerstörer und Kreuzer und die böse, gefährlich und unheimlich aussehenden schwarzen Haifischleiber der U-Boote, bestückt mit Geschütztürmen und Flaksockeln, Raketenabschußrampen, Torpedorohren und Vernebelungsbatterien, mit Feuerleitständen und Kommandobrücken, Radarschirmen und Antennen, mit Kartenhäusern und sonstigen Deckaufbauten. Wachfreie Matrosen lehnten an den Relingen und dachten vielleicht an den nächsten Landurlaub und ihr Meisje in Den Helder oder daheim. Andere hatten Arbeitsdienst und putzten Kanonenrohre, ölten Waffenverschlüsse, polierten Kupfer- oder Messingbeschläge oder machten mit Wassereimern, Schrubbern und Feudeln ›Reinschiff‹. Eine Motorpinasse preschte auf einen Zerstörer zu und ging längsseits. Ein Fallreep wurde hinabgelassen, wir hörten bis zu uns hin den Singsang der Bootsmannspfeifen. Nach dem alten Brauch aller Kriegsmarinen, die in jeder Wehrmacht die konservativste Waffengattung sind, wurde ›Seite gepfiffen‹, der Kommandant ging an Bord.

Das Seemannsleben war zu keiner Zeit ein Honigschlecken. »Navy-life is bitter life«, sagt eine englische Matrosenweisheit, denn der Seemannsberuf ist selbst in Friedenszeiten gefahrvoll wie kaum ein anderer und kann in Kriegszeiten zur Hölle werden. Die Leiden und Greuel der Seeschlachten des Zweiten Weltkriegs hat Alistair MacLean exemplarisch in seinen authentischen Romanen ›H.M.S. Ulysses‹ und ›Die Überlebenden der Kerry Dancer‹ geschildert, während die holländischen Maler des 17. Jahrhunderts häufig genug die nicht minder blutigen Gefechte der von den Admiralen Heijn, Tromp oder de Ruyter geführten Seegeschwader mit spanischen, französischen oder englischen Flottenverbänden dargestellt haben.

Wie jedoch der Bordalltag zu den Zeiten jener Admirale aussah, hat Jacob R. Bruijn in einer Dissertation über Führung und Organisation der damaligen holländischen Flotte untersucht, mit der er im Dezember 1970 an der Universität von Leiden promovierte. Sie bestätigt die erwähnte Matrosenweisheit. So wurden die Seeleute von den Maaten und Offizieren, die buchstäblich Herren über Leben und Tod ihrer Untergebenen waren, in strenger, oft unmenschlich harter Zucht gehalten. Kleinere Vergehen wurden mit empfindlichen Abzügen vom Sold, größere mit der Prügelstrafe, die so mancher Delinquent nicht überlebte, und schwere wie zum Beispiel Meuterei oder Fahnenflucht mit Erhängen an der Rah geahndet. Doch selbst der Küchenzettel könnte heutzutage keinen jungen Mann mehr, und sei er noch so stark von Abenteuerlust und Fernweh geplagt, zum freiwilligen Eintritt in die Kriegsmarine verlocken.

»Morgens gab es Haferbrei, mittags und abends grüne Erbsen mit Stockfisch, sonntags und donnerstags statt der grünen gelbe Erbsen und dazu entweder ein halbes Pfund Räucherspeck oder ein Pfund Pökelfleisch. Jeden Montagmorgen teilte der Fourier zusätzlich fünf Pfund Roggenbrot, ein Pfund Käse und ein halbes Pfund Butter oder Talg aus. Dünnbier gab es allerdings, so viel jeder Matrose wollte.«

Auf großen Fahrten kam es nicht selten vor, daß die Vorräte knapp wurden und die Rationen gekürzt werden mußten. Manchmal schützten korrupte Kapitäne aber auch nur Knappheit vor, um an ersparter Verpflegung zu verdienen, denn da sie von der Admiralität pro Mann und Tag sieben Stüber Verpflegungsgeld erhielten, war es ihrer aller Bestreben, so preiswert wie möglich einzukaufen, und das einiger Kapitäne, von den gekauften Lebensmitteln sowenig wie möglich auszuteilen. Schließlich stellte dieses Verpflegungsgeld bei den einen wie den anderen einen erheblichen Zusatz zu ihren Dienstbezügen dar. Jacob R. Bruijn hat errechnet, daß Admiral de Ruyter, dem man freilich keinerlei Korruption nachsagen kann, allein im Sommer 1672 »durch gutes Wirtschaften« 10000 Gulden zu seinem Gehalt hinzuverdiente und ein nicht weiter bekannter Kapitän Kleyburg es zwischen 1697 und 1708 sogar auf 76800 Gulden brachte. 1742 wohnten allein in Amsterdam sieben Kapitäne mit einem für die damalige Zeit und die damalige Kaufkraft des Guldens beträchtlichen Jahreseinkommen zwischen zwei- und zwölftausend Gulden, wogegen ein einfacher Matrose einen Jahressold von achtzig bis neunzig Gulden bezog. Von den vierhundert reichsten Bürgern Amsterdams waren drei Kriegsschiffskapitäne. Tagaus, tagein Erbsen mit Stockfisch dürften sie wohl kaum gespeist haben.

Da die Holländer bereits zu jener Zeit der Ansicht waren, ein Krieg sei eine viel zu ernste Sache, um sie Generälen oder Admirälen zu überlassen, wurden die ›Admiralitäten‹, jene höchsten Marinestäbe, die für Bau, Ausrüstung, Bemannung und Unterhalt der Kriegsschiffe, die Ernennung der Offiziere, die Gestellung bewaffneter Konvois zum Schutz der Kauffahrteischiffe in Friedens- und die Planung der Seekriegsoperationen in Konfliktzeiten verantwortlich waren, von Zivilisten geleitet – ›den Edelmogenden Heren Raden‹, wie ihr Titel lautete. An der Spitze einer jeden Admiralität stand ein Kollegium aus sieben bis zwölf solcher edelmögenden Herren Räte, und es gab fünf Admiralitäten: die von Amsterdam, Rotterdam, Middelburg, Harlingen und die des Noorderkwartiers mit Sitz in Enkhuizen und Hoorn.

Doch von Den Helder – damals ein Fischerdorf mit ein paar Katen hinter den Dünen und einigen schwarzgeteerten Nachen auf dem Strand – war in seestrategischen Erörterungen noch keine Rede. Hingegen sahen die Männer von Den Helder, wenn sie vor der Küste ihre Netze auswarfen oder wieder einholten, manchmal die Geschwader Admiral Tromps mit geschwellten Segeln von ihren Liegeplätzen vor der Insel Vlieland auslaufen oder mit zerfetzter Takelage nach geschlagenen Schlachten heimkehren.

Harlinger Wintertag

Dünner Schnee in Wegrillen und Ackerfurchen – davongewehte Fetzen zerrissener Schleier. Im welken Schilf vom vorigen Sommer schurrt und scharrt der Wind. Kopfweiden beugen sich entsetzt über einen Kolk, als ob es in ihm etwas Trauriges zu sehen gäbe. Auf einer Terpe liegt ein breit niedergeducktes Gehöft, auf einer anderen steht eine Windmühle. Seit Makkum begleiten schiefe Pappeln die Landstraße, die nicht mehr die schnurgerade Autobahn des Abschlußdeichs ist.

Wir kamen von Den Oever. Rechts lag während der ganzen Fahrt grau die Zuidersee. Grau war auch der Himmel über ihr, über den manchmal Schwärme von Wildgänsen zogen. Nach links verstellte die Dammböschung den Blick auf die Nordsee. Aber an einem Parkplatz führte eine Treppe zu einer Aussichtsplattform hinauf. Grau war auch die Nordsee, über die ebenfalls Schwärme großer Vögel zogen.

›Harlingen 12 km‹ steht kurz hinter Makkum auf einem Wegweiser. Die Chaussee – mit Pappeln links und Pappeln rechts und verlassenen Krähennestern im Gezweig – führt plötzlich auf den alten Seedeich hinauf. Er wurde Ende des sechzehnten Jahrhunderts erbaut; von wem, erfährt man von einem verwitterten Denkmal: von Caspar de Robles, spanischem Gouverneur in Friesland. Er ließ ihn zum Schutz Harlingens aufwerfen und kam dadurch zu seinem Porträt in Stein auf der Deichkrone. Denn in diesem Land, in dem man niemals große Neigung zeigte, Generäle auf marmorne Sockel zu stellen, war eine solche Tat schon immer ein Denkmal wert – selbst wenn es sich um die eines Spaniers handelte. Doch das Volk gedenkt seiner noch auf andere Weise: wenn anderswo der Klapperstorch die kleinen Kinder bringt, besorgt das in Harlingen Caspar de Robles. Dies ist freilich eine jener bloß auf den ersten Blick unverständlichen Assoziationen des Volksmunds, deren Kausalität nur nicht mehr auf uns gekommen ist. Dabei ist die Deutung, wenn man erst einmal in Kirchenbüchern, Chroniken und sonstigen Dokumenten geblättert hat, ganz einfach: die Spanier, aus ihren Zitronen- und Orangentälern und hitzeüberflirrten Sierren in dieses ihnen so unwirtliche Wind- und Regenland verschlagen, nahmen sich die Wärme oft genug mit der Pike, dem Pistol und dem Recht des Stärkeren – und bist du nicht willig, so brauch' ich Gewalt! Caspar de Robles jedoch muß bis auf den heutigen Tag mit seinem Namen für seine Landsleute herhalten.

In Harlingen sollte man zuerst den Nordhafen inspizieren – ein langgestrecktes Becken, in dem Küstenfrachter, die schon bessere Tage gesehen haben, und Fischerboote im öligen Wasser liegen. In Abwrackwerften werden unter dem Gezisch von Schneidbrennern rostige Schiffskadaver zerteilt, aber auf anderen Helligen neue Schiffe aus Bergen von Stahlplatten und Eisenspanten zusammengenietet. Doch außer den Werften und Werkstätten finden sich hier Weinlagerhäuser und Speicher mit vom Alter schorfig und schimmelig gewordenen Mauern und noble Häuser mit geschweiften oder getreppten Giebeln, mit Freitreppen, kunstvollen Geländern, spiegelblanken Fenstern, grünlackierten Türen und polierten Messingklopfern. Sie entstammen zurückliegenden Jahrhunderten, in denen die Stadt am See- und Fernhandel reich geworden war. Sie hatte sich vorwiegend auf den Weinimport aus Frankreich, Spanien, Portugal und Italien spezialisiert und es darin zu einer Monopolstellung in den Niederlanden gebracht. ›Wein aus Harlingen‹ war damals eine Art Gütesiegel, aber das ist schon lange her.

Wenn man vom Hafen links um die Ecke seewärts biegt, liegt nahe dem Pier, an dem jeden Vormittag die ›Nordholland‹ mit Fracht und Post für die Insel Vlieland beladen wird, eine Kneipe, in der die Gäste zumeist Manchesterhosen tragen, auf denen Krabbenschalen kleben und Fischschuppen glitzern. Es sind Schiffer, Fischer oder Schauerleute. Die Stühle sind hart, alt und versessen. Auf den Tischen liegen nicht die üblichen Teppiche, sondern blaukarierte Decken, denen man ansieht, daß es an ihnen in dieser Woche schon manchem Gast geschmeckt hat. An der Wand lächelt von einem Plakat aus den zwanziger Jahren eine süße Schöne für eine Zigarettenmarke, deren sich nur noch ältere Leute erinnern können. Der Wirt hinter seiner Theke stützt sich mit aufgelegten Armen auf den Zapfhahn und denkt an seine Jugend zurück, in der nach seiner Ansicht vieles schlechter, etliches aber auch besser war als heutzutage. Denn die magischen Worte ›vor dem Krieg‹ gelten auch in den Niederlanden. »Für ein Kwartje gab es damals einen Genever und ein Bier«, sinniert er. Ein Kwartje, das sind 25 Cent. »Führ doch die Preise von damals wieder ein«, fordert ihn jemand auf, »wir werden schon nicht protestieren!« Doch wir alle sehen ein, daß das ja auch nicht geht. »Das Rad der Geschichte läßt sich nicht zurückdrehen«, sagt gestelzt der Wirt.

Am Fenster war ein Tisch frei. Man kann die kaum taschentuchgroßen Gardinchen zurückschieben und auf das Wattenmeer blicken, auf dem gerade ein Schiff kleiner und kleiner wird. In dieser Kneipe sind wintertags die Muscheln und die Krabben zu empfehlen und zu jeder Jahreszeit, wenn man sich am Hafen und in den Gassen müde gelaufen hat, der ›Uitsmijter‹, vor dem und nach dem man Genever und zu dem man Bier trinken sollte, genau wie zu den Krabben oder den Muscheln. Bestellt man ihn, wendet sich der Wirt kurz der Küchentür hinter seinem Rücken zu und stößt einen abgehackten friesischen Urschrei aus, der wie ein Wutausbruch klingt, doch keiner ist. Sogleich hört man das Prasseln von

Fett in einer Pfanne, und kurz danach riecht man gebratenen Schinkenspeck. Sodann dauert es nur noch wenige Minuten, bis man auf Weißbrot krossen Speck und Spiegeleier bekommt, dazu wasserhellen Genever und blondes Bier aus Breda oder Amsterdam. Doch wie ein Ganzes überall und immer im Detail beschlossen liegt, so auch hier. In dem Blick durch das Fenster auf das Wattenmeer und den hochbordigen Rumpf eines Schiffes, das sich wie durch einen Flaschenhals aus dem Hafen in das offene Fahrwasser zwängt, in dem Geknatter der Niethämmer von der nächsten Werft und dem Mittagläuten von den Kirchtürmen, in dem satten Seufzen eines Gastes, der gerade seinen Uitsmijter bewältigt hat und nun dem Leben gefaßter als vorhin entgegensieht, in dem behaglichen Zusammenrollen eines Hundes vor dem bullernden Ofen und dem nach See, Salz und Fisch riechenden Luftzug, der frostig in die Kneipe wirbelt, wenn jemand kommt oder geht – in solchen und noch weiteren, so nebensächlichen wie symbolhaltigen Details lag unversehens ganz Holland beschlossen. Unerwartet rundeten sie sich zu einem komplexen Bild seiner Vergangenheit und Gegenwart, seiner Größe und seines einfachen Lebens.

An diesem Januartag dämmerte es schon früh über den Grachten, Gassen und alten Ulmen, über den spielenden Kindern in Holzschuhen, den Hausfrauen um den Karren eines Gemüsehändlers und den Mädchen, die einer Diskothek zustrebten, über den snakenden Alten in Schiffermützen und Gummistiefeln, die ab und zu einen Priemstrahl in das Wasser der Gracht oder des Hafens spuckten, und dem jungen Mann mit seinem Bücherpaket, der sich vor der Glastür einer Buchhandlung erst einen langen Wollschal um den Hals wickelte, ehe er sein Fahrrad bestieg. Die grauen Wolken sahen nach Schnee aus. Eine alte Dame mit einem Pudel fütterte von einer Brücke die Möwen. Sie kamen in flatternden, kreischenden, hackenden Scharen und riefen einen alpdruckhaften Hitchcock-Film ins Gedächtnis zurück. In hohen Zimmern mit Stuckdecken, Marmorkaminen, flämischen Schränken und friesischen Eichentruhen ging indessen das Licht kostbarer Kristallüster oder der warme, gelbe Schein der Steh- oder Wandlampen an, in deren Rund oder Halbrund man meistens übereinandergeschlagene Beine und aufgeschlagene Zeitungen sah; nicht allein die großen holländischen Blätter wie ›Nieuwe Rotterdamse‹ oder ›Het Parool‹, sondern nicht selten auch englische oder deutsche, und immer gehörte Teegeschirr zu diesen Genrebildern spätnachmittäglichen Ausruhens und Informierens. Der Tee fehlte freilich auch dort nicht, wo die Stuben kleiner und weniger vornehm waren und einfachere oder gar häßlichere, somit modernere Beleuchtungskörper ihr kaltes Licht auf die Allerweltsmöbel von Vroom & Dreesman oder aus dem Bijenkorf warfen, und auf die Segelschiffe in Flaschen, die indonesischen Buschmesser, afrikanischen Speere, grönländischen Walbeindolche oder asiatischen Masken – auf all die Souvenirs, wie Seeleute sie seit eh und je von großer Fahrt mitbringen. Doch ob die Fenster zu Patrizierhäusern gehörten oder zu den Behausungen kleiner Leute, fast immer sind sie ohne Vorhänge. Vermutlich geht diese Sitte noch auf Calvin zurück, der gepredigt hatte, »die beste Manier, der Welt zu zeigen, daß man ein sündenfreies und gottgefälliges Leben führt, besteht darin, die Läden vor den Fenstern niemals zu schließen«. Somit spazieren die Blicke unverwehrt, wenn auch mit taktvoller Scheu und verschämt aus den Augenwinkeln, durch die Zimmer und die Stuben und oftmals durch diese hindurch bis in die kleinen Gärten hinter den Häusern, wo manchmal eine Neptunstatue oder eine Barockputte auf einem winterlich vergilbten Rasenrondell oder häufiger Hühner- oder Kaninchenställe unter einem kahlen Holunderbaum stehen.

Nach dem Abendessen saßen wir in einer an Decke und Wänden holzgetäfelten Nische des Hotelrestaurants, wo an vier Ketten eine kupferne Schiffslampe über dem Tisch hing, die viel zu der Ähnlichkeit dieser Nische mit der Kajüte eines jener Segler beitrug, in deren Bäuchen ehemals Seide aus China, Gewürze aus Indien, Tee von Ceylon oder Weine aus Portugal, Spanien, Italien oder Frankreich herangeschafft wurden. Manchmal schien die Lampe zu pendeln, als stampfe das Schiff durch schwere See. Aber das war lediglich eine Täuschung durch den Wein. Er stammte aus jenem Teil Burgunds zwischen Dijon und Beaune, wo unterhalb des Mont Afrique knorrige Rebstöcke akkurat in Reih' und Glied stehen. Dort hatte uns ein Weinbauer erzählt, früher hätten Offiziere, die mehr Lebensart als die heutigen besaßen, ihre vorbeimarschierenden Truppen vor den Weinen großen Namens salutieren lassen. Unsere holländischen Freunde fanden diesen Respekt reizend, und da sie wie wir Weindörfer wie Chambertin, Clos-Vougeot oder Nuits St. Georges kannten, frischten wir ausgerechnet an diesem Harlinger Winterabend Erinnerungen an die grauen oder ockerfarbenen Schlösser inmitten der Weingärten und an die mittelalterlichen Gobelins in der Kirche von Beaune auf, die das Leben, Sterben und die Auferstehung Jesu zugleich mit der Geschichte burgundischen Weinbaus schildern.

Dabei schneite es immer heftiger. Wir ersahen es an neuen Gästen, die sich immer mehr Flocken von ihren Hüten und Mänteln schütteln mußten. Trotzdem blieb uns das Gefühl, daß unsere burgundischen Reminiszenzen sich harmonisch in die Stimmung dieses Januarabends in der kleinen holländischen Hafenstadt fügten, in der man in vergangener Zeit so eng mit diesem wie mit vielen anderen Weinen verbunden gewesen war.

Draußen in der Nordsee

Jeden Tag um vierzehn Uhr macht die ›Noordholland‹, ein umgebautes Kanonenboot der königlich-niederländischen Kriegsmarine, vom Harlinger Kai los.

Längst dient das Schiff friedlichen Zwecken – es verbindet eine kleine Insel draußen in der Nordsee mit dem Harlinger Hafen, mit dem Festland, mit der Welt. Rückwärts gleitet es mit etlichen Paketen, Kisten, Flaschenkästen, mit einem Briefsack und mit einem halben Dutzend Passagieren an Bord aus dem Hafenbecken, wendet draußen und geht auf Westkurs. Hinter sich läßt es den zusehends dünner werdenden Strich grasbewachsener Deiche und die zusehends blauer werdenden Konturen der Stadt, bis es schließlich allein ist inmitten des Wattenmeers. Verlassen selbst von den Möwen, die wieder zu ihren morschen Duckdalben im Hafen zurückgekehrt sind.

Wenn man Glück hat, ist es ein ruhiger Tag auf See, und sogar die Sonne scheint. Das Schiff stampft ein bißchen, und ein bißchen rollt es; gerade nur so viel, daß die mit Bedacht nur zu zwei Dritteln gefüllten Teetassen auf den festgeschraubten Tischen nicht überschwappen.

Zum Tee kann man den am Kai gekauften ›Harlinger Courant‹ auseinanderfalten und – bequem zurückgelehnt in den ebenfalls festgeschraubten Plüschsessel – lesen, was alles sich in einer so kleinen Stadt am Rand des Festlands zu ereignen pflegt. Die Ankunfts- und die Abfahrtszeiten von Schiffen erfährt man, wie in diesem Jahr der Krabben- und der Schollenfang ist und daß Pieter van Hees achtzig Jahre alt wurde, von denen er über fünfzig als Schiffsjunge, als Leicht- und Vollmatrose, als Steuermann und Frachterkapitän auf allen Weltmeeren zubrachte – ein hochedelachtbarer Mijnheer und Mitbürger, dem der Oude Genever und der Tabak nach wie vor munden, und den ›Harlinger Courant‹ liest er natürlich täglich und noch immer ohne Brille. Oder man erfährt, wer alles in der letzten Woche geboren oder gestorben ist oder sich verheiratet hat, wer ein Examen bestand oder sein Steuermannspatent erhielt, wann sich der Mannenchoor ›Eendracht‹ zu seinen Proben trifft, daß die Rattenvernichtungsaktion im Hafen ein voller Erfolg war und daß der Commissaris der Königin im Harlinger Land zu seinen Orden und Verdienstmedaillen aus irgendeinem Grund noch eine weitere erhielt – wir gratulieren!

Man kann die Zeitung freilich auch beiseite legen, den Passagierraum verlassen und auf Deck gehen, zum Bug oder zum Heck, man kann sich auf die Reling lehnen und ins Wasser spucken. Ebenso gut kann man in seinem Sessel bleiben und von dort hinaussehen. Was man so oder so erblickt, ist dasselbe: das Meer, grau selbst unter der Sonne, in kleinen, schaumgekrönten Wogen anlaufend.

Die Reise dauert knapp zwei Stunden. Ungefähr nach der vierten Tasse Tee wird man voraus den Kiefernwald und die Dünen der Insel Vlieland entdecken und rechter Hand den Brandaris, Leuchtturm und Wahrzeichen der Nachbarinsel Terschelling. Das Schiff jedoch zieht erst noch eine Weile am Saum Vlielands vorüber, bis es endlich an einer bestimmten Boje scharf wendet und nun mit geradem Kurs die Insel ansteuert. Dann dauert es nicht mehr lange, und die ›Noordholland‹ macht nach einer letzten eleganten Kurve am Inselsteiger fest.

Man hat nun rund zwei Stunden Fahrt hinter sich und einen Weg von zwanzig Seemeilen und betritt den sandigen, muschelreichen Strand einer kleinen Insel – zwanzig Kilometer lang und zwei breit, hundert Häuser, eine uralte Kirche und vielleicht siebenhundert Menschen. Erfreut wird man gewahr, daß auf Vlieland die Zeit auf eine wohltuende Weise stehengeblieben ist – zumindest außerhalb der Ferien- und Reisemonate, die ihre Menschenwogen leider auch an diese gelben Strände spülen. Aber unter den jagenden Wolkenrudeln des Herbstes, den Schnee- und Regenschauern des Winters oder im schüchternen Sonnenlicht kühler, klarer Märztage kann man sich hier immer noch an den Gestaden längst vergangener Zeiten wähnen – welcher, bleibt jedem selbst überlassen.

Auf jeden Fall ist es das Meer, das das Gesicht und das Geschick Vlielands formte. Es ist allgegenwärtig. Es ist zu sehen von fast jedem Punkt der Insel, ist zu riechen in dem jodhaltigen Duft und zu schmecken in dem salzigen Geschmack der Luft, und es ist zu hören in dem stetigen Brausen, das über die Insel geht.

Das Meer ist der Acker der Krabbenfischer, die vor der Insel kreuzen, und der Wattfischer, die bei Ebbe ihre Reusen im Schlick des Watts aufstellen, damit die nächste Flut sie mit Schollen füllen kann. Vor allem ist es der ewige Feind, gegen den Deiche und Buhnen und die Wachsamkeit aller, ob groß oder klein, alt oder jung, schützen sollen. Über dem Portal des Rathauses von 1598 hängt ein Wappen, das eindringlicher als das Deichwächterhorn zur Wachsamkeit mahnt – das Wappen des versunkenen Inseldorfes West-Vlieland, das in einer Sturmnacht von 1746 mit anderthalbtausend Menschen, mit seinen Gehöften, seiner Kirche und seinen draußen vor den Dünen ankernden Walfängerschiffen unterging.

Die Erinnerung an diese und ähnliche Sturmnächte spukt auf der Restinsel noch immer. Sie ist wach in dem überkommenen Wissen und den Erfahrungen der Vlieländer von heute und ist lebendig in mannigfachen Zeichen, denen man auf Schritt und Tritt begegnet. Es berichten davon die vergilbten Seiten der Inselchronik, die der Pfarrer verwahrt, und es erzählen davon die Leute an den Kaminen oder Petroleumöfen, wenn der Teekessel summt, oder an der Theke des Gasthofs Bruin, wenn die Geneverflasche kreist. Die Kinder hören davon schon frühzeitig in der Schule, und die Alten träumen davon in den alpdruckreichen Nächten, wenn der Nordwest schaurig in den zerzausten Linden der Dorfstraße heult.

Das Meer, so heißt es in der Inselchronik, ist der ›große Räuber‹, der ›gierige Wolf‹, der Feind, ›der niemals schläft‹. Hin und wieder tritt es auch als großspurig Schenkender auf – etwa wenn er ein volles Portweinfaß aus einem zerschellten Frachter auf den Inselstrand wirft oder englische Dukaten aus dem Bauch der mit Mann und Maus gesunkenen ›Lutine‹ in den Sand rollen läßt.

Mit einer Geldsendung der britischen Regierung für den verbündeten König von Preußen war die schwerbewaffnete Dreimastbark um 1750 von London unterwegs nach Hamburg gewesen. Sie zerbrach während eines Sturms auf einer Untiefe zwischen Vlieland und Terschelling. Böse Zungen behaupten hier noch heute, die Terschellinger hätten das Schiff durch irreführende Leuchtzeichen auf ihren Strand auflaufen lassen, aber dasselbe sagen, nur umgekehrt, die Terschellinger den Vlieländern nach. Doch nicht nur einzelne Golddukaten der ›Lutine‹ rückt das Meer manchmal heraus, es gab eines Tages auch die Schiffsglocke zurück. Nun hängt sie schon seit vielen Jahren bei Lloyds in London, um immer dann geläutet zu werden, wenn wieder einmal ein bei der größten Schiffsversicherung der Welt versichertes Schiff verlorengeht.

Indessen besitzt die Insel nicht nur ihre bitteren, sondern auch ihre großen Erinnerungen. Diese stammen aus den beiden Jahrzehnten zwischen 1630 und 1650, als die kanonenbestückten Galleonen Admiral Maarten Tromps vor und nach ihren Siegen über Spanier und Engländer auf der Reede von Vlieland lagen.

Heute sind die stolzen Schiffe längst vermodert oder versunken, und auf der Reede ankern, wenn überhaupt, ein paar

Krabbenfängerboote aus Harlingen. Trotzdem kann man noch betrachten, wie es seinerzeit in den Vlieländer Gewässern zuging. Denn Willem van de Velde, ein Zeitgenosse des Admirals und Maler detailgetreuer Seestücke, hat auf einigen seiner Bilder geschildert, was sich vor Vlieland tat, wenn dort Tromps Flotte ankerte. Dann war das Meer bedeckt mit den bauchigen, hochaufragenden Kriegsfahrzeugen jener Zeit. Mit gerefften Segeln wiegten sie sich in der sanften Dünung. Die Kanonenluken, zwölf bis zwanzig an jeder Seite, waren friedfertig geschlossen; manchmal auch geöffnet und die Geschütze ausgefahren, um Salut zu schießen oder zu Zielübungen. An den Flaggenstöcken wehte schlaff im müden Sommerwind das rotweißblaue Banner der Vereinigten Niederlande und die Admiralsflagge mit dem aufgereckten Leu. Auf manchem Bild erkennt man im Hintergrund, unscharf im Sonnenglast oder vernebelt vom Mündungsqualm der Kanonen, die Umrisse einer Insel. Sie ähneln denen eines mächtigen Wals, der sich mit aus dem Wasser ragendem Rücken gemächlich treiben läßt – und das sind dieselben Konturen, wie man sie auftauchen sieht, wenn sich die ›Noordholland‹ der Insel nähert.

An jene Zeit jedoch, als Vlieland der Heimathafen der Trompschen Seegeschwader, der Ausgangsort weltweiter Seekriegsführung, die Basis der auf Schiffe und Seeleute gegründeten holländischen Wirtschaftsmacht und Weltgeltung und der Angelpunkt eines Kapitels europäischer Geschichte war – an diese Zeit erinnern auf der Insel nur noch wenige Relikte: ein paar Daten in der Inselchronik, eine Anzahl wappengezierter Grabsteine auf dem Inselfriedhof, unter denen jene Schiffsoffiziere, Capitains und Lieutenants ruhen, die erst im sicheren Hafen ihren auf See erhaltenen Blessuren erlagen, ein paar kunstvolle Kronleuchter in der Kirche, die der Admiral gestiftet hat, und Tromps Huis.

Es ist kein Palais, sondern ein Haus wie alle anderen alten Häuser an der klinkergepflasterten Dorfstraße. Seine Mauern sind weiß gekalkt. Das moosige Tonziegeldach ist tief heruntergezogen. Durch eine grüne Tür gelangt man in eine Diele unter schwerer Balkendecke. Einige geschnitzte Eichentruhen, zwei oder drei Stühle und ein flämischer Schrank reihen sich an den Wänden entlang.

Tromps Huis ist ›Nationales Monument‹. In einigen Stuben links und rechts der Diele blieb alles wie zu Lebzeiten des Admirals: die Möbel und die Gerätschaften, der Schreibtisch mit seinen Tintentöpfen, Federkielen und Federmessern, seinen Seekarten und nautischen Bestecken. An einer Tür ist noch ein Kleiderrechen vorhanden, auf den Tromp seinen breitkrempigen Hut mit dem wallenden Federbusch zu werfen pflegte, und in einer Ecke steht ein Stiefelknecht, von dem man annimmt, daß es jener ist, mit dessen Hilfe er sich aus seinen schenkelhohen Transtiefeln mühte.

Als ich 1952 die Insel zum ersten Mal besuchte, um eine Reportage zu schreiben – aber in den folgenden Jahren bin ich noch häufig ohne solchen Grund zurückgekommen – öffnete mir eine alte Dame die Tür. Doch nachdem ich alles besehen hatte, was an den Admiral erinnerte, faßte sie mich am Ärmel und führte mich tiefer in das Haus hinein – in »Madames Gemächer«, wie sie sich ausdrückte. »Ich war Madames Pflegetochter. Madame starb 1922. Seither ist auch in ihren Gemächern«, versicherte sie, »nichts mehr verändert worden.«

In diesen Zimmern zum Garten hinaus, deren Wände bedeckt sind mit Ölbildern, Pastell- und Tuschzeichnungen, Skizzen und Radierungen, auf denen Fischerboote bei ruhiger See vor ihren ausgelegten Netzen liegen, weiße Schaumwogen gegen die Dünen branden, verkrüppelte Bäume, grün von Moos, sich im Wind biegen, ein fahler Strand von den Trümmern unbekannter Schiffe übersät ist oder ein Büschel Strandhafer sich einsam vor der schimmernden Endlosigkeit des Meeres abhebt, in diesen Zimmern erfuhr ich endlich, wer Madame war: Betzy Aakersloot-Berg, die man in Holland die ›Malerin der Nordsee‹ nennt, die Malerin von der Insel Vlieland. Sie war die Freundin französischer Impressionisten wie

Renoir und Monet und des Berliners Max Liebermann, der sie hin und wieder besucht und einmal gemalt hat – eine elegante Dame in Weiß auf einer Gartenbank unter den Apfelbäumen von Tromps Tuin, dem kleinen Garten zwischen Haus und Deich.

Es war schon Nachmittag, als ich damals Tromps Huis verließ. Die Wolken waren verschwunden. Die Nacht und noch der Vormittag waren rauh und stürmisch gewesen. Nun war Ebbe, und nur ein zahmer Wind ging. Über der Insel und dem Meer wölbte sich ein blauer Himmel, kühl und klar, wie aus Glas. Dieses besondere Licht Hollands, das nicht von der Sonne herrührt, sondern selbst ohne Sonne aus den Dingen zu leuchten vermag, brannte plötzlich aus Hauswänden, Fensterläden, Baumstämmen, Weidepfählen und Ziegeldächern. Von den Watten, von den Dünen und vom Dorfanger drang der Ruf Abertausender Seevögel wie ein einziger unaufhörlicher Schrei herüber. Beim Frühstück hatte ich im ›Harlinger Courant‹ gelesen, daß nach Ansicht der Ornithologen etwa fünfzigtausend Vögel auf der Insel leben, wahrscheinlich noch mehr: wilde Schwäne, Enten und Gänse, Kormorane, Reiher und Lummen, Rotschenkel und Strandläufer, Austernfischer, Regenpfeifer und sämtliche Möwenarten. Während ich zu den Vögeln hinübersah, erhoben sie sich manchmal ohne ersichtlichen Grund. Dann schwoll ihr Schreien an, die Luft war erfüllt von tausendfachem Flügelschlag, und sie kreisten eine Weile über dem Dorf, der Insel und dem Wasser und warfen einen Schatten wie von einer großen Wolke, um schließlich wieder zu landen und erneut im Schlick und in den Prielen, im harten Seegras und im Sand auf Jagd zu gehen. Da nützte es der Auster und der Schnecke, dem Wellhorn und der Miesmuschel nichts, daß sie steinharte Schalen haben. Die Raubmöwe greift sie, und wenn sie die eine oder andere Beute selbst mit ihrem meißelartigen Schnabel nicht zu öffnen vermag, nimmt sie sie mit in die Luft und läßt sie dann auf das Klinkerpflaster der Dorfstraße fallen, wo sie klirrend zerspringt.

An einem solchen Märztag blenden die Dünen wie Schnee, und die Blätter des Sanddorns schimmern silbrig. Über den Pfad am Wattenmeer flitzen Wildkaninchen. Rechts liegt, geschützt in einer flachen Mulde, ein schütterer Kiefernwald, und links steht hart am Strand ein Kreuz mit unleserlich gewordener Inschrift an jener Stelle, wo vor dreihundert Jahren ein portugiesisches Schiff auflief, nachdem es lange mit seiner pesttoten Besatzung auf See getrieben hatte. Das Meer hat schon oft nach Unglücksfällen, Stürmen oder in Kriegen Tote auf der Insel abgeladen – so auch im letzten: Besatzungen torpedierter Schiffe, deutsche Jagdflieger und englische, kanadische und amerikanische Piloten. Auf dem Friedhof von Vlieland gibt es genug Gräber mit weißen Holzkreuzen, auf denen man liest: ›Unknown British Soldier‹ oder ›Unbekannter deutscher Soldat‹.

Der Weg führt höher und höher in die Dünen, bis er an der letzten endet, die zugleich die höchste ist und senkrecht abfällt. Unten zieht sich die Insel, einer Zunge ähnlich, noch etliche Kilometer weit ins Meer hinaus. Wenn Flut ist, so ist dort graugrünes Wasser, das quirlt und schäumt, aber jetzt ist Ebbe, und ein Rudel Robben sonnt sich im Sand. Fern im Nordwesten gleitet vor dem Horizont ein gelbgestrichener Tanker dahin, und von Osten, von Harlingen, kommt an der Spitze einer langen Kielspur die ›Noordholland‹ näher.

Holländisches Arkadien

»Holland ist nirgendwo schöner als an der Vecht«, schrieb Dorothea von Kurland 1786. Ihr Gemahl, Herzog Peter, besaß irgendwo an den Ufern dieses Flusses einen Landsitz, doch wo genau er lag, ist heute nicht mehr herauszufinden. Ein anderer gehörte dem preußischen Soldatenkönig Friedrich Wilhelm I. Manchmal träumte der König davon, der Krone zu entsagen und sich auf ihm als Privatier zur Ruhe zu setzen. Aber sein Pflichtgefühl war stärker, und so blieb es bei dem schönen Traum. Um trotzdem zwischen ›blanken holländischen Häusern‹ wandeln zu können, holte er Baumeister, Handwerker und Siedler aus Holland nach Preußen und ließ sich von ihnen in Potsdam und einigen Vierteln Alt-Berlins Straßenzüge nach dem Muster ihrer heimatlichen Städte bauen. Denn er liebte wie später so viele Preußen alles Holländische.

Es ist kein Wunder, daß sich preußische Besucher Hollands gerade von der Vecht stark angezogen fühlten – von einem Fluß, der in ihren Augen offenbar eine große Ähnlichkeit mit der Spree, der Havel oder der Priegnitz besessen haben muß. Denn auch die Vecht windet und schlängelt sich gemächlich und umständlich durch brettflaches Land. Über ihr wölbt sich derselbe nordische Himmel wie über den Flüssen der Mark Brandenburg, ihre Uferlandschaften besitzen erstaunliche Übereinstimmungen, und die der Vecht benachbarten Loosdrechter Plassen gleichen den Seen zwischen Fürstenwalde, Storkow und Berlin. »Als sich der Postwagen der Stadt Breukelen näherte, hatte mich die Gleichartigkeit dieser Gegend mit der unserigen so völlig umfangen, daß ich im höchsten Maße überrascht war, auf einem Wegweiser Breukelen statt Buckow lesen zu müssen«, schrieb einer dieser Reisenden an seine Frau daheim am Müggelsee. Was die Vecht dennoch von der Priegnitz, der Spree oder der Havel unterschied, war nach Alexander von Humboldts Worten »die große Anzahl und die Pracht der Gebäude und die Lieblichkeit der Parks« an ihren Ufern, die ein »wahres Arkadien« seien. Ähnliches habe leider kein preußischer Fluß aufzuweisen.

Die Vecht kommt von Utrecht her und mündet nach etwa vierzig Kilometern bei Muiden in die Ijsselsee. Um sie kennenzulernen, sollte man die kurvenreiche Landstraße auf ihrem rechten Ufer benutzen, wie schon Humboldt vorschlug. Sie ist ein ehemaliger Treidelpfad und folgt noch heute akkurat allen Windungen und Krümmungen. Auch hat man von ihr den schönsten Blick auf die zu beiden Seiten des Flusses aufgereihten Landsitze aus unterschiedlichen Epochen – auf mittelalterliche Burgen mit Wehrtürmen, Zugbrücken und eisenbeschlagenen Toren und auf Landhäuser nachfolgender Jahrhunderte mit Renaissanceportalen, Barockkuppeln oder klassizistischen Säulenfronten, die auf überraschende Weise an die Stadtpalais der Keizers-, Prinsen- oder Herengracht von Amsterdam oder der Oude Gracht von Utrecht erinnern. Ihre von schwarzen Lanzettzäunen mit goldenen Spitzen umschlossenen Parks reichen fast immer bis an den Fluß oder die Straße heran. Auf Torpfeilern wachen wappenhaltende Sandsteinlöwen. Pavillons und allegorische Figuren stehen auf samtigen Rasenflächen, zwischen dekorativen Birkengruppen, neben Rhododendrongebüschen oder im Schatten einzelgängerischer Blutbuchen. In einem dieser Parks bummelten unfuglustig zwei Setter umher, fanden keinen rechten Anlaß und legten sich schließlich aufseufzend über ihr Hundeleben in die Sonne; in einem anderen machten dickbäuchige Reitponys und schwarzbraune Zwergschafe die Anschaffung eines Rasenmähers überflüssig. Und Blumen über Blumen – Rosen, Phlox und Malven im August. Man kann verstehen, daß ein König davon geträumt hat, sich in diesem holländischen Arkadien zur Ruhe zu setzen.

Das Antlitz der Landschaft an der Vecht wurde von zwei historischen Epochen geformt. Die eine reichte vom Ausgang des 12. bis gegen Ende des 15. und die zweite vom 17. bis zum Beginn des 19. Jahrhunderts. In der ersten überschnitten sich hier die Machtsphären der holländischen Grafen, der Utrechter Bischöfe und der erstarkenden Städte, vor allem Amsterdams. In dieser kriegerischen Zeit der Raufhändel, Burgbelagerungen und Brandschatzungen entstanden Burgen wie Zuilen, Gunterstein, Muiden und weitere, von denen etliche unversehrt oder zu friedlichen Landsitzen umgebaut bis auf unsere Tage kamen, andere nur noch als verfallene Turmstümpfe und Mauerreste hinter verschilften Gräben aufragen und manche völlig vom Erdboden verschwunden sind. Hingegen war der zweite Zeitabschnitt über lange Strecken hinweg undramatischer. Burgen – so es sich nicht um besonders widerstandsfähige wie Muiden handelte – hatten als militärischer Faktor ausgedient. Die Artillerie und mehr noch die veränderten politischen Umstände, die den Partikularismus der Gaugrafschaften und Bistümer nicht mehr anerkannten, hatten ihnen den Garaus gemacht. An die Stelle der Burgen traten Festungen wie das nahe Naarden oder Utrecht mit dem Kranz seiner Außenforts, und statt des Adels und der durch die Reformation entmachteten Kirchenfürsten gaben nun die Städte den Ton im Lande an. Aber sie bekriegten sich nicht mit Spießen, Schwertern oder Kartaunen, sondern trugen ihre Konkurrenzkämpfe mit zivileren Mitteln auf Messen und Märkten aus.

Die Bürger Amsterdams oder Utrechts, die sich früher kaum getraut hatten, die schützenden Stadtwälle zu verlassen, entdeckten jetzt die Freuden des Landlebens und des Gärtnerns. Sie kauften, waren sie reich genug, Burgen und Landgüter an der Vecht, die sie umbauten, ausbauten, mit Geschmack modernisierten und mit weitläufigen Parks umgaben, oder ausgedehnte Grundstücke, auf denen sich Neubauten nach Art ihrer Stadtpalais errichten ließen. Waren sie weniger finanzkräftig, so erwarben sie doch wenigstens Parzellen in der Nähe der Städte, auf denen sie sich jene anmutigen kleinen Gärten schufen, von denen der schweizerische Arzt, Naturforscher und Dichter Albrecht von Haller meinte, es gäbe davon »nirgendwo so viele und angenehme« wie in Holland, während Johanna Schopenhauer über die große holländische Liebe zu kleinen Gärten wie zu prachtvollen Parks schrieb: »Die Gartenliebhaberei ist bei den vornehmen wie den einfachen Bürgern die allgemein vorherrschende, und man wendet viel Geld darauf. Wer es nur möglich machen kann, besitzt bald näher, bald entfernt von der Stadt einen Landsitz oder doch einen Garten, in welchem er von Sonnabend bis Montag mit den Seinen lebt.« Den Wochenendverkehr jedoch, der sich während der guten Jahreszeit schon im 17. Jahrhundert allsamstäglich von Amsterdam oder Utrecht zur Vecht und an den Montagen wieder zurück in die Städte in Bewegung setzte, beschrieb ein anonymer Zeitgenosse wie folgt: »Zahlreiche Kutschen fahren an solchen Tagen hin und her. Auf dem Fluß herrscht das Gedränge der Privatyachten und der von Pferden gezogenen Treckschuten, welche die glücklichen Landgutbesitzer und ihre Gäste auf das Land hinaus oder wieder in die Städte zurückbefördern, wo sie die Woche über leben und ihren Geschäften nachgehen.«

Isabelle van Tuyll

Wenn man von Utrecht kommt, liegt kurz vor dem Städtchen Maarssen auf dem rechten Ufer des Flusses die Burg Zuilen – durch die schöne Belle van Zuilen, die in Wirklichkeit Isabelle van Tuyll van Serooskerken und nach ihrer Heirat Isabelle de Charrière hieß, den Kennern des Freundeskreises Madame de Staëls wenigstens dem Namen nach bekannt.

Die Wasserburg Zuilen – oder Zuylen, wie die alte Schreibweise lautete – wurde um 1300 erbaut. Mit ihrem steil in die Höhe strebenden Baukörper, flankiert von schlanken, spitzen Ecktürmen, besitzt sie etwas anmutig Gotisches. Im Gegensatz zu den meisten Burgen und Rittergütern an der Vecht wurde sie nach der Reformation, als zahlreiche Adelige in die katholischen, habsburgisch gebliebenen südlichen Niederlande – das heutige Belgien – oder an den Hof des Kaisers nach Wien abwanderten, nicht an Patrizier aus Amsterdam oder Utrecht verkauft, sondern blieb Adelssitz. Verschiedene Geschlechter hatten im Verlauf der Zeit auf Zuilen gesessen, ehe es 1670 durch Erbschaft an die Familie van Tuyll van Serooskerken fiel. 1752 ließ Diederik van Tuyll, Belles Vater, die Burg von dem Baumeister Jacob Marot dem Geschmack seiner Zeit und den Ansprüchen, die man inzwischen an einen vornehmen Landsitz stellte, auf behutsame Weise anpassen. Als ein Mann der Aufklärung, der um die Schönheit und Bewahrenswürdigkeit von Altertümern und Antiquitäten wußte, achtete er jedoch streng darauf, daß bei dem Umbau der Burgencharakter Zuilens unangetastet blieb. Lediglich den Park ließ er nach modernen Gesichtspunkten im Sinne des Rokoko umgestalten. Er erhielt Lusthäuser am Wasser, Springbrunnen, allegorische Steinfiguren, gestutzte Hecken und kiesbestreute Pfade.

Auf Burg Zuilen verbrachte die Familie die Sommermonate, die winterlichen dagegen in ihrem Stadthaus zu Utrecht. Belle hatte später freimütig bekannt, wie sehr das sommerliche Landleben sie gelangweilt habe – dieser »ewige Sonntagmittag« der stillen Parks, im trägen Sommerwind lispelnden Bäume und von Bienen umschwärmten Blumenbeete, wie ihn Walter Scott, aber auch Belles nachmaliger Freund James Boswell in ihren Briefen aus Holland geschildert haben. Diese ununterbrochene Idylle war nichts für die junge, unruhige, wißbegierige Belle van Zuilen. Dem Landleben zog sie entschieden das Leben in der Stadt vor – sogar das Leben in einer so »schläfrigen« wie Utrecht, »wo man schon sehr viel gute Erziehung und ein hohes Maß von Disziplin aufbringen muß, um nicht den lieben, langen Tag zu gähnen«. Doch als sie sich auf solche Weise über ihre Vaterstadt äußerte, wohnte sie bereits mit ihrem Mann, dem General de Charrière, in Paris und besaß Vergleichsmaßstäbe, die nicht mehr für Utrecht sprachen.

Als junges Mädchen hingegen, das außer durch Bücher noch gar nichts von der Welt kannte, hatte es sie auf Burg Zuilen stets heftig nach den Abwechslungen und geistigen Anregungen verlangt, wie sie eine Stadt wie Utrecht bieten konnte: nach den schöngeistigen Salons, in denen man über Literatur sprach, dem Zuhören bei den Erzählungen weitgereister Leute, die in ihrem Elternhaus einzukehren pflegten, wenn sie auf der Durchreise in Utrecht haltmachten, und nicht zuletzt nach den Besuchen der Buchläden in der Lange Jansstraat beim Dom. Davon gibt es dort heutzutage nur noch einen. Er verkauft jedoch keine Neuerscheinungen aus Deutschland oder Frankreich mehr wie zu Belles Zeiten, sondern nur noch ausgesuchte antiquarische Werke hauptsächlich der Seefahrts- und Kriegsgeschichte, sowie kostbare alte Stiche und Landkarten. Wann immer es ging, schmeichelte Belle ihrem Vater die Erlaubnis ab, mit der großen Familienkutsche nach Utrecht fahren zu dürfen, um Bücher zu besorgen. Noch öfter aber sattelte sie heimlich ihr Pferd und ritt allein dorthin.

In der Ausstellung ›Belle van Zuilen und ihre Zeit‹, die im Mai 1961 im Amsterdamer Rijksmuseum gezeigt worden war, hing ein um 1770 von Jacob Maurer gemaltes Porträt Belles – ein dem Betrachter im Halbprofil zugewandtes schmales Gesicht mit großen, grauen Augen, sehr gerader, zarter Nase, vollen Lippen und einem runden Kinn. Doch nicht allein dieses Bild, auch zahlreiche schriftliche Äußerungen von Zeitgenossen bezeugen ihre Schönheit. Benjamin Constant, der in seinen jungen Jahren der Liebhaber der Generalin de Charrière gewesen war, rühmte noch auf seine alten Tage ihr »herrliches blondes Haar, die zärtlichen Augen und den wundervollen Busen«, aber auch Belles »umfassende Kenntnisse der deutschen und französischen Literatur«. Überhaupt sei sie von einer »in Holland ungebräuchlichen geistigen Vitalität« gewesen. Weniger gefielen ihm freilich ihre Romane wie ›Les Finch‹ oder ›Mistress Henley‹. In ihnen fände man, so vertraute er seinem geheimen Tagebuch an, zwar »Geist, Tiefe und Empfindsamkeit«, aber auch einen »erschütternd schlechten Geschmack«.

Die Stadtpalais auf dem Lande

Dort, wo die Landsitze besonders dicht gesät sind, liegt Breukelen, ein kleiner Ort, dem der an Einwohnern mehr als fünfhundertmal größere New Yorker Stadtteil Brooklyn seinen Namen verdankt. In der Kirche sind alle Sitzbänke überdacht; niemand weiß mehr, weshalb. Spötter aus den Nachbarorten behaupteten früher: Weil die reichen Bürger von Breukelen zu geizig waren, das schadhafte Kirchendach reparieren zu lassen. Auf dem Kirchhof pflegt man noch heute die Standes-, zumindest die Vermögensunterschiede bis über den Tod hinaus. Denn er ist so streng wie einstmals ein Eisenbahnzug in drei Klassen aufgeteilt, und so kann man sich auf ihm im ganz vornehmen, weniger und noch weniger vornehmen Teil zur ewigen Ruhe betten lassen. Aber der Star auf der Regenrinne der Leichenhalle pfeift darauf. Er schmettert seine lebenslustigen Strophen über alle Gräber und Grüfte.

Schloß Gunterstein, 1681 auf den Grundmauern einer zerstörten Burg erbaut, liegt unmittelbar vor den Toren Breukelens auf dem rechten Ufer der Vecht. Es ist ein gleichmäßiger zweistöckiger Bau im Wasser der ehemaligen Burggräben. Blendleisten an allen vier Ecken und ein auf dorischen Säulen ruhender Balkon an der der Landstraße und dem Fluß zugewandten Rückfront versuchen ohne großen Erfolg die Eintönigkeit dieses Backsteingebäudes zu mildern, das im regentriefenden November ein herzabdrückender Ort sein muß.

Aus dem ziemlich flachen Satteldach ragt ohne Aufbau und Spitze der quadratische Ansatz eines Turmes hervor, der den einzigen Schornstein kaschiert und auf jeder Seite das Bildnis einer Nixe trägt. Durch den Park führt eine schnurgerade Allee zum Schloßportal, vor dem auf einem Blumenrondell zu jemandes Gedenken ein weißer Obelisk steht – in Ermangelung von Marmor aus Holz.

Aber weder Schloß Gunterstein noch die Burg Zuilen – beide Ausnahmen von der Regel – sind bezeichnend für jenen bereits erwähnten Landhaustyp nach Art der Stadthäuser, den man an der Vecht bevorzugte. Die holländische Architekturgeschichte klassifizierte ihn als ›Stadshuis buiten‹ – als Stadtpalais auf dem Lande. Denn die großbürgerlichen Bauherren des 17. und 18. Jahrhunderts wünschten in ihrer Mehrzahl auch an der Vecht in Häusern von derselben Grundkonzeption zu logieren wie daheim in Amsterdam oder Utrecht. Ein gutes Beispiel dafür ist der Landsitz Vechtvliet mit seinem zierlichen Ornamentenwerk, seinen Natursteinpilastern vor Backsteinfronten und seinen antikisierenden Götterfiguren in Nischen oder auf Simsen, den man sich ohne seinen Park sehr gut als Stadthaus an der Herengracht von Amsterdam oder der Oude Gracht von Utrecht vorstellen könnte. In Wahrheit aber liegt Vechtvliet ebenso vor den Toren Breukelens wie Schloß Gunterstein, jedoch auf dem linken Flußufer.

Es waren dieselben Baumeister wie in den Städten, die Landsitze wie Vechtvliet schufen: Hendrik de Keyser, die Gebrüder Vingboons und ihre große Nachfolgerschar. Ihr Können hatten sie bereits in Amsterdam oder Utrecht unter Beweis gestellt. Doch während sie sich dort in fast jedem Fall den Vorschriften des beengten Raums mit seinen festgelegten Grundrissen und Fluchtlinien und den Behinderungen durch Nachbargebäude hatten fügen müssen, an die es brandmauerdicht heranzubauen galt, sahen sie sich an der Vecht von solchen Zwängen frei. Hier konnten sie die bislang stets kompromißbeladenen Stadthausentwürfe in der Freiheit großer Grundstücke entwickeln, konnten Parks und sogar die Landschaft in die Planungen einbeziehen und Ideen realisieren, die in der Enge der Städte nicht zu verwirklichen gewesen wären.

Obwohl sie die Grundzüge ihrer Konzeptionen nicht ändern durften, erschlossen sie nun die an der Vecht allerorts aus dem Boden schießenden ›Stadtpalais auf dem Lande‹ der Natur mit ausladenden Freitreppen, Terrassen, Balkonen und mit vielen Fenstertüren, die eigens dazu geschaffen scheinen, im Sommer offen zu stehen, um den guten Geruch des Flusses und den Duft der Blumen in die Zimmer strömen zu lassen. Dazu fiel bei diesen von allen Seiten sichtbar gewordenen Baukörpern die Beschränkung auf nur eine einzige Schau- und Prunkfassade fort. Wie es bislang zumeist nur bei Offizialbauten auf großen Stadtplätzen oder bei Kirchen möglich gewesen war, ergab sich damit auch bei Privathäusern die Möglichkeit, alle vier Fronten mehr oder weniger gleichwertig zu behandeln und mit Schmuckelementen zu versehen, und die Symmetrie – ein wichtiges Anliegen der stark von der Antike beeinflußten Baugesinnung des 17. bis frühen 19. Jahrhunderts – durfte sich nun nicht allein flächig auf vier statt bislang nur einer Schauseite, sondern unbehinderter als zuvor auch räumlich auf das gesamte Gebäude auswirken. Ähnliches galt von den Dächern, die nicht mehr hinter hohen Vordergiebeln versteckt zu werden brauchten, sondern zu akzentuierenden Bestandteilen des Bauwerks erhoben wurden.

Das Ergebnis war in vielen Fällen eine bezaubernde Harmonie aller Einzelteile untereinander sowie der Neubauten mit ihrer näheren Umgebung und der weiteren Landschaft. Sie verhinderte, daß die Landhäuser durch die Beibehaltung ihres Stadthaus-Charakters in dieser Umgebung fremdartig oder gar störend wirkten, und selbst ein so kritischer Sachkenner wie Carl Friedrich Schinkel hatte gemeint, nobler sei in solcher Fülle auf dem Lande nur selten gebaut worden.

Trutzig und düster, mit runden Türmen, schießschartenreichen Wehrgängen und meterdicken Mauern, so ragt aus den in die Ijsselsee verrinnenden Wassern der Vecht Muiderslot empor – die Burg Muiden. Man sollte sie an Wintertagen gesehen haben, wenn sie plötzlich schwarz und schemenhaft aus ziehenden Nebelschwaden auftaucht, unwirklich wie aus einer längst verklungenen Ballade, oder an Sommerabenden, wenn sie stumm daliegt wie ein kolossaler Grabstein, unter dem die Vergangenheit ruht. Trotzdem ist die Gegenwart stärker an solchen Abenden im Juni, Juli oder August, wenn nach einem Tag in Sonne und Wind die Segelboote von der Ijsselsee zurückkehren und im Yachthafen nahe der Burg anlegen. Denn Stimmengewirr, fröhliche Zurufe von Bord zu Bord und Musik aus Transistorradios vertreiben mit der Stille allen Ernst und alle Düsternis. Fangleinen werden vertäut, Segel gerefft, bellend stürmen über die Gangways die Bordhunde an Land, ihrem Lieblingsbaum zu oder dem nächstbesten Gaslaternenmast. Auf den Decks der modernen, überschlanken Kajütkreuzer und der altertümlichen, breitbäuchigen Schokker, die freilich schon lange nicht mehr zum Fisch- oder Muschelfang dienen, sondern als komfortable Yachten, werden die Tische zum Abendessen gedeckt. Später kreisen die Bier- und die Geneverflaschen. Der Mond ist aufgegangen: Aber seine Romantik ist hier nicht die Matthias Claudius', auch nicht die des ›Ossian‹, sondern die rauher, unbekümmerter Shanties.

Schon im 10. Jahrhundert gab es an der Stelle der Burg einen den Strand der damaligen Zuidersee und den Zugang flußaufwärts in die Vecht abriegelnden Wachtturm. 1288 gelangte er in den Besitz Graf Floris v. von Holland. Er ließ ihn abreißen und durch eine Burg ersetzen, denn in jener Zeit, als sich die Grafschaft auf Kosten des Bistums Utrecht nach Südwesten ausweitete, war es von höchster militärischer Bedeutung, die Vecht, die einzige Wasserverbindung Utrechts mit der Zuidersee und dem offenen Meer, nach Belieben sperren zu können. Wie diese Burg aussah, ist nicht überliefert, doch man nimmt an, nicht viel anders als die heutige. Graf Floris jedoch brachte sie nicht viel Glück. Seine meuternden Dienstmannen nahmen ihn 1296 gefangen und erschlugen ihn bald darauf in einem nahen Sumpf.

Wiederholt wurde die Burg durch kriegerische Ereignisse beschädigt. 1297 belagerten sie Truppen des Utrechter Bischofs Willem van Mechelen und 1356 die seines Nachfolgers. Die Burg hingegen, die 1508 der Herzog von Geldern mit einem großen Aufgebot von Reisigen und Arkeley belagerte, berannte, jedoch nicht einnehmen konnte, war nicht mehr die von Graf Floris erbaute Anlage, sondern dieselbe, die wir kennen. Denn in ihrer jetzigen Gestalt stammt sie aus der Zeit um 1380, und über sie schrieb R. van Luttervelt im Jahr 1949:

»Sie bildet einen nahezu quadratischen Baukomplex aus Backstein mit vier schweren Rundtürmen an den Ecken und zwei Wohnflügeln in L-Form, gelegen an einem geräumigen Innenhof. Ein hohes, turmartiges Torhaus sperrt den Zugang. Ihm gegenüber liegt jenseits des Hofs der vornehmste Wohnteil mit dem Rittersaal. Im größeren rechten Flügel befinden sich die gewölbten Küchenräume und eine Kapelle. An der Süd- und Ostseite vermitteln hohe Mauern mit Wehrgängen, Schießscharten und Pechnasen ein getreues Bild einer mittelalterlichen Verteidigungsanlage. Dies alles ist zwar verschiedentlich restauriert worden, doch unverfälscht über die Jahrhunderte gekommen dank der Tatsache, daß die Burg Muiden infolge ihrer Lage und ihrer Stärke noch für lange Zeit von militärischer Bedeutung blieb. Denn auch nach dem Ausklang des Mittelalters erfüllte sie ihren Verteidigungszweck: 1629 trotzte sie erfolgreich einem Belagerungsheer des spanischen Feldherrn Montecucculi und 1672 einer Armee Ludwigs XIV. von Frankreich. Beide Male wurde der Feind vor ihren Mauern zum Stehen gebracht und sein Anschlag auf das Herz Hollands vereitelt.«

Gegen Ende des 15. Jahrhunderts war die Burg in den Besitz der Stadt Amsterdam gelangt. Seither stellte sie wegen ihrer Schlüsselposition an der Vechtmündung ein wichtiges Glied in der doppelten und dreifachen Kette der Burgen und Festungen dar, die Amsterdam umgab. Aber trotz ihrer martialischen Vergangenheit ist sie heutzutage weniger ein Begriff der Kriegs- als vielmehr der Literaturgeschichte. Denn im Jahr 1609 wurde der damals erst sechsundzwanzigjährige Amsterdamer Stadtschützen-Obrist Pieter Corneliszoon Hooft, der Sohn des Bürgermeisters Cornelis Pieterszoon Hooft, Gouverneur von Naarden und Gooiland, Stadtkommandant von Weesp und Burgdrost von Muiden.

Er war, wie sich alsbald herausstellen sollte, nicht allein ein fähiger Offizier und umsichtiger Kommandant, sondern auch ein Mann, der die Literatur, das Landleben und das Gärtnern liebte. Zu seinem Dienstsitz erwählte er die Burg Muiden. Er sorgte nicht nur für ihre ständige Verteidigungsbereitschaft, sondern auch für die Kultivierung ihrer Umgebung. Vor der Burg legte er einen damals viel bewunderten Park an, den es nicht mehr gibt. Außerhalb der Sümpfe, die zur Landseite hin die Burg schützend umschlossen, ließ er Obstplantagen anpflanzen und im westlichen Gooiland, einem dürren Heidegebiet, zuerst Bewässerungsgräben ziehen und dann Bauern ansiedeln und den Boden urbar machen. Aus seinem eigenen Obstgarten sandte er zur Erntezeit seinen Freunden in Amsterdam gern sorgsam ausgewählte Früchte, stets begleitet »van een brief of een aardig gedichtje«.

Überdies schriftstellerte Hooft. Sein bekanntestes Werk trägt den Titel ›Nederlandsche Historien‹. Es ist eine von Plutarch, Livius und insbesondere von Tacitus, dessen ›Annalen‹ und ›Germania‹ er nach eigenen Worten mehr als fünfzigmal gelesen hatte, beeinflußte Darstellung der niederländischen Geschichte in Einzelbildern, die wegen ihrer an den erwähnten römischen Autoren geschulten Diktion noch heute lesbar ist. Die ›Historien‹ erschienen erstmals 1624; sie sind die Frucht vieler nebelverhangener und sturmumheulter Herbst- und Winternächte in der Einsamkeit der Burg Muiden, in denen Hooft mit seiner zierlichen und klaren Handschrift Kladde auf Kladde füllte, wobei auf seinem Schreibtisch sieben Kerzen zu brennen hatten. Denn er glaubte fest an die Magie der »guten Zahl Sieben«.

Dennoch lebte er bei allem Eingespanntsein in dienstliche Obliegenheiten und vielfältige private Interessen auf der Burg keineswegs zurückgezogen oder gar einsiedlerisch. Dazu war er ein viel zu geselliger Mann, der das klärende Gespräch, die fruchtbare geistige Auseinandersetzung und den Zusammenprall der Meinungen schätzte. Die wackeren Offiziere seiner Burgbesatzung, die lieber die Streitaxt führten als die Feder, eigneten sich dazu freilich kaum. Deshalb lud ihr Kommandant, nach dem 1629 der letzte Angriff der Spanier erfolgreich abgeschlagen worden war und seither die Zeiten sich friedlicher gestalteten, Gelehrte und vor allem Dichter nach Muiden ein, wo er ihnen Quartier für Wochen und Monate und Muße zur Arbeit bot – mit keiner anderen Bedingung des Burgherrn, als sich abends an der reichgedeckten Tafel im Rittersaal zu einem Symposion nach Art der Antike einzufinden, um über Probleme der Dichtkunst und Geschichtsschreibung zu disputieren oder aus gerade entstehenden Werken vorzulesen.

Auf diese Weise entstand der ›Muiderkring‹ – ein sich über viele Jahre hinweg regelmäßig auf Burg Muiden versammelnder Kreis der besten Kopfe jener Zeit, dem außer den damals so tonangebenden wie heute vergessenen Dichtern Breero, Luiken, Huygens und van den Vondel auch kluge Frauen wie Francesca Duarte und die Schwestern Anna und Maria Tesselschade angehörten. Er wurde rasch im ganzen Land bekannt. Sich ihm zurechnen zu dürfen, galt als hohe Ehre. Die düstere, so militärisch-zweckbetont anmutende Burg jedoch wurde durch ihn zu einem ›Musenschloß‹, zu einem unvergessenen Begriff des holländischen Geisteslebens im Goldenen Jahrhundert.

Am Krommen Rijn

Jacob van Ruisdaels vor dreihundert Jahren gemalte Mühle von Wijk bij Duurstede steht noch heute unverändert auf dem Deich am Krommen Rijn. Noch immer reckt sie ihre vier Flügel in den Wind, und noch immer besitzt sie den hölzernen Umgang, von dem man über die Dächer der kleinen Stadt, das breite Mäanderband des Stroms und weit über das flache Land hinwegblicken kann – eine Aussicht, wie sie nicht viel anders schon der Mann auf dem Ruisdaelschen Bild genoß, der von diesem Umgang auf den Strom und die holzschuhartigen Kähne mit den großen Segeln herunterschaut.

Denn der Kromme Rijn windet sich noch genauso eigenwillig wie damals durch das grüne Weideland. Auch die Landstraße führt wie eh und je durch ein Gewölbe unter der Mühle hindurch. Die grauen Häuser an der Straße dürfte bereits Ruisdael gekannt haben, ebenso das Gasthaus, in dem er vielleicht logierte, als er um 1680 diese Mühle malte. Lediglich die türmereiche Burg der Bischöfe von Utrecht im Hintergrund spiegelt sich heutzutage, efeuumrankt, nur noch als romantische Ruine im Wasser des Burggrabens. Auch hat sich nun neben der Mühle mit seinen bunten Wohnwagen fahrendes Volk gelagert und übermütige Kinder und nicht minder übermütige Hunde toben mit Gejohl und Gekläff zwischen Regenpfützen, ausgeschlachteten Autos, Schrotthaufen und ärmlicher Wäsche umher. Ein weißer und ein gelber Hund zerren verbissen und knurrend an einem Stück Kabel – keiner will loslassen.

Draußen im Strom steht auf einer Buhne ein Angler, und ein riesiger schwarzer Rüde, dem von einer längst ausgestandenen Rauferei her das rechte Ohr fehlt, sitzt oben auf dem Deich auf seinen Keulen und blickt versonnen ins Weite.

Wijk bij Duurstede – das war einst das von Tacitus erwähnte BATAVADORUM, es war auch das Dorestad der Merowinger- und Karolingerzeit: damals eine betriebsame Lehm- und Blockhüttenstadt, über die nahezu der gesamte Englandhandel des holländischen und deutschen Hinterlandes bis hinauf nach Trier und Worms lief, ehe sie im 10. Jahrhundert von den Normannen zuerst gründlich geplündert und danach niedergebrannt wurde. Ein ähnliches Unheil wiederfuhr der wiederaufgebauten Stadt fünfhundert Jahre später noch einmal durch die Soldateska König Philipps II. Deshalb ist das heutige Wijk eine vergleichsweise junge Stadt aus dem 17. Jahrhundert. Allein die Ruisdaelsche Mühle auf dem Deich, die für den kleinen Ort viel zu große gotische Kirche, ihr aus grauen Quadern gefügter Turm, der ebenso wie die Kirche unvollendet blieb, und die verfallene Bischofsburg in dem verwunschenen Park vor den wohlerhaltenen Stadtwällen, die hier stets Hochwasser-Schutzbauten und militärische Verteidigungsanlagen zugleich waren, sind älter. Aber wie die Burgruine liegt auch der Stadtplatz, zumindest an warmen Maimittagen, in einem Dornröschenschlaf. Ein Brunnen ohne Wasser, ein Rathaus, hinter dessen Fensterscheiben jemand schläfrig in irgendwelchen Akten blättert, gemalte Wirtshausschilder aus der Postkutschenzeit, die träg im lauen Winde schwingen, ein greises Ehepaar, das wie Philemon und Baucis auf einer Bank vor seiner Haustür eingenickt ist – in Wijk bij Duurstede verliert sich in solchen Stunden alle Unrast und Eile und selbst die Neugier. Man möchte sich auf Treppenstufen oder eine Bank in den Schatten der Kastanien setzen und selber langsam müde werden.

Vorbei an den winzigen Gärten am Stadtwall, in denen Pfingstrosen, Stiefmütterchen und späte Tulpen blühen, kommt man wieder auf den Deich zurück, der beflissen jede

Windung des Krommen Rijns nachzeichnet und keine einzige ausspart, und auf die Landstraße, die oben auf dem Deich verläuft. Landeinwärts liegen Obstplantagen im weißen und rosa Schaum der Baumblüte, dehnen sich Weiden und Tabakfelder, doch da und dort zerfressen Ziegeleien mit ihren Schornsteinen, Brennöfen und gelben Kuhlen die Landschaft, während auf dem Strom ununterbrochen schwarze Lastkähne von Duisburg oder Mannheim nach Rotterdam oder Amsterdam und von dort zur Ruhr oder nach Basel fahren; an Wijk vorüber, dessen Name auf keinem Frachtpapier steht.

Etliche Kilometer weiter läßt sich die Straße vom Deich herab und entfernt sich vom Strom. In der Gegend von Vreeswijk kreuzt sie den Amsterdam-Rijnkanal an der Prinzessin Beatrix-Schleuse, in deren abgrundtiefen Kammern brodelndes Wasser Schiffe hochstemmt oder behutsam sinken läßt. Aber bald hinter diesem technischen Wunderwerk gelangt man in das noch unzerstörte Wasser- und Polderbukolien rund um Montfoort, Ijsselstein, Woerden und Oudewater, wo die Äcker, die Wiesen, auch die Bauernhöfe, auf wasserumgebenen Gevierten liegen und die inzwischen noch schmaler und holperiger gewordene Chaussee zwischen Gräben und Kopfweidenspalieren entlangführt; vor jedem Gehöft ein rot-, grün- oder weißgestrichenes Brückchen, auf jedem Tonziegel- oder Rieddach eine Wetterfahne und im Geäst so mancher windschiefen Eiche ein Fischreihernest. Hühner scharren am Straßenrain, irgendwo jagen sich grunzend rosige Schweine, deren besondere Kennzeichen hohe, tütenförmig aufrechtstehende Ohren sind, und auf einem flachen Nachen staken ein Bauer und seine Frau vier oder fünf Kühe einen Kanal hinunter von einer Inselweide zur anderen.

Man kann nicht sagen, Ijsselstein und Montfoort, Woerden und Oudewater glichen sich wie Eier, denn jedes besitzt seine Besonderheiten und Unterschiedlichkeiten, doch weil die Übereinstimmungen gemeinsamen Schicksals überwiegen, ähneln sich diese Ackerbürgerstädtchen mit ihren drei-, fünf-

oder siebentausend Einwohnern eben doch sehr stark. Im Achtzigjährigen Krieg waren sie alle Festungen oder wenigstens befestigt gewesen, und die Relikte sind ihnen geblieben: Mauern, Stadttore und Wehrtürme – in Ijsselstein sogar einer, den der italienische Baumeister Pasqualini, der ›Vater der holländischen Renaissance‹, errichtete. Heute sind diese Überbleibsel einer nicht gerade guten alten Zeit von Efeu überwuchert oder von wilden Rosen berankt und haben ihr martialisches Aussehen zugunsten einer anrührenderen Friedfertigkeit aufgegeben. Die Gassen sind krumm, schmal und katzbucklig. Es gibt Wohlhabenheit und Geschmack verratende Häuser neben ärmlichen Katen, bei denen man, ohne sich erst groß aufrecken zu müssen, in die Dachrinnen greifen kann. Schimmel wächst mit der Nässe aus morschen Gemäuern, an anderen überraschen frische Farben und liebevolle Gepflegtheit. Speicherhäuser weisen auf eine ehemals rege Handelstätigkeit und Ställe, Scheunen und üppige Misthaufen auf die noch heute intensive Landwirtschaft hin. An gotischen Kirchen finden sich nicht selten noch Spuren der Romanik, wogegen das Rathaus von Woerden als eine Art Pegel der Kriegsschrekken gelten darf. Denn bei der Beschießung der Stadt im Jahr 1575 durch die Spanier brannte das gotische Bauwerk vom Dachstuhl bis in die Höhe des ersten Stocks nieder und wurde später vom ersten Stock bis zum Dachstuhl im gerade aktuellen Renaissancestil erneut aufgebaut. Dadurch entstand eine saubere horizontale Scheidung in einen rein gotischen Unterteil und einen Oberteil in nicht minder reiner Renaissance, wie man sie in ein und demselben Baukörper wohl kaum ein zweites Mal antrifft.

Kriminalfall ›Blauer Reiter‹

Doch Städte besitzen nicht nur ihre steinernen Zeugnisse aus der Vergangenheit, sondern ebenso ihre papiernen, die sich freilich nicht immer mit so einschneidenden Ereignissen wie

Belagerungen, Erstürmungen, Einnahmen durch den Feind, Brandschatzungen oder Schlimmerem befassen, sondern gelegentlich auch mit alltäglichen Vorkommnissen oder gar mit kriminellen Delikten. Aber gerade letztere werfen unter Umständen ein schärferes Licht auf die Zustände in kleinen Städten zu früheren Zeiten als die Schilderungen von Ausnahmesituationen.

Und ein solches Licht wirft die Schilderung eines ganz bestimmten Verbrechens, oder eigentlich zweier, die sich um 1790 in dem »holländischen Städtchen M...« zugetragen haben. Eine ausgedehnte Darstellung befindet sich im 1845 erschienenen siebenten Band des ›Neuen Pitaval‹, jener berühmten ›Sammlung der interessantesten Criminalgeschichten aller Länder aus älterer und neuerer Zeit‹, die der Berliner Kriminalist Dr. J.E.Hitzig zusammengestellt und ein Dr.W. Häring – alias Willibald Alexis – geschrieben hat. Mit ziemlicher Sicherheit darf man annehmen, daß mit dem ›Städtchen M...‹ kein anderes als Montfoort gemeint ist, wo es noch bis gegen Ende des vorigen Jahrhunderts eine Schenke ›Zum blauen Reiter‹ gegeben haben soll, und mit dem Titel ›Der blaue Reiter‹ hatte Alexis auch das diese Stadt betreffende ›Pitaval‹-Kapitel versehen.

»In dem holländischen Städtchen M... lebte zu Ausgang des vorigen Jahrhunderts eine bejahrte Bürgerwitwe, Madame Andrecht, in ihrem eigenen Hause, welches sie und eine Magd, mit ihr ziemlich von selbem Alter, allein bewohnten. An Glücksgütern fehlte es ihr nicht, die sie mit holländischer Genauigkeit verwaltete. Während sie in der Stille die Kirche und die Armen bedachte, ging es doch sehr genau in ihrer kleinen Wirtschaft zu, und Gesellschaft kam in das altertümliche, behaglich ausgestattete und stets äußerst sauber gehaltene Haus wenig oder gar nicht. Durch einen Schlaganfall an der Hälfte des Körpers gelähmt, ging die Matrone auch selten aus und entfernte sich oft wochenlang nicht aus ihrem Zimmer. Ihre einzige Erholung war, daß sie im Frühjahr, wenn das Wetter beständiger wurde, in einer Kutsche nach einem vier Meilen entfernten Dorf zum Besuch bei ihrem Sohn fuhr, der als Wundarzt daselbst wohnte. Bei diesen Ausflügen nahm sie ihre Magd stets mit, da sie, Anfällen unterworfen, fortwährend weiblicher Hilfsleistungen bedurfte und niemand, bei ihren Launen, so gut mit ihr umzugehen wußte wie die langjährige treue Dienerin. Während dieser Reisen blieb das Haus wohlverschlossen, aber unbewohnt und auch nicht weiter bewacht, zurück ...«

Mit diesen Worten läßt Willibald Alexis die Schilderung des Kriminalfalls ›Blauer Reiter‹ anheben, um dann das Haus der Witwe und seine Lage zu beschreiben. Danach war es das »einzige ansehnlichere in jener Gegend; rings umher wohnten nur ärmere Leute, auch viel verdächtiges Volk – der Janhagel der Stadt«.

Als jedoch Madame Andrecht am 30. Juni eines nicht genau bezeichneten Jahres »zu Ausgang des vorigen Jahrhunderts« (d. i. des 18. Jh.) wieder einmal von einer Reise aufs Land heimkehrte, fand sie ihr Haus erbrochen und beraubt. Außer Kleidungsstücken fehlten Gerätschaften und Schmuck im Gesamtwert von ungefähr 2000 Gulden – damals eine beachtliche Summe, etwa so hoch wie der Wert eines Bürgerhauses von der Art wie das der Madame Andrecht. Doch verarmt, so hebt Alexis hervor, war sie deswegen noch lange nicht, denn der größte Teil ihres Vermögens bestand – »was zu jener Zeit bei Bürgersleuten wohl nur in England und Holland vorkam« – in Staatspapieren, und diese befanden sich »nebst einem baren Geldvorrate« in einer eisernen Kiste, versteckt in einer von den Dieben übersehenen, abgelegenen Kammer.

Die sogleich aufgenommenen polizeilichen Ermittlungen leitete der Bürgermeister. Es stellte sich schnell heraus, wie die Einbrecher vorgegangen waren:

»An dem Garten hinter dem Hause, von welcher Seite die Diebe eingebrochen sein mußten, floß, gleich wie an den Gärten der Nachbarhäuser, der innere Stadtgraben, der schiffbar war, vorbei. Nur eine dünne Dornenhecke trennte das Wasser vom Garten. Das nächste Haus stand an der Ecke, und eine schmale Gasse lief hier am Seitengiebel und dem Gartenzaun fort nach einem Steg, welcher über den Graben führte. Man brauchte übrigens nicht an den Steg und ein Überklettern des Nachbarzauns zu denken, sondern es lag weit näher, daß die Diebe mit einem Kahne bis an die Hecke gefahren und über dieselbe in den Garten gestiegen waren. Dann brauchten sie nur eine kleine Leiter an das obere Fenster zu setzen, die Scheiben einzudrücken und auf demselben Weg wieder mit ihrer Beute den Garten zu verlassen. In den Beeten des Gartens und in den Wegen fand man übrigens keine verräterischen Fußtapfen ...«

Die Kunde von dem Einbruch bei der reichen Witwe Andrecht hatte sich rasch in der kleinen Stadt herumgesprochen. Die ganze Nachbarschaft war auf den Beinen, auch Neugierige aus anderen Vierteln hatten sich eingefunden. Die Gerichtsdiener hatten alle Hände voll zu tun, das Haus vor dem Eindringen der Schaulustigen und vor einer Störung der polizeilichen Tatortsbesichtigung zu bewahren. Lediglich einem Bäcker, der vis-à-vis wohnte, glückte es, sich an den Gerichtsdienern vorbei in das Haus zu drücken. Seine Freunde, die ihn in das Haus gehen sahen, bedrängten ihn nach seiner Rückkehr mit Fragen, doch er enttäuschte sie bitter – zwar tat er höchst geheimnisvoll, aber über das, was er gesehen oder auch nicht gesehen hatte, schwieg er sich beharrlich aus.

»Desto redseliger war ein Wollspinner, Leendert van N..., welcher in dem erwähnten Eckhause, nächst dem der bestohlenen Witwe, wohnte. Wo die Leute die Köpfe zusammensteckten, horchte er auf die Vermutungen und gab seine eigenen zum besten; dies geschah oft in einem sehr entschiedenen, scharfen und geheimnisvollen Tone, und gar nicht undeutlich stichelte er auf gewisse Personen und Dinge. Dasselbe tat sein Weib unter ihren Nachbarinnen; ihre Stimme war nur noch lauter. Sie schüttelte ihren Kopf zu dem und nickte bedeutungsvoll zu jenem und wiederholte nochmals: sie würde es nicht wundern, wenn die Diebe noch vor dem Abend ins Gefängnis gebracht würden...«

Selbst die Nähe eines stadtbekannten Polizeispitzels konnte die Redelust des Ehepaars nicht dämpfen. So kam es, wie es kommen mußte: schon bald darauf wurden der Wollspinner und seine Frau auf das Rathaus und vor den Bürgermeister gebracht. Hier hieß es nun Farbe zu bekennen. Zuerst sträubten sich die beiden mit Ausflüchten, sie möchten niemanden in Verdacht bringen, doch bald gaben sie es auf, aus ihren Herzen Mördergruben zu machen: als Täter, so behaupteten sie, käme einzig und allein der Gastwirt Nicolas D. in Frage.

»Am Ende der Gasse, in welcher der Wollspinner wohnte, war, dem Deutschen Posthause gegenüber, seit einiger Zeit eine kleine Schenkwirtschaft entstanden. Nicolas D... war der Wirt. Bei den Leuten umher aber ward er gewöhnlich nicht nach seinem Tauf- oder Geschlechtsnamen genannt, sondern nur der blaue Reiter, weil er ehemals in dem Reiterregiment des Obersten von Wackerbarth gedient, welches in der Volkssprache diesen Namen führte. Als er vor zwei Jahren mit seinem Regiment im Städtchen in Garnison lag, machte er die Bekanntschaft der damaligen Magd der Madame Andrecht, namens Hanne, und diese Bekanntschaft wurde sehr genau. Er heiratete sie, als die Folgen derselben nicht mehr zu verbergen waren. Die Magd hatte sechs Jahre bei der alten Dame gedient und deren ganzes Zutrauen besessen. Soviel man wußte, hatte dieses Verhältnis zwischen Magd und Herrin für das Ehepaar die glückliche Folge, daß die gütige Dame ihnen die Mittel gab, ihre Wirtschaft einzurichten, denn beide hatten nichts. Man wußte, daß Hanne und ihr blauer Reiter, so lange sie noch ein Liebespaar waren, wenig Gelegenheit hatten, einander zu sprechen. Deshalb lauerte Hanne des Abends, wenn die Herrschaft zu Bette gegangen war, an der Tür, und der blaue Reiter pflegte nie zu fehlen...War das Wetter zu schlecht, um auf der Türschwelle zu stehen, so nahm Hanne sich wohl die Freiheit ihren Liebhaber ins Haus zu nehmen...«

Dieses und ähnliches gab der Wollspinner zu Protokoll. Außerdem, so fügte er hinzu, sei der blaue Reiter manchmal zur Nachtzeit in einem flachen Kahn, wie ihn die Kavalleristen zum Transport von Hafer, Heu und Stroh benutzten, über den Kanal gekommen, habe den Kahn hinter der Hecke festgemacht, sei in den Garten geklettert und in die Schlafkammer seines Mädchens eingestiegen. Man dürfe also annehmen, daß er mit den Räumlichkeiten des Andrechtschen Hauses vertraut sei.

Das klang glaubhaft und machte den blauen Reiter verdächtig. Zudem hatte man bei der Besichtigung des Tatorts einen angebrannten Fidibus gefunden, der sich als Quittung für bezahlte Branntweinsteuern herausstellte und Nicolas D. gehörte. Deshalb wurden er, seine Frau, ihr alter Vater und ihr Bruder, ein Schuhmachergeselle, umgehend verhaftet. Eine Durchsuchung der Schenke erbrachte zwar keine Spur der geraubten Gegenstände, aber es fand sich, eingeklemmt zwischen den Schubladen eines Schranks, ein Notizbuch, das Madame Andrecht gehört hatte. Trotzdem leugneten die Verhafteten, den Einbruch begangen zu haben. Da erschien jedoch ein Holzhändler vor Gericht und sagte aus, er sei von einem seiner säumigen Schuldner, dem Zimmermann Isaak van C., statt mit Geld mit diesem hier bezahlt worden – und damit stellte er einen mitgebrachten Korb auf den Tisch und packte ihn aus. Ein Paar silberner Leuchter und eine silberne Kaffeekanne kamen ans Licht.

In der Tat stammten die Leuchter und die Kaffeekanne aus dem Einbruch. Der Zimmermann wurde herbeizitiert. Er gab an, auch er habe wenige Tage vor der Entdeckung des Diebstahls bei der Witwe Andrecht von einem seiner Schuldner diese Gegenstände anstelle von Geld zum Lohn für geleistete Arbeiten erhalten – und zwar von dem Schenkwirt Nicolas D. Aber auch dies stritt der blaue Reiter ab: er habe diese Gegenstände noch nie gesehen, und schon gar nicht habe er damit den Zimmermann bezahlt. Schon dachte das Gericht daran, ihn auf die Folter zu bringen, um auf diese Weise zu einem Geständnis zu kommen, als ein in Rotterdam zur Post gegebener Brief auf dem Rathaus einlief. Er hatte folgenden Inhalt:

»Bevor ich vom Lande abfahre und mich dahin begebe, wo weder das Gericht in M..., noch das Kriegsgericht der Garnison mich einholen können, will ich vier Unschuldige retten, welche jetzt in M... in Verhaft sitzen. Man hüte sich, die vier Personen, den Schenkwirt, seine Frau, deren Vater und Bruder wegen eines Verbrechens zu bestrafen, dessen sie nicht schuldig sein können. Wie die Sache des Zimmermanns mit der ihrigen zusammenhängt, kann ich nicht erraten. Ich habe davon zu meiner großen Verwunderung gehört. Indessen mag letzterer nicht ganz unschuldig sein. Möge der Richter doch diesen Wink beherzigen! Es möchte ihn nachher gereuen, denselben in den Wind geschlagen zu haben. Man kann die Mühe sparen, meine Spur zu suchen. Ist der Wind zu unserem Vorteil, so sitze ich bereits, wenn dieser Brief gelesen wird, wohlbehalten in England.«

Unterschrieben war der Brief mit dem Namen Joseph Christian Rühler, gewesener Corporal bei der Compagnie Le Long. Eine Infanteriekompanie unter dem Kommando eines Capitains Le Long aber lag zu jener Zeit wirklich in M. in Garnison, in ihr hatte es einen Unteroffizier Rühler gegeben, der indessen seit einigen Wochen aus seinem Quartier verschwunden und vermutlich desertiert war. Andererseits ergab eine Überprüfung der Handschrift des Briefs mit der des Unteroffiziers in noch vorhan denen, einst von ihm geführten Fouragelisten, daß sie nicht identisch waren. Doch während das Gericht noch über den wahren Schreiber des Briefs und über dessen Zweck grübelte, ließ sich ein angesehener Kaufmann aus der Stadt melden, um eine Aussage zu machen. Befragt, warum er erst jetzt komme, teilte er mit, er sei einige Wochen lang auf einer Geschäftsreise in Süddeutschland gewesen und habe erst gestern abend in der Postkutsche von dem Kriminalfall gehört.

Seine Aussage entlastete den blauen Reiter und seine Angehörigen und belastete statt dessen den Zimmermann Isaak van C. Denn ihrzufolge hatte sich der Zimmermann von dem Kaufmann am Abend einer jener Nächte, die für den Einbruch bei Madame Andrecht in Frage kamen, einen Kahn geliehen, um, wie er sagte, jemandem, der bei Nacht und Nebel mit seinen wertvollsten Mobilien vor seinen Gläubigern aus der Stadt fliehen müsse, zu helfen. Auf die Vorhaltungen des Kaufmanns, zu solchem gebe sich ein ehrenwerter Bürger nicht her, erwiderte Isaak van C., er habe dies auch nur so dahergeredet, in Wahrheit brauche er den Kahn zum Fischen. Schließlich gab ihm der Kaufmann den Kahn, und Isaak van C. versprach, daß er ihn noch »vor Tau und Tag« zurückbringen werde. So geschah es auch. Allerdings entdeckte sein Besitzer am nächsten Morgen, daß der völlig sauber und trocken zurückgebrachte Kahn unter keinen Umständen zum Fischen benutzt worden war. Zudem fand er unter der Ruderbank einige silberne Gabeln, in Papier gewickelt. Dieser Fund schien ihm zu bestätigen, daß Isaak van C. den Kahn doch dazu benutzt hatte, jemandem bei der Flucht aus der Stadt behilflich zu sein. Die Gabeln gab er dem Zimmermann mit den Worten zurück: »Damit haben Sie wohl die gefangenen Fische gegessen?«

Jetzt wurden, zumal in der fraglichen Zeit niemand heimlich mit Sack und Pack aus der Stadt verschwunden war, der Zimmermann, sein Geselle und seine Haushälterin verhaftet. Eine Haussuchung brachte darauf die gesamte Beute, soweit sie nicht bereits früher ans Licht gekommen war, zutage. Als man ihnen mit der Folter drohte, gestanden sie nicht allein den Einbruch ein, sondern auch, daß der Zimmergeselle das Notizbuch der bestohlenen Witwe heimlich in einen Schrank der Schenke geschoben habe, um den Verdacht gegen den blauen Reiter weiter zu bestärken. Von dem am Tatort gefundenen Fidibus wußten sie hingegen nichts. Der blaue Reiter jedoch und die Seinen wurden umgehend auf freien Fuß gesetzt.

Inzwischen klärten sich auch die Hintergründe des mysteriösen Briefs des Korporals Rühler auf. Denn noch während des Prozesses gegen den Zimmermann Isaak van D. und seine Komplizen meldete sich auf dem Rathaus von M. ein Schulmeister aus einem etwa eine Wegstunde von der Stadt entfernten Dorf mit der Frage, ob hier vielleicht in der letzten Zeit ein mit dem Namen Joseph Christian Rühler unterzeichneter Brief eingegangen sei?

Man sagte ja. Daraufhin legte der Lehrer eine Schriftprobe vor, die sich mit der Schrift des dem Gericht vorliegenden Briefs identisch erwies, und erzählte, er habe einen taubstummen ehemaligen Schüler, der eine außerordentlich saubere Handschrift schriebe. Zu diesem sei kürzlich ein Unbekannter mit der Bitte gekommen, ihm gegen Entgelt einen Brief zu schreiben. Sein Schüler habe dies getan. Erst später sei ihm der Verdacht gekommen, daß sich hinter diesem Brief möglicherweise eine unredliche Absicht verberge. Deshalb vertraute er sich seinem Lehrer an, und er, der Lehrer, habe nun herausgefunden, daß der Auftraggeber keineswegs der Korporal Rühler gewesen sei, sondern der Bäckermeister H. aus dieser Stadt – übrigens derselbe, der sich seinerzeit bei der Besichtigung des Tatorts so geschickt an den Gerichtsdienern vorbei in das Haus der bestohlenen Witwe Andrecht gedrückt hatte.

Das Gericht handelte prompt. Es ließ den Bäcker verhaften und sofort vernehmen. Offensichtlich legte er ein volles Geständnis ab – und damit kam zu dem ursprünglichen Einbruchsfall ›Blauer Reiter‹ der Mordfall ›Korporal Rühler‹. Denn Rühler war keineswegs desertiert, er war am 29. Juni, dem Tag, der der Entdeckung des Einbruchs bei der Witwe Andrecht vorausging, erschlagen worden. Die Vernehmung des Bäckers hatte es ans Licht gebracht. Als man danach seine

Komplizen, den Wollspinner Leendert van N. und seine Frau, die seinerzeit den allerersten Verdacht gegen den blauen Reiter ausgestreut hatten, festnehmen wollte, fand man ihr Haus leer. Sie hatten von der Verhaftung des Bäckers Wind bekommen, ahnten, daß er nicht schweigen würde, wußten, was ihnen blühte, und waren deshalb aus der Stadt geflohen. Aber »man ließ ihnen nachsetzen, und noch am selben Abend wurden sie zurückgebracht und gefänglich eingesteckt«.

In der Kompanie Le Long, die der Bäckermeister H. mit Kommißbrot und der Wollspinner mit Gamaschen und Uniformstücken belieferten, hatte Rühler die Funktion eines Beschaffungsunteroffiziers inne. Eines Tages entdeckte er, daß der Bäcker dem Brot »durch fremde und schädliche Beimischungen das contractlich erforderte Gewicht gab« und auch der Wollspinner minderwertige Waren lieferte. Statt sie jedoch anzuzeigen und ihnen die Militäraufträge zu entziehen, ließ er sich von ihnen Schweigeprämien zahlen. Diese Zahlungen, die sie zähneknirschend leisten mußten, schmälerten empfindlich ihren Gewinn. Deshalb war ihre Wut auf den Korporal so ohnmächtig, wie sie heftig war – »sie hassen, sie verabscheuen sich, aber ein gemeinsames verbrecherisches Interesse hält sie zusammen«. Doch eines Tages kam diese Wut zum Ausbruch. Darüber schreibt Willibald Alexis:

»Wir treffen in der schmutzigen niedrigen Stube des Wollspinners Leendert van N... am Abend des 29. Juni auf eine Gesellschaft von Kartenspielern, welche, was ihren Wandel und ihre Gesinnung anbetrifft, sich gegenseitig nichts vorzuwerfen haben ... Die Spieler waren der Corporal Rühler von der in M... garnisonierenden Compagnie Le Long, der Bäckermeister und der Wirt selbst, der Wollspinner Leendert van N... Sie spielten zusammen Karten, die Frau des Wollspinners sah zu ... Sie gerieten an diesem Abend in Streit. Er ward mit jedem Wort heftiger. Der lang verbissene Groll bei den Eheleuten, beim Bäcker loderte auf. Der Corporal erwiderte ihn durch bitteren Hohn ... Von Worten kam es zu Tätlichkeiten. Man riß, schlug sich, man griff zu gefährlichen Werkzeugen. Zwei Feinde und eine Furie für einen Gegner, wenn auch Soldat, waren zu viel. Von hinten von dem Weibe gehalten, stürzte er unter den Schlägen des Wollspinners zu Boden ... Sie machten ihn kalt. Die Leiche, in ihrem Blute schwimmend, lag zu ihren Füßen. Die Tat war nicht zu widerrufen, alle drei waren die Täter, alle gleich schuldig, alle hatten dieselbe Ahndung der Gesetze zu gewärtigen. Über dem noch rauchenden Leichnam hatten sie sich gegenseitig gelobt, nichts davon zu bekennen, vielmehr daß jeder das Seinige tue, die Sache geheim zu halten und die Spuren, die darauf führen könnten, nach Kräften zu verlöschen ...«

In der Mordnacht faßten sie noch keinen Plan zur Beseitigung der Leiche. Darüber wollten sie erst am kommenden Tag einen Entschluß fassen. Doch während sie am nächsten Morgen noch berieten, füllte sich die Gasse vor den Fenstern des Mordhauses mit Neugierigen – der Einbruch bei der Witwe Andrecht war inzwischen entdeckt worden. Da die Mörder nun fürchten mußten, die Polizei werde auch in den Nachbarhäusern Nachforschungen oder gar Durchsuchungen vornehmen, galt es zu handeln: der Wollspinner und seine Frau mischten sich eilig unter die Leute, um mit ihrem Gerede den Verdacht auf den blauen Reiter zu lenken, und der Bäcker, der kürzlich irgendwo eine Quittung für bezahlte Branntweinsteuern gefunden hatte, machte daraus einen Fidibus, drückte sich an den Gerichtsdienern vorbei in das Andrechtsche Haus hinein und ließ ihn dort unauffällig als weiteres Indiz gegen Nicolas D. zu Boden fallen. In der nächsten Nacht schafften sie den Toten aus dem Haus, wahrscheinlich versenkten sie ihn in der Gracht, die hinter den Häusern dieser Gasse vorbeifloß, und machten ihn überdies durch den gefälschten Brief zum Deserteur. Trotzdem blieb ihrer aller Raffiniertheit letztlich vergeblich:

»Das Todesurteil wurde sowohl gegen die Teilnehmer des Einbruchs und Diebstahls als gegen die des Totschlags oder

Mordes – ob die holländischen Gerichte die Tötung des Corporal Rühler für das erstere oder das letztere Verbrechen erkannt, wird uns nicht berichtet – ausgesprochen. Bei beiden kam freilich noch ein drittes Verbrechen hinzu, worauf die Strafe aber nicht mehr Rücksicht nehmen konnte, da sie schon das letzte Maß erreichte, die verleumderische teuflische Verdächtigung und Anklage gegen einen Unschuldigen wegen eines gleich strafwürdigen Verbrechens. An demselben Tage, wo der Zimmermann Isaak van C... nebst seinem Gesellen und seiner Haushälterin vom Leben zum Tode gebracht wurden, erlitten auch der Bäcker H... und der Wollspinner Leendert van N..., dessen Frau schon während der Haft gestorben war, die Todesstrafe. Der Wollspinner starb bußfertig, der Bäcker in völliger Verstocktheit.«

Der Mord von Oudewater

In dieser kleinen Stadt, dem AQUAE VETERES der Römerzeit, keine zehn Kilometer südwestlich von Montfoort, hat man es nicht mit Kriminalfällen zu tun, obwohl sich solche in ihrer Geschichte auch ereignet haben dürften, sondern mit vielen Hexen und einem Kriegsverbrechen.

Über einen Kanal und eine Zugbrücke fährt man nach Oudewater hinein, um sogleich zu verstehen, warum die mit Komparativen und Superlativen nicht eben zimperliche Fremdenverkehrswerbung diesem Ort den dummen Vergleich eines ›holländischen Rothenburg ob der Tauber‹ angehängt hat. Immerhin weiß man, was einen hier erwartet, und wenn man dazu noch gehört haben sollte, Oudewater sei die Stadt, die sich ihr Aussehen aus dem 17. Jahrhundert am reinsten von allen größeren und kleineren Städten Hollands bewahrte, so wird man dem bereits unmittelbar nach dem Überqueren von Kanal und Zugbrücke zustimmen müssen.

Denn wohin man blickt in Oudewater: zwar auch Gotik da und dort, sichtbarlich Überbleibsel nach einem gegen Ende des 16. Jahrhunderts gewaltsam über die Stadt hereingebrochenen Verhängnis, ansonsten aber auf Schritt und Tritt und in allen Gassen unverfälschte, unverschandelte und unverfremdete Renaissance in rotem Backstein mit weißen Sandstein-Blenden, die – so jedenfalls mein persönliches Empfinden – den zumeist getreppten Giebeln etwas Gezähntes und den Häuserzeilen oder ihrem Spiegelbild im Wasser des Kanals und der längs durch die Stadt sich windenden Gracht etwas Gezacktes verleiht, das entfernt an die Rückenstacheln tropischer Echsen denken läßt.

Gotisch hingegen ist die Kirche aus dem 14. Jahrhundert mit ihrem meißelförmigen Turm am Ufer des Kanals, auch sie eine Überlebende des erwähnten Verhängnisses, obschon ihr rückwärtiges Sakristeihäuschen mit seiner Romanik auf eine noch ältere und gewiß bescheidenere Vorgängerin hindeutet. Im Innern der Kirche, das das eigentliche Erlebnis dieses Bauwerks darbietet, haben die Bilderstürme und der radikale Purismus der Reformation zu einer strengen Abstraktion der Gesetzlichkeiten gotischen Architekturverständnisses geführt: zu schmal und hoch in nackte, weiße Mauerwerksflächen geschnittene Fenster mit spinnwebzarten Streben, Pfeilern und Rosetten, zu schlanke, weiße Säulen im Schiff und schwarze Querbalken unter einem gedrückten, hier ultramarinblauen Tonnengewölbe. Auch an solche, obzwar in ihrer ästhetischen Nebenwirkung sicherlich unbeabsichtigte Ergebnisse sollte man gelegentlich bei der Verurteilung der Bilderstürmerei denken.

Das schon zweimal erwähnte Verhängnis kam Anno 1575 über die Stadt – einem Unglücksjahr für die ganze Gegend, der großen Zäsur aller Städte ringsum. Der Achtzigjährige Krieg mit Spanien stand damals im achten Jahr.

Zuerst gingen die Dörfer in Flammen auf, Rauchschwaden ballten sich unter dem Sommerhimmel und verdunkelten die Sonne; dann kamen die von den Spaniern belagerten, erstürmten und schließlich eingenommenen Städte an die Reihe:

Wijk bij Duurstede und Woerden, auch Montfoort und Ijsselstein, endlich Oudewater, das sich wohl noch verbissener als die anderen gewehrt haben muß. Jedenfalls waren Wut und Rachedurst der Eroberer hier besonders groß, denn was sich nach der Einnahme abgespielt hat, ging als ›Mord von Oudewater‹ in die Geschichte ein.

Im Obergeschoß der Stadtwaage, einem niedrigen, nicht sehr großen Raum mit kleinen Fenstern, knarrenden Dielen und einer schweren Balken- und Bohlendecke, vollgehängt mit Bildern, Landkarten und Stadtplänen und vollgestellt mit Vitrinen, in denen aufgeschlagene alte Bücher und Stiche liegen, kann man in Wort und Bild Genaueres darüber erfahren. Ein Stich besonders läßt es an drastischer Genauigkeit nicht fehlen. Unter den Augen genüßlich zuschauender Mönche, die mit dem spanischen Troß in die eroberte Stadt gekommen waren, wurden Männer und Frauen, Kinder und Greise – ›Ketzer‹ allesamt – erschossen, erschlagen, erstochen, in Grachten ertränkt, aus Fenstern gestürzt oder in angezündeten Häusern verbrannt. ›Ihr habt ein gottgefälliges Werk getan‹, predigten danach die Mönche der Soldateska und versicherten sie des himmlichen Lohns, während die Hingeschlachteten noch auf den Gassen lagen oder in den Grachten trieben und die Luft nach Rauch und nach Verwesung stank.

Mit den Hexen bekommt man es zu tun, wenn man die steile Treppe wieder hinuntersteigt. An armdicken Seilen hängt unten in der Wiegehalle ein großes Brett an einer Schwebewaage, auf der einst nicht nur Kornsäcke oder Tuchballen, Käse oder Schlachtvieh gewogen wurde, sondern auch Hexen oder solche Frauen, die in dem gefährlichen Verdacht standen, eine zu sein. Von weit her, sogar aus Nürnberg und Augsburg, kamen sie, um sich mittels eines von den Hexengerichten anerkannten *Certificaet van weginghe in der stede Wage tot Oudewater* – gesiegelt und unterschrieben vom Bürgermeister – bescheinigen zu lassen, daß sie zu schwer waren, um auf einem Besenstiel zum Blocksberg reiten zu können. Noch heutzutage kann man sich auf dieselbe altmodische Art wiegen lassen; der Preis dafür und für das altertümliche Zertifikat in gotischen Lettern ist in der Eintrittsgebühr inbegriffen. Auch Ursula stieg auf das Brett. Zweiundneunzig Pfund stellte der Wiegemeister fest und schüttelte bedenklich den Kopf. »Danken Sie Gott«, sagte er, »daß Sie nicht mehr in früheren Zeiten leben. Damals hätten Sie Schwierigkeiten mit den Hexenrichtern bekommen.«

Die Fenster von St. Jan

»Mitten auf dem großen Markt von Gouda steht eine Ritterburg mit vielen Giebeln, Zinnen, Türmchen und Erkern, heute das stolze Rathaus der Stadt«, heißt es in einem Reisebrief Benjamin Constants, des Freundes Frau von Staëls, dessen Vater Offizier in holländischen Diensten war. »Als es noch als Burg diente, stand es mitten im Wasser. Später hat man den kleinen See zugeschüttet und ihn damit zu einem der schönsten Stadtplätze von ganz Holland gemacht.«

Das Rathaus besteht aus weißgrauen Quadern, die wie Marmor aufzuglänzen vermögen, wenn nach einem heftigen Regenschauer wieder die Sonne hervorbricht. Besonders in solchen Momenten fällt es gar nicht schwer, an die Legende von der Ritterburg zu glauben. Zudem hat das gotische Bauwerk mit seinem reichen Renaissancezierat noch immer etwas Burgähnliches an sich; an Schlösser an der Loire könnte man bei einiger Phantasie denken, aber ebenso an die Stadtburgen von Florenz oder Siena, zumal sich im Verlauf der Jahrhunderte viele Baumeister an dem Schmuck der Fassaden versuchten, und damit kamen auch gewisse italienische Anklänge ins Spiel. Ferner weiß man, daß es nicht nur auf einem kleinen Wald von tief in die Erde versenkten Eichenpfählen, sondern noch dazu auf einem Floß oder Rost aus quergelegten Stämmen ruht, so daß die Überlieferung von einer ehemaligen Lage inmitten eines Sees oder Teichs nicht von der Hand zu weisen ist. Überdies wäre Gouda keineswegs die einzige holländische Stadt, die eine überflüssig gewordene Burg, sie mehr oder weniger verwandelnd, umfunktioniert hätte. Das Rathaus von Helmond beispielsweise hat mit seinen vier flankierenden Rundtürmen, seinem Innenhof, seinen Wehrgängen, seinem Burgtor, seiner Zugbrücke und seinen Gräben, auf denen zwischen Teichrosen Wildenten und Bläßhühner geschäftig gründelnd einherschwimmen, überhaupt keine sichtbare Veränderung seines Burgaussehens erfahren, nur daß es mit seinem heutigen Hintergrund aus hohen und schmutzigen Fabrikhallen weit weniger stilgerecht daliegt als das Rathaus von Gouda mit den Fronten der alten Häuser rund um den Marktplatz.

Doch wenn man an Gouda denkt, denkt man wie in Edam auch an Käse. Vor der von Pieter Post erbauten und dem damals sehr geschätzten Bildhauer Eggers mit Basreliefs dekorierten Stadtwaage findet an jedem Donnerstagmorgen der berühmte Käsemarkt statt. So oft ich auch bisher in Gouda war, ich hatte leider nie das Glück, an einem Donnerstag dort zu sein. Aber Wolfgang Koeppen hatte es:

»Wenn das Glockenspiel der St.-Jans-Kirche zum Tagbeginn schlägt, kommen die Bauern zum Markt gefahren... Die Gäule werden ausgeschirrt, die Deichseln aufgerichtet, feste Wagenburgen werden gebaut, die schützenden Leintücher von den flachen gelben Käselaiben genommen, und dann werden vor jedem Stand die Wappen aufgezogen, die vielfarbigen Wappen der käsemachenden Gemeinden, sehr schöne, sehr alte, sehr phantastische Heraldik, Schwäne, Störche, grimme Löwen, doppelköpfige Ungeheuer, Häupter wilder Völkerschaften. Und geschäftige Herren in weißen Laboratoriumsmänteln erscheinen, meist einen steifen Hut auf dem vollblütigen geröteten Schädel, es sind Aufkäufer, und sie benehmen sich wie Liebhaber, zärtlich streichelnd, prüfend schlagen sie den Käse, und wird man handelseins, spannt sich der Bauer gleich selber vor seinen Wagen und zieht ihn zur Waage im Schatten des stolzen Goudaschen Rathauses. Ein

12 Die Oude Gracht in Utrecht

Bürgerhaus in Dordrecht 13
erbaut von Pieter Post

→

PENSION

14 In Elburg

←

15 Landschaft bei Gorinchem

16 u. 17 Im Harlinger Fischereihafen

In Dordrecht 18
→

Handschlag besiegelt endlich die Übergabe. Hier ist die Historie nicht Kulisse, der Brauch noch lebendig und zweckmäßig, der Käse wird umgeschlagen.«

Das Innere der St. Jans-Kirche wirkt selbst an einem strahlenden Maimorgen dunkel und streng. Wenn jedoch, etwa gegen elf, die Sonne so hoch am Himmel steht, daß sie endlich über die hohen Firste der einstigen Klerikerhäuser hinweg in die schmalen Spitzbogenfenster von St. Jan dringen kann, zerschneiden mit einem Mal schräge Farbbahnen die Düsternis. In ihnen tanzen Staubkörnchen – ein feurig-buntes Kaleidoskop, das man freilich vergißt, sobald sich die Augen an den biblische Geschichten erzählenden einunddreißig großen und fünfundzwanzig kleineren Glasmalereien der Fenster festgesogen haben. Da findet man den Tempel Salomos, die Fußwaschung am Gründonnerstag und das Opfer des Propheten Elias, die Bestrafung des Tempelschänders Heliodorus und Christi Geburt im Stall von Bethlehem, Jonas im Walfisch, die Tempelreinigung und das Jüngste Gericht ... Die Gebrüder Dirk und Wouter Crabeth schufen diese Fenster, die man dem vornehmsten Kunstbesitz Hollands zuzählen muß, in den Jahren zwischen 1550 und 1580. Eines von ihnen stiftete Philipp II. von Spanien, ein anderes sein großer Gegenspieler Willem I. von Oranien, und nur ein einziges stammt aus unseren Tagen: auf ihm stellt Charles Eyck die Befreiung der Niederlande 1945 dar. Wir aber wollten eigentlich nur einen Blick in die Kirche und auf die gerade von der Vormittagssonne durchleuchteten Fenster werfen, doch als wir die Kirche schließlich verließen, hatten die hellen Glocken von St. Jan längst zwölf geschlagen. Denn es braucht seine Zeit, all die Fenster zu betrachten, die Glut und den Schmelz ihrer Farben auszukosten und die Geschichten, die sie erzählen, in sich aufzunehmen. Draußen stellten wir überrumpelt fest, daß es uns, die wir kaum einmal das Alte und das Neue Testament aufschlagen, nicht viel anders ergangen war als vor Jahrhunderten den Bauern, die nicht lesen konnten. Denn wie eine Bilderbibel hatten uns diese Fenster wieder mit den Geschehnissen des Buchs der Bücher vertraut gemacht. Und das war ja wohl der tiefere Sinn, aus dem sie einst entstanden und den sie noch heute erfüllen.

Mühlen im Schilf

Fährt man aus Gouda in südlicher Richtung nach Dordrecht hinaus, kann man bei Krimpen mit einer Fähre über den Krommen Rijn setzen, der freilich inzwischen – noch breiter, aber auch gerader geworden und nun viel entschlossener Rotterdam und der Nordsee zustrebend – seinen Namen gewechselt hat und schon längst Lek heißt. Vorher liegen noch Dörfer am Weg, von denen mir zeitlebens unvergeßlich bleiben wird, wie sich dort einst der in jenem Jahr besonders zeitige Flieder lila und weiß über brüchige Kirchhofsmauern ergoß.

Hat man jedoch die Fähre erst hinter sich, ist man auch schon bald in Kinderdijk und Alblasserdam – zwei Industriedörfern, aufgereiht an einer einzigen Straße, an einem hohen Deich, entlang einem breiten Kanal zwischen dem Lek und dem Waal, und man weiß nicht, wo der eine Ort aufhört und der andere beginnt. Rechts liegen, bis an das Wasser heran- und oft sogar bis in das Wasser hineingebaut, Schiffswerften und Reparaturwerkstätten, Anker- und Kettenschmieden, Maschinenfabriken und Blechpressen mit ihren Helligen und Docks, ihren Masten und Schornsteinen, ihren Kränen, Hebebühnen und Laufkatzen. Hier gleitet so manches Seeschiff vom Stapel, und hier macht so mancher rostige Veteran der Weltmeere eine Verjüngungskur durch. Links dagegen ziehen sich, auf die Deichschräge gebaut, Läden, Kneipen und niedrige Arbeiterhäuser kilometerweit dahin – eines wie das andere, nur manchmal unterschieden durch eine hübschere Haustür, blankere Fenster oder einen besonders liebevoll angelegten Miniaturgarten.

Hinter ihnen aber liegen in dem grünen, von Wasserläufen durchzogenen Schilfdschungel, dem paradiesisch-unversehrten Quartier der Rohrdommeln und Regenpfeifer, Wildenten, Bekassinen und Haubentaucher, Möwen, Reiher und wilden Schwäne, die berühmten Mühlen von Kinderdijk. Vereinzelte Wege führen hin zu ihnen. Anfangs, nahe dem Deich, treiben noch schwimmende Gärten – von Pfählen, Brettern und Drahtgeflechten zusammengehaltene Erdfleckchen mit Möhren- und Salatbeeten, Erbsenhecken und Bohnenstauden, nur mit Kähnen zu erreichen – in den Ausbuchtungen der Kanäle oder in den leise anplätschernden Wellen kleiner Teiche. Doch bald gibt es nur noch Schilf, braunes Sumpfwasser und die Mühlen, und je mehr das Dröhnen der Motoren, das Kreischen der Metallsägen, das Stampfen der Pressen und das Rattern der Niethämmer abschwillt, um so stärker schwillt die Polyphonie des Dschungels an, aus der sich unterscheidbar allein das Gequak der Frösche, das Schreien der Möwen und das Quorren der Rohrdommeln abhebt. Schwalben, die unter den Dachhauben der Mühlen nisten, schießen hin und her über den Himmel. Hoch über dem Weg, der sich in der Ferne vor der blauen Kontur des Kirchturms von Molenaarsgraaf verliert, rüttelt ein Falke, stürzt rasend schnell nieder und streicht gleich darauf mit seiner Beute in den Fängen über das Schilf ab, einer Kopfweide zu.

Irgendwo an einem Gewässer saß ein alter Mann mit seiner Angel. Wir wollten uns ins Gras setzen, er aber rückte auf seiner Decke zur Seite, das Gras sei noch naß. Dann machte er eine weite Handbewegung rundum – »mooi, niet?«. Ja, es ist schön hier. Wonach er angle, fragten wir. »Paaling«, sagte er, Aal. Aber er fing nichts, er schien auch nicht sehr darauf aus. Die nackten Füße in die Sonne, die Angel ins Wasser zu halten, Pfeife zu rauchen, den Schwalben nachzublinzeln oder dem Rauch des Tabaks, zu spüren, daß es Mai ist und warm – was will man mehr!

Tee in Dordrecht

Im Café ›Centre Ville‹ läßt es sich gut über Dordrecht nachdenken. Denn es ist still in ihm, obwohl es auf der Voorstraat liegt, im Zentrum der Stadt, auch in ihrem ältesten Teil, der freilich noch heute der belebteste ist. Durch die hohen Fenster fällt schräg die Nachmittagssonne herein, doch kaum ein Geräusch von draußen. Ein paar Gäste sind in ihre Zeitungen vertieft, andere spielen Billard, und das Rascheln der Zeitungsseiten und das leise Klicken der Elfenbeinkugeln ist alles, was man hört, wenn nicht gerade jemand einen Kaffee bestellt, einen Tee, ein Bier, einen Genever oder eine Zigarre. Doch die diskrete Geschäftigkeit, die sich dann erhebt, sinkt schnell wieder in die alte Beschaulichkeit zurück.

Zu sehen hingegen gibt es immer etwas. Vor den Fenstern treiben Leute vorbei: Frauen mit Kinderwagen und Einkaufstaschen, ernste Männer in Geschäftsgesprächen, bei denen es um Gulden, Cents und Zehntelcents gehen mag, junge Leute, die vor einem Kino Bilder des Films ›Insel der Lüste‹ betrachten, und Fremde, die zu gotischen Giebeln und windschiefen Kaminen emporblicken und unglaublich alte Jahreszahlen und Hausinschriften lesen. Auf dem kleinen Platz vor dem Café hat der Kellner zur Freude der Tauben Brotkrumen und Käserinden ausgestreut. Vor dem Portal der Wallonischen Kirche wartet ein junger Mann mit seinem zottigen Hund, dann kommt ein blondes Mädchen, und die drei gehen zusammen fort.

Mit seiner bröckelnden Rückfront, der man das vielhundertjährige Alter des Hauses ansieht, steht das ›Centre Ville‹ im Wasser des grachtartigen Voorstraathavens – in dem schon die schlanken Drachenkopfboote plündernder Normannen gelegen haben sollen, falls Dordrecht damals überhaupt schon bestand und sich hier etwas zu plündern fand – und mit seiner Vorderfront im Schlick der Sandbänke des Waals, der sich hier seltsamerweise Oude Maas nennt, und seines Nebenarms Merwede: wie die meisten Häuser dieser von Wasserarmen umgebenen und von Wasserarmen durchzogenen Stadt, die zudem seit der berüchtigten St.-Elisabeths-Flut von 1421 lange Zeit in einer Art Binnensee lag, halb Wasser und halb Morast, der sich westwärts bis in die Gegend von Hoek van Holland erstreckte, im Norden bis kurz vor Gouda, im Osten bis nach Gorinchem und nach Süden weit über Hollandsch Diep hinaus. Erst im 17. Jahrhundert wurden Teile des verlorenen Landes durch Trockenlegungen zurückgewonnen, die letzten erst um 1926.

Trotzdem hat man, wenn man stch heute Dordrecht nähert, und besonders, wenn man aus der Richtung von Gouda und Kinderdijk kommt, noch immer das Gefühl, eine Insel zu betreten – zwar keine Insel mehr inmitten eines Sees, jedoch inmitten eines verwirrenden Geflechts breiter Flußläufe, zwischen denen – so eindrucksvoll wie anf alten Dordrechter Stadtansichten – diese Stadt mit ihren Schiffsmasten und Windmühlen, ihren Kuppeln und Türmen, den hohen Rücken ihrer Kirchendächer und dem Gezack ihrer Giebel aufsteigt, diese Stadt, von der die Lokalpatrioten schwören, sie sei die älteste der Niederlande und ihre Geburtsstunde läge weit zurüch im Dunkel der Geschicht – ein Umstand, dessen sich immer nur ganz besonders alte Städte rühmen könnten. Andere Leute hingegen, weniger lokalpatriotisch eingestimmt, wollen davon nichts wissen und geben zu bedenken, man habe anderswo in den Niederlanden ›schon Kathedralen gebaut, als hier noch ungestört die Frösche hüpften‹, denn die

Geburtsstunde Dordrechts läge erst im 11. Jahrhundert. Dennoch bleiben die Prospekte des Städtischen Fremdenverkehrsvereins dabei, Dordrecht die ›älteste Stadt der Niederlande‹ zu nennen, so wie sie auch dabeibleiben, es unentwegt mit Venedig zu vergleichen.

Allerdings ist dieser Vergleich nicht so gänzlich absurd, wie es scheinen mag. Der enge, lange Hafen beispielsweise, in dem die Häuser der Voorstraat gründen, hat vielerlei Brücken: schmale und breitere, einige sind nur Stege, doch manche so breit, daß Häuser auf ihnen Platz haben. Selbst ein Marktplatz, auf dem an Freitagen rund um ein Denkmal Fleisch und Wurst, Fisch und Käse, Gemüse, Obst und Blumen feilgeboten werden, überspannt ihn, und ebenso das Rathaus, ursprünglich ein kostbares gotisches Bauwerk mit einem Uhrturm, vier Erkern und einem Dachreiter mit einem Glockenspiel. 1383 wurde es als Zunfthaus der Flämischen Kaufmannschaft errichtet. Seit 1544 dient es als Rathaus, erhielt während der Renaissance einen kunstvollen Architrav und schöne Fenstereinfassungen aus Sandstein und wurde 1835 leider neoklassizistisch verschandelt. Heute ist es ein Allerweltsgebäude mit einer pompösen Säulenvorhalle, abblätterndem Verputz und schmutzigen Fenstern. Doch der erwähnte Anklang an Venedig tritt unübersehbar hervor, wenn man auf einer dieser Brücken steht und den Hafen hinauf- oder hinabblickt. Denn das Bild des Verfalls ähnelt verzweifelt dem an venezianischen Kanälen.

Zudem ist in dieser düsteren Schlucht zwischen altersgebeugten Häusern das Wasser trüb und grau und voller Unrat. Ausgediente Fahrräder und zerbrochenes Geschirr, Kisten, ein aufgequollenes Sofa, ein Küchenherd und Flaschen, eine Nähmaschine aus Großmutters Tagen und weggeworfene Schuhe, die verrostete Motorhaube eines Autos und Konservenbüchsen haben sich in ihm mit vielem anderen zusammengesellt und den schlierigen Schleim brackigen Wassers angesetzt. Venezianische Reminiszenzen stellen sich da ganz ohne Zutun des Städtischen Fremdenverkehrsvereins ein, zumal die Häuser aus dem 15., 16. und 17. Jahrhundert sachte unterzugehen scheinen – ganz wie in der Stadt an der Adria. Jedenfalls glaubt man sie tiefer und tiefer versinken, sich weiter und weiter neigen zu sehen. Die Risse in den Gemäuern spreizen sich breiter und breiter, und wiederum wie in Venedig scheint auch hier die Stunde der sensationellen Zeitungsschlagzeilen nicht mehr allzu fern: Halb Dordrecht eingestürzt und versunken!

Trotzdem wird es hier kaum dazu kommen. Denn immer wieder werden die vor Alter schwächsten Häuser mit Betonpfählen und neuen Fundamenten unterfangen, Risse werden geflickt und neue Streben, Stützen und Wände eingezogen. In die Anatomie eines solchen Rettungswerkes großen Stils konnte man im Frühjahr 1970 Einblick nehmen, als die Groothoofdspoort am anderen Ende der Stadt zwar nicht im Wasser eines Hafens, sondern im Fließsand des Stromufers zu versinken drohte.

Damals wurde das prunkvolle Renaissance-Stadttor von 1618 mit seinen meterdicken Mauern, seinen Gewölben, seinem achteckigen Turm, seiner patinagrünen Kuppel, seinem delikaten Steinmetzwerk, von unschätzbarem Gewicht, fachgerecht unterminiert. Pfähle wurden in die Erde getrieben, Betonträger und Stahlroste aufgelegt und danach die Zwischenräume des neuen Stützsystems mit Beton ausgegossen. Nun ruht das Stadttor auf einem unterirdischen Betonblock, und der Fluß und der Fließsand werden erneut Jahrhunderte benötigen, ehe wieder eine Rettungsaktion nötig sein wird.

In der Stille des ›Centre Ville‹ läßt es sich gründlich und gut über Dordrecht nachdenken – hier im Zentrum der Stadt, auf dem fast tausendjährigen Boden ihrer Geschichte. Auf dem kleinen Platz davor haben die Tauben inzwischen die Käserinden und das Brot aufgepickt und stehen nun zufrieden aufgeplustert herum. Auf den Querstangen eines eisernen Brückengeländers sitzen Spatzen wie Noten auf schwarzen Zeilen, und ein musikalischerer Mensch als ich müßte sich darauf eine Melodie machen können. Jenseits der Gracht prangt ein gerade restauriertes Haus aus dem 15. Jahrhundert, das den großen Stadtbrand von 1457 überstanden hatte, in neuer Schönheit, die sicherlich die alte, nur so lange schon verloren gewesene sein wird. Seine Türen und Fenster sind frisch gestrichen. Bläulich schimmern, noch ohne den obligaten Moosbelag aller Dächer seenaher Städte, die neuen Schieferplatten, und die Backsteinmauern, durch Sandstrahlgebläse vom Schmutz vieler Jahrhunderte befreit, leuchten genauso rosafarben wie auf dem tiefblauen Himmel die Lämmerwölkchen, vor denen sich wuchtig und ernst der Turm der Groote Kerk abhebt: vierkantig und oben abgeflacht, mit einer Balustrade und merkwürdigen Uhrgehäusen, umflattert von Dohlen.

Wie die meisten Kirchen ihres Ranges in Holland hat auch die Groote Kerk alle Stadien vom Kapellchen eines kleinen Fischerdorfs zur Repräsentationskirche einer wohlhabenden Hafen- und Handelsstadt durchlaufen. Weithin sichtbar über Land und Wasser liegt sie zwischen mindestens fünf Hafenbecken am Ufer der Oude Maas – eine langgestreckte spätgotische Kreuzbasilika mit markantem Turm und einem Kranz von einundzwanzig Kapellen rund um den Chor, das hohe Innere lichtdurchflutet unter einem Netzgewölbe, getragen von dreiunddreißig schlanken Säulen mit glatten Schäften und gotischen Kapitellen.

Bis zur Reformation hieß sie Onze lieve Vrouwe-Kerk. Der Bau wurde gegen Ende des 11. Jahrhunderts begonnen, das genaue Jahr weiß man nicht, der Grundstein ihres Turms 1339 gelegt. Doch ihre Baugeschichte geht bis ins 17. Jahrhundert, in dem Dordrecht außer durch seine Schiffahrt auch durch seine Zucker-, Tabak- und vor allem durch seine Salzindustrie zu Reichtum und Geltung gekommen und mit achtzehn Siedereien Hollands größter Salzproduzent geworden war. Damals erhielt die Groote Kerk ihre letzte Vollendung. Heute ist sie mit einer Außenlänge von genau einhundert und einer Dachhöhe von fünfundzwanzig Metern nicht allein eine der größten Kirchen auf dem unsicheren Boden Hollands, sondern auch eine der eindrucksvollsten. Besonders, wenn man sie vom anderen Ufer betrachtet. Denn dann liegt sie drüben wie an der Küste eines Meeres.

Eine der Kapellen rund um den Chor war in katholischer Zeit Sankt Sura geweiht – einer legendären Heiligen, deren Namen man freilich im Heiligenkalender vergeblich sucht. Sie soll eine so arme wie fromme Magd aus Dordrecht gewesen sein, der der Anblick der unfertigen Kirche ins Herz schnitt, als irgendwann im Mittelalter der Weiterbau aus Geldmangel stockte. Obwohl sie nur über drei Pfennig verfügte, warb sie Bauarbeiter an und ließ den Kirchenbau weiterführen, doch auf wundertätige Weise kehrten die drei Pfennig, immer wenn Sura sie ausgegeben hatte, wieder in ihren Beutel zurück, so daß sie an jedem Zahltag die Arbeiter entlohnen konnte. Dies erweckte unter ihnen den Anschein, als verfüge die Magd über große Geldmittel, und zwei von ihnen beschlossen, Sura zu ermorden und zu berauben. Sie erstachen sie eines Abends mit einem Fischmesser, fanden aber in der Tasche der Toten nur die drei Pfennig, die mit dem Mord ihre Wunderkraft verloren hatten. Die Mörder wurden gefaßt und zum Tod verurteilt. Doch die Tote erschien vor Gericht, entzog die Missetäter ihren Richtern und führte sie nach Rom, wo ihnen der Papst auf Suras Bitte Straffreiheit gewährte. Danach durften die beiden wieder nach Dordrecht zurückkehren, um hier bis an ihr sicherlich seliges Ende »getreulich und fleißig an der Fertigstellung der Kirche zu werken«. Ihren Lohn aber erhielten sie genau wie zu Suras Lebzeiten auch weiterhin pünktlich an jedem Zahltag. Sie fanden ihn unter einem bestimmten Stein am Fuß einer bestimmten Säule – ausgezahlt, wie die Legende nicht hervorzuheben vergißt, von Sankt Sura selbst.

Dordrecht besitzt acht Häfen. Der älteste ist der Voorstraatshaven, jünger sind der Nieuwe Haven, der 1409, und vor allem das Maartensgat, der Wolwevers- und der Kalkhaven, die erst um 1620 gegraben wurden – langgestreckte Becken, in denen einst fünfzig Segler oder mehr nach großer Fahrt festmachen konnten und an denen entlang die nobelsten Patrizier- und die sehenswertesten Speicherhäuser Dordrechts stehen: Renaissance-, Barock- und klassizistische Gebäude, die einen wie die anderen, geschmückt mit gezackten oder geschwungenen Giebeln, mit Wappen, Wappenfiguren, nautischen Symbolen oder geschnörkelten Sandsteingirlanden, mit gräzisierenden Kronleisten oder Halbsäulen.

An den schwarzen Toren mancher Speicherhäuser ist in großen Lettern noch immer zu lesen, wohin die einstens darin eingelagerten Güter – vornehmlich Salz und Rohrzucker, Rheinweine, Tuche und Getreide – bestimmt waren: nach Rußland und England, nach Nürnberg und Stockholm, und von den Wohnhäusern der Reeder und Kaufherren tragen wenigstens zwei die unverkennbare Signatur Pieter Posts, des teuersten Architekten um 1700 und Hofbaumeisters der Prinzen von Oranien, den sich außer Fürstlichkeiten nur die königlichen Kaufleute leisten konnten.

Eines dieser Häuser steht zwischen dem Nieuwe Haven und dem Maartensgat auf der Engelburgerkade, – ›Kade‹ heißt Kai – und wie so viele Häuser in dieser Stadt steht auch dieses mit seiner Rückfront im Wasser und mit seiner Vorderfront ebenfalls nicht weit davon; das andere findet man in ähnlicher Lage dort am Voorstraatshaven, wo er weniger grachtartig und ein bißchen hafenmäßiger aussieht – auf der Wijnstraat nämlich. Doch nicht allein durch ihre Standorte gleichen sie sich, mehr noch bis in Details hinein in ihrem Aussehen: beide sind unter klassizistischen Dreiecksgiebeln nur ein Stockwerk hoch, weisen fünf Fenster im ersten Stock und vier im Erdgeschoß auf, zu beider Portale führen Freitreppen hinan, die Front des einen wie des anderen ist durch Pilaster harmonisch gegliedert, und in ihren flachen Giebeln tragen sie alte Wappen, die in frischen Farben leuchten...

Vor den Türen solcher oder ähnlicher Palais legten früher die hochbordigen Schiffe mit den ›acht Segeln und fünfzig Kanonen‹ an und entluden ihre Fracht in die Speicherhäuser nebenan; heute jedoch wiegen sich vor denselben Türen chrom- und glasblitzende Luxusyachten, denn noch immer ist hinter so mancher von ihnen die alte Wohlhabenheit daheim. Das Porzellan, aus dem man den Tee zu nehmen pflegt, ist oft wertvolles Alt-Meißen, der Tee stammt aus Ceylon, ›geurige melange‹ mit einer zarten Spur von Rauch im Geschmack, aber nur er allein ist keine fast unbezahlbare Kostbarkeit mehr wie in früheren Zeiten, sondern ist – hundert Gramm für einen Gulden – wohlfeil in den Kettenläden von Albert Heijn oder Simon de Wit zu haben, wohingegen die Möbel wiederum erlesener flämischer Barock oder französisches Empire sind; honigfarbenes Nußbaumholz mit jenem warmen Glanz, der sich nur in Generationen mit Fleiß und Bienenwachs hineinpolieren läßt.

Über den Marmorkaminen hängen dunkle, alte Bilder. Auf einem eine Dreimastbark, einst der Stolz dieses Handelshauses, das Flaggschiff seiner Flotte, in windschneller Fahrt. Auf dem Gegenstück ragt hoch über eine Dordrechter Hafenmauer ein Achtersteven mit seinem Schnitzwerk und den zwei Reihen bleigefaßter Fenster der Kapitäns- und Offizierskajüten, selber überragt vom Turm der Groote Kerk. Ein drittes Bild, viel jünger, könnte von Jongkind sein: ein Kanal mit Pappeln und im Hintergrund, in graublauem Dunst, die Umrisse einer Stadt. Ansonsten nur Ahnenporträts – Männer mit den plissierten Halskrausen und runden Hüten des 17. Jahrhunderts, zusammengekniffene Augen in hageren oder feisten Gesichtern voller Unternehmungsgeist und Abwägen können, von den Frauen nicht eine hübsch, doch jede selbstbewußt, vom calvinistischem Bewußtsein der Auserwähltheit gleichermaßen durchdrungen wie vom Wert der Goldgulden in der eisenbeschlagenen Kassette unter dem Ehebett.

Eine ganze Wand ist vollgestellt mit Büchern in weißen Regalen: alte Atlanten und Reisebeschreibungen, Romane der Voltairezeit in Saffianleder, eine Geschichte der holländischen

Seefahrt in sechs und ›Het Land van Rembrand‹ in drei Bänden, auch Multatuli ist vorhanden, Multatuli sogar vollzählig, gesammelte Werke, Multatuli – der Rebell, der Nestbeschmutzer, der Ankläger grausamer holländischer Kolonialmethoden. Auch etwas Schiller, etwas Goethe, dann Charles Dickens und die Gedichte von Lord Byron. ›Wem die Stunde schlägt‹ von Hemingway, ›Die Zukunft hat schon begonnen‹ von Jungk, von Kirst ›08/15‹ und von Günter Grass die ›Hundejahre‹, denn hier geht man mit der Zeit, ist immer mit der Zeit gegangen, und das ist nicht nur literarisch zu verstehen, auch politisch – und vor allem wirtschaftlich. Den Wandlungen hat man sich stets anzupassen, mit ihren Problemen immer fertig zu werden gewußt. Man ist dabei gut gefahren; man war Establishment, man ist es noch, so Gott will wird man es bleiben. Zwar siedet man kein Salz mehr, verschifft keinen Rheinwein mehr nach Stockholm oder Petersburg, handelt jedoch noch immer mit Nürnberg und bezieht Schiffsmotoren aus Augsburg und Köln. Man wohnt wie eh und je in Dordrecht, aber sein Büro hat man in Rotterdam. Man baut Schiffe, leitet Reedereien oder Fabriken, hat seine Hände im Ölgeschäft, besitzt Anteile und Aktien, und wenn man die Zeitung aufschlägt, dann zuerst den Börsenteil. Man ist zufrieden mit sich, weniger mit der Welt, um so mehr mit der Konjunktur. Man hat keine Illusionen und dennoch Vertrauen in die Zukunft, und besonders die Frauen in solchen Häusern haben den Zug calvinistischen Auserwählt-Bewußtseins um den Mund bis auf den heutigen Tag nicht verloren.

Im Café ›Centre Ville‹, in dem es sich so gut über Dordrecht, seine Geschichte und die Menschen, die sie und die Stadt prägten, nachdenken läßt, ist die Borrelstunde gekommen – jene laute, aufatmende, fröhliche Stunde nach Feierabend, zu der sich wie allerorts in Holland auch hier die Männer aus den Läden, Kontoren und Amtsstuben rundum auf ein Glas Genever einfinden, ehe sie zu ihren Familien, dem Abendessen, der Zeitung und dem Fernsehen enteilen. Indessen flammen auf der Voorstraat die Gaslaternen auf. Über einem Tor inmitten einer heruntergekommenen Häuserzeile hinter dem Augustinerkloster, nicht weit von hier, kann man in ihrem Licht die Inschrift DIT IS DE MUINTE DES ROMEYNSCHEN KEYZERS EN DE GRAEFFELICKHEITS VAN HOLLANT lesen. Das Tor mit seinen italienischen Kandelabermotiven ist das früheste Zeugnis der Renaissance in Dordrecht und stammt aus dem Jahr 1555. Durchschreitet man es, gelangt man durch eine anderthalb Meter breite Gasse voller Mülleimer und fauchender Katzen zum Münzgebäude, in dem sich nun eine Musikschule befindet, und dann zum Spuihaven. Aus ihm und den anderen Häfen der Stadt steigt eine nasse Kühle auf und beschlägt das Blech und das Glas parkender Autos. Denn längst ist die Sonne hinter den Dächern verschwunden. Doch stünde man jetzt am Strom, so könnte man statt ihrer den Mond als feurige Kugel am pflaumenblauen Himmel hängen sehen – eine Handbreit über den Erlengebüschen des jenseitigen Ufers und der Nebelbank über dem Wasser.

Rotterdam, der größte Hafen der Welt

Wenn die Holländer in ihrem brettflachen Land einmal hoch hinaus wollen, fahren sie nach Rotterdam, lösen für zwei Gulden fünfzig ein Ticket und schweben in einer Aussichtsgondel den ›Euromast‹ hinauf. 1960 war er erst einhundertundzehn Meter hoch, doch dann setzte man ihm noch den sogenannten Space-tower auf, und so mißt der Mast nun seit 1970 fast zweihundert Meter, damit das höchste Bauwerk im gesamten Königreich. Wir fuhren ebenfalls hinauf, um von dort oben einen Blick auf Rotterdam zu werfen, und dies war, das sei gleich gesagt, ein Erlebnis: weit im Westen stand hinter Hoek van Holland wie eine graue Nebelwand das offene Meer, im Nordwesten verflossen Den Haag und Delft ineinander, im Osten dehnte sich, durchzogen vom dunklen Mäanderband der Ströme Rhein und Maas, grünes Bauernland bis Gouda, Schoonhoven, Gorinchem und Getruidenberg, im Süden riß hinter Dordrecht Hollandsch Diep eine weite Wasserkluft zwischen den Provinzen Südholland und Nordbrabant auf, im Südwesten ahnten wir die Inselwelt von Seeland, doch unter uns lag, eine Stadt zum Verlaufen und Verirren, Rotterdam mit seinen Strömen, Kanälen und Nebenkanälen, seinen Hafenbecken, Kranwäldern, Docks und Helligen, seinen Überseegeschwadern und Binnenschiffsflotten, seinen Speichern, Lagerhallen und Fabriken und den buntgestrichenen oder silbern schimmernden Tankbatterien der Erdölraffinerien; unter uns lag Rotterdam mit seinen in Tausenden von Fenstern Himmel und Erde spiegelnden Hochhäusern und den düsteren Backsteinwüsten der Vorstädte, mit seinen breiten Boulevards und engen Gassen, seinen ausladenden Plätzen und verschrobenen Winkeln, seinen weitgespannten Brücken, schmalen Stegen und tief unter der Sohle der Flüsse und Kanäle dahinführenden Tunnels – unter uns lag im harten Licht eines kühlen, sonnigen Septembertags Rotterdam: mit über siebenhunderttausend Einwohnern die zweitgrößte Stadt des Landes und mit einem jährlichen Lösch- und Ladeaufkommen von über dreißigtausend See- und mehr als zweihundertundsiebzigtausend Binnenschiffen der größte Hafen der Welt.

Rotterdam liegt an Lek und Maas und an der Rotte, einem Flüßchen, das aus der Gegend von Zoetermeer und Moercapelle kommt. Dort schlängelt es sich, von Kopfweiden begleitet, durch saftige Wiesen. Im Sommer stehen an seinen Ufern oft Kühe bis zum Bauch in seinem kühlen Entengrützewasser, bis es sich schließlich im Häusermeer der Stadt verliert, der ausgerechnet dieses Flüßchen den Namen gab.

Urkundlich erwähnt wurde der Damm an der Rotte, auf dem einige Fischer ihre Holz- und Lehmhütten erbaut hatten, erstmals im Jahr 1283. Doch die Ansiedlung entwickelte sich nach und nach zu einem Dorf, das Dorf wuchs weiter und bereits 1340 gewährte man ihm Stadtrechte. In der Folgezeit gelangte die junge Stadt durch den mühseligen Heringsfang zu einiger Bedeutung; zu größerer allerdings erst, als sie sich in Befolgung der altholländischen Weisheit, daß ein kleines Stückchen Handel mehr einbringt als ein noch so großes Stück Arbeit, auf den Transport von Seegütern für fremde Rechnung und schließlich auf den Handel warf, und im 17. Jahrhundert war Rotterdam schon der zweitgrößte Handelshafen nach Amsterdam.

Dann jedoch kam die Stagnation und mit ihr der Rückgang: für die immer größer werdenden Segler des 17. und 18. Jahrhunderts lag das an der Maas gelegene Rotterdam mit einem Mal zu weit vom Meer entfernt, zu schwierig erschien das Einlaufen wegen der zahlreichen Sandbänke und Untiefen im Strom, zu gefährlich besonders bei Stürmen; zudem versandeten allmählich die Hafenbecken. Die Stadt schien den Anschluß an die Zukunft verloren zu haben. Zwar legte der Wasserbauingenieur Cruquius den Stadtbehörden 1731 einen Plan vor, Rotterdam durch einen Kanal auf kürzerem Weg als über die Maas mit dem offenen Meer zu verbinden, doch der Magistrat biß nicht an, vermutlich der hohen Baukosten wegen. Erst als dieser Plan ungefähr hundertundvierzig Jahre später von einem anderen Wasserbauingenieur namens Caland erneut aufgegriffen und in modernisierter Fassung vorgelegt wurde, konnte er sich durchsetzen. Und so entstand 1872 der Nieuwe Waterweg zwischen Rotterdam und Hoek van Holland, zwischen der Stadt und dem offenen Meer: Rotterdams Rettung vor dem Versinken in die Bedeutungslosigkeit. Freilich kam hier eines zum anderen, und nicht zuletzt verdankte die alte Hafenstadt ihren neuen Aufschwung dem Umstand, daß sich Deutschland inzwischen zu einer Industrienation entwickelt hatte. An Rhein und Ruhr und Rhein und Main waren Industriegebiete bislang unbekannten Ausmaßes entstanden, denen sich Rotterdam – das wie kein Hafen an der deutschen Nordseeküste mit ihnen über den direkten und billigen Transportweg des Rheins verbunden ist – nun als der natürliche Ein- und Ausfuhrhafen für Erze, Kohle, Stahl und bald auch Erdöl, wie überhaupt für sämtliche Rohstoffe und Fertigprodukte, anbot.

Die Geschichte Rotterdams verzeichnet drei verschiedene Entwicklungsphasen: das langsame Wachsen vom Fischernest zur betriebsamen Hafenstadt des 17. Jahrhunderts zwischen 1340 und 1680, die von 1872 bis 1940 dauernde Anpassung an das industrielle Zeitalter und schließlich der Wiederaufbau der im Zweiten Weltkrieg stark zerstörten Stadt mit ihrem Ausbau zum größten Hafen der Welt. Er begann nach 1945 und geht immer noch weiter, so daß sich Rotterdam nun als eine hochmoderne Stadt präsentiert, in der es kaum noch althol-

V IN EINEM BÜRGERHAUS

Ausschnitt aus dem Gemälde
›Interieur mit Frau am Spinett‹
von Emanuel de Witt (1617-1692)

Museum Boymans-van Beuningen, Rotterdam
(Eigentum Dienst voor's Rijks
Verspreide Kunstvoorwerpen)

ländische Vergangenheit zu besichtigen gibt – außer in Delfshaven, einem Außenviertel, aus dem Admiral Piet Heijn stammt, von wo aus die Pilgrim Fathers 1620 nach Amerika in See stachen und wo an und selbst über den Grachten noch heute schiefe, spitzgieblige Häuser stehen und auf Ufermauern ruhevoll Angler auf das Anbeißen eines Fisches warten.

Doch Delfshaven, einst draußen vor den Toren und Wällen Alt-Rotterdams gelegen, ist nicht die eigentliche Stadt. Denn was in Rotterdam von den vielen Überbleibseln der Vergangenheit die Hektik und Radikalität des Abbruchs und des Neubaus während der zweiten Phase der Stadtgeschichte überlebte, als man kreuz und quer durch die alte Stadt die Schneisen neuer Straßen schlug, abriß, was den Erfordernissen einer zeitgemäßen Hafenstadt im Wege stand, als man neue Geschäfts-, Industrie- und Wohnviertel aus dem Boden stampfte und weite, unerhört große Hafenbecken ausbaggerte, was also an Relikten der Vergangenheit die Verwandlung Alt-Rotterdams in eine moderne Hafenstadt überlebte, das legten dann, zusammen mit dem auf diese Weise entstandenen neuen Rotterdam, im Mai 1940 die Fliegerbomben in Schutt und Asche – auch jenes Viertel der roten Lampen, dämmrigen Kneipen und düsteren Gassen, von denen man Leute, die es kannten, noch heute schwärmen hören kann: hier waren die Matrosenlokale, hämmerten die elektrischen Klaviere, hingen die Perlenvorhänge, winkten Haifischflossen, hockten Affen auf dem Zink der Theken, konnten Papageien herrlich unanständig fluchen und die Mädchen wundersame Lügen erzählen... Doch seit dem 14. Mai 1940 ist es auch damit für immer aus und vorbei.

Die große Zäsur der Stadt Rotterdam begann in den Morgenstunden jenes strahlenden, frühsommerlichen Maitages, an dem das XXXIX. deutsche Armeekorps ihre Außenbezirke erreichte und schwere Feldhaubitz-Batterien mit der Niederkämpfung holländischer Widerstandsnester an der Maas begannen. Den damit beginnenden Untergang der Stadt schildert das Kriegstagebuch des Korps in ungerührt-sachlicher Generalstabssprache; was in ihr nicht zum Ausdruck kommt, ist das ungeheure Leid, das an diesem Tag über die Bewohner Rotterdams hereinbrach:

»14. Mai 1940: Die Befestigungen der Stadt waren so, daß Rotterdam nicht mehr als offene Stadt zu bezeichnen war. Um unnötiges Blutvergießen bei der Zivilbevölkerung von Rotterdam zu vermeiden, entsendet der Kommandierende General um 10.40 Uhr den zum Generalstab kommandierten Hauptmann Hoerst, Ic der 9. Pz. Div., mit einem persönlichen Brief an den Kommandanten von Rotterdam, um ihn zur Übergabe aufzufordern. – 14 Uhr: nach langem Warten auf die Rückkehr des Parlamentärs erschien dieser endlich um 13.40 Uhr und meldete, daß er stundenlang in Rotterdam aufgehalten worden sei, anscheinend, um Zeit für eine Verständigung mit der holländischen Regierung zu gewinnen. Er habe jedoch den Eindruck gewonnen, daß jetzt wohl Geneigtheit zum Verhandeln über die Übergabe bestände und daß ein holländischer Parlamentär um 14.00 Uhr an der Nordbrücke von Rotterdam erscheinen würde. Auf Grund dieser Nachricht entschloß sich der Kommandierende General, den auf 15.00 Uhr angesetzten Bombenangriff zunächst aufzuschieben. Durch die 7. Flieger-Division erhielt das Fliegerkorps Putzier um 13.40 Uhr den Funkbefehl: ›Bombenangriff Rotterdam wegen Übergabeverhandlungen aufgeschoben. Neue Startbereitschaft melden.‹ Unmittelbar nach Aufgabe dieses Funkbefehls fuhr der Kommandierende General nach dem neuen Gefechtsstand der 9. Panzer-Division auf der Insel zwischen der Nord- und Südbrücke von Rotterdam. – Um 14.10 Uhr erschien ein vom holländischen Kommandanten entsandter Unterhändler mit einem Brief des holländischen Kommandanten, der anscheinend nur ein Hinhalten bezwecken sollte, da der Unterhändler keinerlei Vollmachten besaß und in dem Brief nur allgemeine Redensarten enthalten waren. – Der holländische Hauptmann wurde um 14.30 Uhr mit einer neuen

Frist abgeschickt, die auf 18.00 Uhr festgesetzt wurde. – Dem Fliegerkorps Putzier, das für den Angriff bereitstand, war der Funkbefehl gegeben worden, nicht zu starten. Das völlige Abstoppen des Angriffs war aber technisch nicht mehr möglich gewesen, so daß noch ungefähr ein Drittel der angesetzten Verbände startete. – Vor Beendigung der Verhandlungen fiel von diesen Verbänden um 15.00 Uhr noch ein Teil der Bomben zur selben Zeit, als über die Brücke der Unterhändler zurückkehrte. Etwa 50 Bomben trafen den Stadtteil am Nordufer der Maas, Rotterdam-Mitte und -Ost. Auch durch die vom Boden abgeschossenen roten Leuchtkugeln konnte der Angriff nicht mehr aufgehalten werden. Diese Stadtteile wurden stark zerstört und brannten an vielen Stellen so stark, daß durch die Rauchschwaden eine weitere genaue Beobachtung nicht mehr möglich war. – Um 17.10 Uhr erschienen beim Kommandierenden General holländische Unterhändler, darunter Oberst Scharroo, der Kommandant von Rotterdam selbst, der einen völlig verstörten Eindruck machte. Die Stadt wird bedingungslos übergeben.«

Was jedoch der Tagebuchschreiber am Abend des 14. Mai 1940 noch nicht wissen konnte: neunhundert Menschen hatten unter den deutschen Fliegerbomben ihr Leben verloren und 28 tausend Häuser, vierundzwanzig Kirchen, neunundsechzig Schulen und 2350 Geschäfte, Betriebe und Kontore waren zerstört oder beschädigt worden. Ossip Zadkines 1953 geschaffenes, den jeder irdischen Tröstung beraubten Menschen darstellendes ›Denkmal für eine zerstörte Stadt‹ erinnert daran, und ebenfalls wie ein Denkmal für eine zerstörte Stadt nahm sich am Abend jenes Maitages der zerspellte Turm der St. Laurenskerk aus, der sich einsam über Ruinen, Schuttberge, Brände und Rauchwolken erhob.

Schon bald nach der Zerstörung Rotterdams setzte die dritte Phase der Stadtgeschichte ein. »Während die Trümmer noch schwelten«, so schreibt L. van Egeraat, »arbeitete man bereits an einem Wiederaufbauplan. Der Schutt wurde weggeräumt – man hätte mit ihm eine siebzig Kilometer lange, acht Meter dicke und zehn Meter hohe Mauer bauen können«, und gleich nach dem Krieg entstand eine neue Stadt, »eine der modernsten Europas«. Denn das Rotterdam vor dem Bombenfall war eine häßliche Stadt gewesen, man hatte zwischen 1872 und 1940 »weder Kosten noch Mühe gescheut, Rotterdam so gründlich wie nur möglich zu verunstalten ... Das war die Zeit, in der ein Rotterdamer mehr Ängste ausstand um einen ins Wasser gefallenen Ballen Tabak als um einen ertrinkenden Künstler ... Fluß und Hafen, das war das einzige, was interessierte; ob die Stadt, die dahinterlag, hübsch oder häßlich war, das war höchst gleichgültig. Aber nach 1945 wurde das alles anders. Eine tatkräftige Bevölkerung ergriff die Gelegenheit, ihre alte häßliche Stadt auf die modernste und fortschrittlichste Weise neu aufzubauen ... Mit ihrer vollendeten und großzügigen Anlage und Bauweise legt sie ein glänzendes Zeugnis für den Mut und das Können des Landes ab: Rotterdam von heute ist dynamisch und großartig, modern und imponierend.«

Und Rotterdam entwickelte sich zum größten Hafen der Welt und zu einem europäischen Hauptumschlagplatz für Erdöl. Weil aber für die Mammuttanker unserer Tage mit ihren dreihunderttausend und mehr Bruttoregistertonnen selbst der Nieuwe Waterweg zu eng und seicht ist, schob sich Rotterdam bis nach Hoek van Holland vor, bis an den Strand der Nordsee. Dort entstand der ›Europoort‹ mit seinen tiefen Fahrtrinnen und riesigen Länden und Becken, ein Hafengebiet, das nicht allein den Mammuttankern das Anlaufen ermöglicht, sondern ihre Fracht, das Rohöl, auch sogleich weiterzuverarbeiten vermag – ein überwältigendes Panorama von Raffinerien und Tanklagern bei Tage, und bei Nacht ein Meer von Licht unter einem roten Himmel.

Heute ist Rotterdam – entworfen auf dem Reißbrett, konzipiert nach funktionellen Gesichtspunkten, angelegt ausschließlich nach dem Maßstab purer Zweckdienlichkeit

– eine Stadt von derselben ingenieurhaften Schönheit, wie man sie etwa an einem gut durchkonstruierten Motor zu bewundern geneigt ist. Aber das ist trotzdem keine kalte Schönheit, schon gar keine feindselige, sondern eine vernünftige, von der man sich sagt: so muß eine Stadt von heute, zumal eine, die ihre Stunde Null gehabt hat, und erst recht eine Stadt der Zukunft nun einmal sein, da hilft es nichts, keine andere Lösung ist denkbar. Aber den Reizen Rotterdams läßt sich nicht aus der Vogelschau vom ›Euromast‹ auf die Schliche kommen; so wie alte Städte muß man auch diese neue durchlaufen, sich in ihr womöglich verlaufen haben, um zu erfahren, ob es sich in ihr leben läßt.

Verschiedenerlei trägt zu dieser Erfahrung von der Humanität der Retortenstadt bei: etwa die jungen Männer mit den üppigen Bärten und die jungen Mädchen mit ihren im Seewind unbekümmert flatternden Haaren da zu Füßen des Zadkine-Denkmals, beschäftigt wie sie sind mit Marx, Mao und Marcuse und ähnlichen Irrtümern, die jede Generation für sich selber bestehen muß, oder auch bloß beschäftigt mit den Problemen des nächsten Examens; und die Rudel der Büroangestellten aus den Hochhäusern, wie sie zur Borrelstunde in die nächste Kneipe einfallen und sie mit Feierabendgelächter und Feierabendleichtsinn und mit einem kräftigen Schuß altholländischer Gemütlichkeit erfüllen, die man in diesem Chrom-Monstrum von Snackbar gar nicht für möglich gehalten hätte. Oder man sollte einmal stehenbleiben und einer Rotte Postarbeiter zusehen, die gerade tief das Straßenpflaster aufgerissen und verwirrende Kabelstränge bloßgelegt hat, in denen es nun einen Defekt zu finden oder einen neuen Anschluß zu montieren gilt, wie sie erst einmal den jüngsten Kollegen nach Bier schickt und dann die Wurst- und Käsebrote auspackt; oder man kommt aus einer Glas- und Betonschlucht unversehens an einen Kanal voller Rheinkähne, auf deren Decks Kinder sich jagen, so daß man Angst hat, sie fallen gleich ins Wasser; sie fallen jedoch nicht, die

Schiffersfrau weiß das und hängt sorglos weiter die Wäsche auf ...

Rotterdam, stellt man es sich menschenleer vor oder hat man es einmal unter einem kalten Wintervollmond morgens gegen drei oder vier menschenleer erlebt, solch ein Rotterdam mag in der Tat ein Alptraum sein; doch angefüllt mit Menschen gewinnen selbst Beton und Glas an Wärme, an Gemütlichkeit. Und dann die Museen – ich habe nicht gezählt, wie viele die Stadt hat, mehr als ein Dutzend werden es sein; es gibt das Schiffahrtsmuseum ›Prinz Hendrik‹, wo einem angesichts der Schiffsmodelle und Schiffsabbildungen aller Jahrhunderte, der nautischen Geräte und Seekarten die Geschichte des Volkes, und nicht nur seine Seefahrts- und Wirtschaftsgeschichte, klarer wird als durch viele noch so gründliche Bücher. Denn ein Bild, so sagten die Chinesen, ersetzt tausend Worte. Und wenn man mehr über die Geschichte dieser Stadt erfahren möchte, geht man in das Historische Museum, wo in Hausmodellen, Hausgerätschaften, Dioramen und Bildern Alt-Rotterdam aufersteht. In der Gemeinde-Bibliothek gibt es einen Erasmus-Saal mit Lebenszeugnissen des aus dieser Stadt stammenden Humanisten: seinen Büchern, Manuskripten und Briefen, seinen Konterfeis und denen seiner Zeitgenossen. Sogar ein Museum für das Steuerwesen ist in Rotterdam vorhanden – aber das kann doch höchstens Finanzbeamte und Steuerberater interessieren – und ein Gendarmeriemuseum besitzt diese Stadt und eines für die Feuerwehr. Vor allem aber hat sie das Museum Boymans-van Beuningen, in dem ›Der verlorene Sohn‹ von Hieronymus Bosch hängt, an dem mir stets besser als der gar zu traurige verlorene Sohn mit seinem armseligen Ranzen im Vordergrund der Hintergrund gefiel: mit Hund, Kuh und Schweinen und der Fachwerk-Bruchbude mit dem durchlöcherten Dach, den schief in den Angeln hängenden Fensterflügeln und dem desolaten Pärchen in der offenen Haustür.

Aber nicht nur mit dem Erdenüberdruß des Malers aus

s'Hertogenbosch wird man bei Boymans-van Beuningen konfrontiert, sondern auch mit dem nachdenklich über einem Stoß Papier sitzenden jungen ›Titus‹ von Rembrandt, dem Bier- und Bratengeruch geradezu ausatmenden ›Dorffest‹ von Teniers, der rosigen Diana des Peter Paul Rubens, dem für zahllose gotische Kirchen dieses Landes typischen Inneren der Alkmaarer St. Laurenskerk von Saenredam, sowie der ›Winterlandschaft‹ von Averkamp, vor der ich lange stehenblieb und mich durch nichts davon abbringen ließ, hier habe der Maler die Landschaft um Oudewater und Ijsselstein dargestellt. Ich kenne dort Partien, die genau so aussehen, wenn es Februar ist und kalt genug, daß der Schnee lange liegenbleibt. Schließlich verließen wir das Museum, und während Ursula ihre Sonnenbrille aufsetzte, wunderte ich mich, daß kein Schnee lag, sondern die Septembersonne in tausend Hochhausfenstern sprühte.

Prinz Moritz

Die Linden und Kastanien gilben bereits, die Luft war still und mild und schmeckte wie immer in Den Haag ein bißchen nach Seesalz und Jod. Auf dem Vijfer glitten mit hochgestellten Schwingen weiße und schwarze Schwäne dahin wie Prunkboote der Barockzeit oder wie altertümliche Karavellen mit vollen Segeln und sahen indigniert auf die frechen Scharen der Wildenten herab und zornig auf den Enterich, der sich im Wasser aufstellte und voller Lebenslust mit den Flügeln schlug. Auf dem Wasser des Teichs strahlten gelbe Seerosen wie kleine Sonnen, und am Ufer zogen Arbeiter die rotweißblauen Fahnen des Landes auf und die orangefarbenen des Hauses Oranien. Es war an einem Montagnachmittag, morgen würde Dienstag sein, der dritte Dienstag im September – der Prinsjesdaag. In ihrer goldenen Karosse mit den sechs Schimmeln, eskortiert von Gardeoffizieren zu Pferd, wird die Königin kommen, das Parlament eröffnen und die Thronrede halten. Auf dem Binnenhof des alten Jagdschloßes der Grafen von Holland ließ man schon heute kein Auto mehr parken; man fegte den Platz und rollte Teppiche aus. Auf den Firsten des Burgkomplexes und den Vorsprüngen der dünnen Türme der Ritterkirche saßen Tauben, aber im Wasser des Vijfer spiegelten sich die Burgtrakte und das Palais des Johan Maurits von Nassau mit seinen Wandpfeilern, seiner vollendet symmetrischen Fassade und dem flachen Dreiecksgiebel – ein Werk Pieter Posts, wie es im Buche steht. Es ist heute ein

Museum, in das es uns alljährlich aufs Neue zieht, um wenn auch nicht alles, so doch wenigstens Jan Steens ›Fröhliche Gesellschaft‹, Jan van Goyens ›Ansicht von Dordrecht‹, Paulus Potters weißen Stier, Rembrandts ›Homer‹ und Ruisdaels ›Ansicht von Haarlem‹ wiederzusehen. Denn wie es Bücher gibt, die man immer wieder einmal lesen muß, so auch Bilder, nach denen man sich sehnt...

Nun jedoch hatten wir sie wiedergesehen, saßen unter den gilbenden Kastanien und Linden am Vijfer auf einer Bank und schauten zu dem Palais am äußersten linken Ende der Schloßfront hinüber, das mit seiner Backsteinfassade, den blanken Fenstern, breiten Pilastern, dem lichtgrauen Giebel und seinem Spiegelbild im Fluß wie ein altholländisches Gemälde wirkte, und es blieb nicht aus, daß sich auch Gedanken an den Bauherrn einstellten, an Johan Maurits von Nassau, zumal wenn man wie wir im Landkreis Kleve lebt und die Konturen der Schwanenburg, die jahrelang seine Residenz war, tagtäglich im Blickfeld hat.

Johan Maurits von Nassau, bei uns im Klever Land familiär Prinz Moritz genannt, wurde am 17. Juni 1604 in Dillenburg geboren und starb am 20. Januar 1679 auf seinem Alterssitz ›Berg und Tal‹ bei Kleve. In jungen Jahren war er Offizier geworden und hatte an zahlreichen Schlachten und Feldzügen teilgenommen, an der Eroberung von Grol 1627, an der Belagerung von s'Hertogenbosch 1629, war bei der Einnahme von Rheinberg dabeigewesen, hatte den sogenannten Maasfeldzug mitgemacht und wurde 1636 Gouverneur von Brasilien, einer Kolonie der Westindischen Compagnie. Dort ließ er sogleich die Städte und Häfen befestigen, eroberte Gebiete im Küstenhinterland hinzu und ließ sich von Pieter Post, den er mit sich nach Brasilien genommen hatte, seine Residenz Mauritsstad – das heutige Pernambuco – verschönern. Als großer Liebhaber und Förderer der Malerei und Baukunst tat er Unschätzbares für die kulturelle, jedoch ebenso für die wissenschaftliche Erschließung der Kolonie. Doch da er für

Handel und Profit weniger Sinn zeigte, mißfiel er den Herren der Compagnie und wurde 1644 abberufen.

Wieder in Holland, wurde er Kommandeur der gesamten Kavallerie des Landes, aber 1647 berief ihn Kurfürst Friedrich Wilhelm von Brandenburg zum Gouverneur der Lande Kleve, Mark und Ravensberg. Zur Residenz erwählte Moritz Kleve mit seiner auf einem Höhenzug über dem Rheintal gelegenen Schwanenburg, und weil es ihm nicht genügte, lediglich oberster Verwaltungsbeamter und Militärbefehlshaber zu sein, er zudem inzwischen auch seine Liebe zur Gartenbaukunst entdeckt hatte, begann er das bislang wenig erwähnenswerte Städtchen Kleve in eine Gartenstadt von bald europäischem Ruf zu verwandeln. Auf den waldigen Hängen des sich durch eine flache Ebene windenden Höhenzuges ließ der Prinz sternförmig ausstrahlende Pfade anlegen, baute Wasserkünste, Kanäle, die keinen anderen Zweck hatten, als die spröde Niederungslandschaft aufzulockern, stellte einen Obelisken auf und ein Rundtempelchen im griechischen Stil, wie es dem damaligen Zeitgeschmack entsprach, baute breite Alleen, die er mit Linden säumen ließ, und schuf den heute verschwundenen Königsgarten sowie den noch vorhandenen Moritz-Park und den Tiergarten, der bald auf genaue Weise in Berlin nachgeahmt wurde. Dort benutzte man außerdem die Klever Lindenalleen als Anregung für die Straße ›Unter den Linden‹. Als 1730 der Holländer Claas Bruin eine Beschreibung von Kleve und seinen Gärten verfaßte, gab er ihr den bezeichnenden Titel ›Kleefsche Arkadia‹.

An der Schwanenburg, der altersgrauen Feste der einstigen Herzöge von Kleve, Jülich und Berg, ließ Prinz Moritz die beiden Innenhöfe unter dem wuchtigen Spiegel- und dem hohen, weit im Lande und bis tief nach Holland sichtbaren Schwanenturm mit Laubengängen umrahmen. Sein Stadtpalais am Vijfer von Den Haag suchte er nur noch selten auf; an das Kanzleigebäude der Burg hatte er sich als Wohnsitz den Prinsenhof anbauen lassen, der am 7. Oktober 1944 von Fliegerbomben zerstört wurde. Sein Lieblingssitz im Alter aber wurde das Landhaus ›Berg und Tal‹ vor den Toren Kleves, von dem aus man einen bezaubernden Blick auf die Niederung hat und auf die auf dem Rücken jenes Höhenzuges gelegene Stadt und Burg – diese Burg, auf der zufolge der Sage, jedoch auch nur der Sage, Elsa von Brabant und Lohengrin gelebt haben sollen. Dagegen ist es keine Legende, daß auf der Schwanenburg eine Weile Erasmus von Rotterdam zu Gast war und daß Holbein hier Prinzessin Anna von Cleve porträtierte, die spätere Gemahlin Heinrichs VIII. von England. Unterhalb von ›Berg und Tal‹ hatte sich Prinz Moritz seine Grabstätte ausgesucht: in einem kleinen Hain an der Schwelle des Höhenzuges, am Rande der Niederung. Doch als er gestorben war, ließ seine Familie seine Leiche nach Siegen überführen, wo er nun begraben liegt. In dem Hain, von einer efeuberankten halbrunden Mauer umgeben, die den Blick auf Burg und Stadt offen läßt, steht heute eine leere Tumba.

Leiden

Die Kastanien an der Pieterskerk trugen dicke Knospen. Auf den Stufen vor dem mit breitköpfigen Eisennägeln beschlagenen Bohlentor des grauen, düsteren, aus zwei wuchtigen Wehrtürmen bestehenden Gravensteen – einer ehemaligen Stadtburg der Grafen von Holland, die später als Gefängnis und Hinrichtungsstätte gedient hat –, auf diesen im Laufe der Jahrhunderte von unzähligen Schritten ausgemuldeten Steinstufen saßen zwei Mädchen von fünf oder sechs Jahren und wiegten mit ernsthaften Muttergesichtern ihre Puppen in den Schlaf. Die blanken Fenster der Giebelhäuser an der Längsseite des Kirchplatzes spiegelten die Frühlingssonne wider. Manche standen offen, und wie so oft in den alten, vornehmen Vierteln holländischer Städte glänzte im Halbdunkel der Zimmer das Holz schwerer Truhen und barocker Eckschränke, funkelte Zinn- und Kupfergeschirr und schimmerten die Leinwände ererbter Bilder, deren Farben delikat aufleuchteten, sobald das Licht sie traf. Vor dem Portal des Pesijnshofje, das schon längst kein Altersheim mehr ist, »pour des vielles gens mariez de la nation Wallone«, wie es sein Stifter Jan Pesijn einst bestimmt hatte, stieg ein spitzbärtiger Herr, der wie ein pensionierter Marineoffizier aussah, steifbeinig vom Fahrrad, nahm vom Gepäckträger einen Strauß roter Tulpen und ein Kuchenpäckchen und betätigte den Türklopfer; eine Dame öffnete, herzliche Begrüßung, große Freude auf beiden Seiten, es duftete verlockend nach Kaffee.

Jean de Pesin, ein Hugenotte aus Wallonien, der sich in Leiden Jan Pesijn nannte, es hier als Tuchkaufmann zu Wohlstand brachte und dessen Ehe mit Marie de Lanoy kinderlos geblieben war, hatte 1655 in seinem in französischer Sprache abgefaßten Testament verfügt, daß von seinem Geld nach seinem Tod einige baufällige Häuser am Kirchplatz aufgekauft und abgerissen werden sollten, und daß an ihrer Stelle ein Heim für alte, arme, kinderlose wallonische Landsleute und Ehepaare zu errichten sei. So entstand dieses Hofje – heute noch, wie Graswinckel in seiner Monographie ›Nederlandsche Hofjes‹ schreibt, ein Ort »van voorname rust«, von vornehmer Stille: »Ein Torgebäude mit einem Portal aus Sandstein schließt es gegen die Platzseite hin ab. Die Jahreszahl 1683 teilt mit, zu welchem Zeitpunkt der Neubau fertiggestellt und in Benutzung genommen wurde... In der einstigen Regentenkammer hängen die Porträts des Stifters und seiner Frau. Dort fällt auch eine wunderschön mit geschnitzten Ranken verzierte Kaminumkleidung aus Holz vom Ende des 17. Jahrhunderts ins Auge.«

Die zwei oder drei abgerissenen Häuser waren, wie es nun rückblickend in einer langen Inschrift über dem Portal des Gebäudes von 1683 heißt, »een bouwvallig nest« gewesen. Aber in einem davon lebte vierzehn Jahre lang ein Mann, der Geschichte gemacht hat und dessen Namen in England und besonders in Amerika jedes Schulkind kennt. Von ihm kündet in englischer Sprache – zwar nicht über, sondern neben dem Portal – ebenfalls eine in Stein gemeißelte Inschrift: ON THIS SPOT LIVED, THAUGHT AND DIED J. ROBINSON, 1611–1625.

John Robinson wurde 1575 in Nottingham in England geboren, war Puritaner und mußte 1609 wegen seines Glaubens die Heimat verlassen. Er ging nach Leiden, sammelte hier gleich ihm geflüchtete englische Puritaner um sich, die nachmaligen ›Pilgrimfathers‹, und verhalf ihnen 1620 mit einem Schiff namens ›Mayflower‹ zur Überfahrt nach Amerika, wo sie sich in Massachusetts ansiedelten. Er selber blieb, damals schon ein kranker Mann, in Leiden zurück; er starb 1625. Beigesetzt wurde er in der Pieterskerk, in der an einer Wand noch eine weitere Gedenkplatte an sein Leben und Wirken erinnert. Mit weißen Segeln rauscht auf ihr die ›Mayflower‹ über blaue Wogen hinweg einem neuen gelobten Land entgegen.

Die Baugeschichte der Pieterskerk reicht bis zum Jahr 1045 zurück. Damals ließ der von einer Romreise und einer Audienz bei Papst Gregor heimgekehrte Graf Dirk III. von Holland an diesem Platz eine dem Apostel Petrus, dem Schutzpatron von Leiden, geweihte Kirche erbauen, die freilich erst 1121, lange nach Dirks Tod, geweiht werden konnte. In der Folgezeit wurde sie verschiedentlich umgebaut. Immer mehr Teile wurden nach und nach abgerissen und durch weiträumigere neue ersetzt. Auf diese Weise wandelte sich das ursprünglich romanische Bauwerk im Laufe von drei Jahrhunderten zu der jetzt rein gotischen Kreuzbasilika, deren Ost-Westachse achtzig, deren Nord-Südachse fünfundfünfzig und deren Innenhöhe vom Fußboden bis zum Scheitelpunkt der Gewölbe sechsunddreißig Meter mißt. Zwölf Säulen mit teils frühgotischen Akanthus-, teils hochgotischen Rankenkapitellen, die zwölf Apostel versinnbildlichend, tragen das Chorgewölbe; zwei davon sind höher als die übrigen – ein Hinweis auf die beiden Hauptapostel Petrus und Paulus. Einige Säulen weisen noch Reste blaßfarbener und während des Bildersturms von 1566 übertünchter Fresken auf, Heilige, Märtyrer und Engel darstellend. Vor der Zerstörung blieb allein das im Rathaus in Sicherheit gebrachte berühmte Triptychon ›Das Jüngste Gericht‹ des Lucas van Leyden verschont, das den ebenfalls beim Bildersturm zerschlagenen Hochaltar gekrönt hatte und sich heute in der ›Lakenhal‹ befindet, der in ein Museum umgewandelten Tuchhalle, wo früher die in ganz Europa begehrten Leidener Tuche gehandelt wurden. Der ehemals hundertvierzehn Meter hohe Turm der Pieterskerk stürzte jedoch bereits am 5. September 1512 ein. Wie es in der kurzgefaßten Baugeschichte, die man in der Kirche für 50 Cents kaufen kann, lakonisch heißt, unterblieb sein Wiederaufbau aus Geldmangel.

Das einzige mit Glasmalereien versehene Fenster der Pieterskerk befindet sich im Chor und wurde erst 1940 eingesetzt. Es erinnert an Philip Marnix van St. Adelgonde, den Freund und Mitstreiter Willems I. von Oranien im Befreiungskrieg der Niederlande gegen die Spanier. Von seinem Grab weiß man heute nur noch, daß es sich irgendwo im Chor befindet, man kann aber den Platz nicht mehr genau bestimmen, seit 1795 französische Revolutionssoldaten nach der Devise ›Freiheit, Gleichheit, Brüderlichkeit‹ von den dortigen Grabmälern sämtliche Adelswappen abschlugen. Das von Georg Rueter geschaffene Fenster zeigt Marnix mit Willem von Oranien und sein Wappen mit dem wie eine Vorahnung klingenden Wappenspruch REPOS AILLEURS.

Im südlichen Teil des Querschiffes liegt der Arzt Hermanus Boerhaave begraben. Er lebte von 1668 bis 1738. Zu seiner Zeit waren sein Name und sein Ruf als bedeutendster Arzt seiner Epoche dem gesamten gebildeten Europa so wohlvertraut, daß einer immer wieder zitierten Anekdote zufolge die Adresse »Boerhaave, Europa« auf einem Brief aus Amerika völlig ausreichte, um ihn sicher in seine Hände gelangen zu lassen.

In nächster Nachbarschaft Boerhaaves ruht der französische Rechtsgelehrte Luzac. Von ihm berichtet die Geschichte, er habe während der Besetzung Hollands durch napoleonische Truppen und in der Regierungszeit König Louis Napoleons sein immenses juristisches Wissen und seine glänzende Eloquenz unermüdlich zum Schutz der Holländer vor der Willkür seiner eigenen Landsleute eingesetzt. Er kam am 12. Januar 1807 ums Leben, als auf einer Leidener Gracht ein Schiff mit Schießpulver in die Luft flog. Auf der Platte über seinem Grab wird Professor Luzacs in Dankbarkeit gedacht. In holländischer Sprache heißt es dort: ER WAR DER SCHRECKEN DER BESATZER UND DER TROST DER BESETZTEN.

19 Rembrandt, Selbstbildnis mit Halskette
Gemälde, 1629

20 Frauen und Kind vor einem Hauseingang
Federzeichnung von Rembrandt, um 1635-40

21 Der ungezogene Knabe
Lavierte Federzeichnung von Rembrandt, um 1636

22 Ein Syndikus
Feder- und Pinselzeichnung
von Rembrandt, um 1660-62

23 Saskia am Fenster
Federzeichnung von Rembrandt, um 1633-34

24 Studienblatt einer Versteigerung
in der Nähe von Nuenen
Kreidezeichnung von Vincent van Gogh, 1885

25 Figurstudien mit Turm von Nuenen
Kreidezeichnung von Vincent van Gogh, 1885

26 Vincent van Gogh, Selbstbildnis mit Hut
Gemälde, 1887

Kirchen waren in vergangenen Zeiten stets und in allen Ländern ein bevorzugter Begräbnisort prominenter Zeitgenossen gewesen, und demgemäß ist auch der Boden unter der Pieterskerk mit Gräbern gespickt. Hier jedoch sind es vor allem Gräber von Gelehrten – denn wie könnte es anders sein in der Hauptkirche einer Stadt wie Leiden, deren Universität im 17. und 18. Jahrhundert nicht allein als die berühmteste des Landes, sondern als eine der berühmtesten Europas galt, und wie könnte es anders sein in dieser Stadt der Wissenschaften, von der die Fama behauptet, einst hätten hier sogar Zimmervermieterinnen und Kneipenwirte Latein gesprochen. Aber wenn es in der Pieterskerk auch nicht immer Grabmäler sind, so sind es doch wenigstens Gedenkinschriften auf Wänden oder Säulen, die, zeitenüberdauernder als das menschliche Gedächtnis, an einige der großen Universitätslehrer der Vergangenheit erinnern: zum Beispiel an den Mathematiker und Astronomen Snellius, an die Botaniker Clusius und Brugmans und den Universalgelehrten Scaliger ... Trotzdem scheint mir unter den zahlreichen Inschriften in Stein oder Bronze die Erwähnung eines Mannes zu fehlen, der zwar kein Wissenschaftler war, in Leiden weder lebte noch starb, wohl aber geboren wurde – ich meine Rembrandt Harmenszoon van Rijn, den allerberühmtesten Sohn dieser Stadt!

Sein Geburtshaus stand am Weddesteeg, einer noch vorhandenen Gasse am sogenannten Galgenwasser, das ein Seitenarm des Oude Rijn ist; des Alten Rheins mithin, den man sich freilich nicht als einen Strom vorstellen darf, sondern lediglich als eine Gracht. Das Haus ist längst verschwunden, und ebenso verschwunden ist die uns von einer Rembrandtschen Zeichnung bekannte Mühle seines Vaters am jenseitigen Ufer des Galgenwassers, in dessen Nähe die Galgen ragten, an denen manchmal arme Sünder oder üble Gesellen hingen, umkrächzt von Raben, baumelnd in der steifen Brise von der nahen Nordsee – eine unfeine Nachbarschaft. Aber dies war auch kein feines, sondern ein schmutziges, stinkendes, kurz gesagt: ein proletarisches Viertel strohgedeckter Fachwerkhütten, auf dessen kotigen Gassen Hühner scharrten und Schweine wühlten. Aller Unrat wurde in die Gosse gekippt oder hinein in das Galgenwasser. Eingegangenes Vieh oder totgeschlagene Ratten endeten auf den Misthaufen vor den Türen oder ebenfalls in der Gracht. Wenn in Leiden die Pest ausbrach – in dieser Gegend fand sie ihre meisten Opfer. Doch als Müllersleute waren die van Rijns nicht gerade arm, freilich auch nicht reich, aber man hatte sein Auskommen. Sogar ein Zug zu Höherem war vorhanden. Denn als Rembrandt sechzehn war, ließ ihn sein Vater an der hiesigen Universität immatrikulieren. Ihn hielt es jedoch nur ein paar Monate auf den harten Bänken zu Füßen der Professorenkatheder. Sein Fall waren das Zeichnen und das Malen, nicht die Pandekten der Rechtsgelahrtheit. Deshalb gab man ihn schon im Herbst desselben Jahres dem Maler Jacob van Swanenburch in die Lehre. Rund zwanzig Jahre später, nachdem Rembrandt in Amsterdam ›wer geworden war‹ und seine Kunst den Patriziern noch »auf das Höchste behagte« – man weiß, daß diese Wertschätzung kurz darauf völlig umschlug –, rund zwanzig Jahre später also schilderte Jan Orlers in seiner ›Beschrijvinge der Stadt Leyden‹ Rembrandts bisheriges Leben. Diese knappe Seite in jenem Buch ist die wohl früheste gedruckte biographische Notiz über ihn:

»Rembrandt van Rijn, Sohn des Harmen Gerritszoon van Rijn und der Neeltje Willems van Zuytbrouck, wurde am 15. Juli 1606 in der Stadt Leiden geboren. Seine Eltern hatten ihn schon zeitig auf die Schule gegeben, damit er Latein lerne, und danach auf die Leidener Universität, damit er, wenn er erst erwachsen wäre, der Stadt und dem Land mit seinen Kenntnissen diene. Aber er hatte keine Lust zum Studium. All sein Sinnen und Trachten war auf die Mal- und Zeichenkunst gerichtet. Deshalb sahen sich seine Eltern gezwungen, ihn von der Universität zu nehmen und ihn, seinen Neigungen entsprechend, in den Anfangsgründen der Zeichenkunst unterrichten zu lassen. Somit gaben sie ihn bei dem ausgezeichneten Maler

Jacob Isaacszoon van Swanenburch in die Lehre. Rembrandt blieb drei Jahre bei ihm und machte in dieser Zeit solche Fortschritte, daß Kunstliebhaber darüber außerordentlich erstaunt waren. Man erkannte allgemein, daß aus diesem Lehrling dereinst ein ausnehmend guter Maler werden würde, und so beschloß sein Vater, ihn zur weiteren Ausbildung zu dem berühmten Pieter Lastman nach Amsterdam zu schicken. So geschah es auch. Doch als Rembrandt ungefähr sechs Monate in Amsterdam war, machte er sich selbständig, und er war gleich so erfolgreich, daß er bald einer der begehrtesten Maler unseres Jahrhunderts wurde. Da seine Kunst den Bürgern von Amsterdam auf das Höchste behagte, siedelte er bald ganz von Leiden nach Amsterdam über. Dies geschah im Jahr 1630, und noch heute, im Jahr 1641, lebt Rembrandt dort.«

Die Universität oder, wie man damals sagte, die Akademie von Leiden, an der zu studieren der Müllerssohn Rembrandt van Rijn keine Lust verspürte, ist 1575 von Willem I. von Oranien gegründet worden – kaum ein Jahr nach der erfolglosen spanischen Belagerung Leidens, die von Mai bis Oktober 1574 gedauert und die Bürgerschaft durch Kampfhandlungen, Hungersnot und Pest mehr als viertausend Tote gekostet hatte. Nach der Meinung eines gewissen Jean François Le Petit fiel Willems Wahl wegen der günstigen zentralen Lage der Stadt »in einer hübschen Landschaft im Herzen Hollands« auf Leiden, und weil sie »sauber gebaut und somit als Musensitz geeignet« gewesen sei. Ganz anders jedoch beschrieb Joseph Juste Scaliger, ein Franzose italienischer Abstammung, der sich trotz aller Gegenbeweise nicht davon abbringen ließ, ein echter Nachkomme des gleichnamigen veronesischen Fürstengeschlechts zu sein, die Stadt und ihre Umgebung. Er nannte Leiden – gelegen in einer sumpfigen Umgebung – einen »nassen Schwamm inmitten eines Schwammes«.

Die führende Universität nicht allein der Niederlande war im 15. und 16. Jahrhundert die Universität von Löwen gewesen, gegründet 1426 von dem Burgunderherzog Philipp dem

Guten, dessen Reich – nach Helmut Domke ein ›Imperium ohne Krone‹ – sich im Süden tief hinab bis zum Schweizer Jura und im Norden hoch hinauf über Brabant, Seeland und Holland bis nach Friesland erstreckte. Sie war damals eines der Zentren des Humanismus gewesen. Unter vielen anderen europäischen Berühmtheiten lehrten an ihr allein um das Jahr 1500 der Theologe Adriaan Floriszen van Utrecht, der später als Papst Hadrian VI. der erste und letzte Holländer auf dem Stuhl Petri werden sollte, Erasmus von Rotterdam und der damals als bester Kenner der Schriften des klassischen Altertums geltende Martinus van den Dorp oder Dorpius.

Doch mit der Reformation, besonders seit Ausbruch des niederländischen Freiheitskrieges, wurde es still um die Universität von Löwen, und die von Leiden begann ihr den Rang abzulaufen. Das Verbot der Verbreitung der Lehren Luthers und Calvins in Wort und Schrift, die Zensur selbst nichttheologischer Publikationen und ihre Durchsicht auf ›ketzerische‹ Gedanken, eine Behinderung freier Lehre und Forschung, wie es sie heute wieder in faschistischen und kommunistischen Ländern gibt, und die persönliche Verfolgung nicht allein der Anhänger des reformierten Glaubens, sondern aller freien Geister durch die spanischen Militärbehörden vertrieben zahlreiche Professoren und Studenten aus Löwen und mit ihnen Buchdrucker und Buchhändler. Sie wandten sich wie manche ihrer Kollegen aus anderen unterdrückten Ländern meistens dem freien Teil der Niederlande zu, dessen neue Hochschule zu Leiden sich von Anfang an als Exiluniversität verstand und zudem kapitalkräftig genug war, namhafte Gelehrte außer mit der Freiheit von Forschung und Lehre auch mit interessanten Bezügen locken zu können. Diese lagen im Durchschnitt bei siebenhundert Gulden jährlich, wozu noch die nicht unerheblichen Kolleggelder kamen. Keine Universität des Auslands bot zu jener Zeit Gehälter in solcher Höhe. Dem Historiker Josse Lips oder Justus Lipsius, einem unerhört fruchtbaren Schriftsteller, der es in den dreißig Jahren von 1575 bis 1605 auf über zwanzig Titel zumeist mehrbändiger Werke zur Geschichte des griechischen und römischen Altertums gebracht und außerdem eine stattliche Reihe kommentierter Texte klassischer Autoren herausgegeben hatte, bot man eintausend und dem Polyhistor Scaliger sogar zwölfhundert Gulden, denn dies war ja auch ein Einkauf von Intelligenzen, deren der kleine, politisch und wirtschaftlich so mächtig aufstrebende Staat zur Sicherung seiner Zukunft dringend bedurfte. Und so schrieb Claude Saumaise, auch er einer dieser ›Eingekauften‹, dankbar, in Leiden sei das Wetter zwar entsetzlich, aber es gäbe hier Gedankenfreiheit, von niemandem verboten, während sein Landsmann Pierre du Moulin meinte, in Leiden habe er wirtschaftliche Sicherheit, alles für seine Studien Notwendige und die Möglichkeit, sich ohne Furcht vor Verfolgungen zu seinem Glauben bekennen zu können, in reichem Maße gefunden. Mit den Professoren und Studenten zogen auch Buchdrucker und Buchhändler in die neue Universitätsstadt. Während die einen Leiden in kurzer Zeit zu einem Zentrum der Wissenschaft machten, verhalfen ihm die anderen zu seiner Bedeutung als Stadt der Bücher, denn das eine bedingte das andere. Zwei der bekanntesten Drucker waren Plantin und Elsevier, beide aus Löwen nach Leiden gekommen. Der Name des letzteren lebt unter anderem noch heute im Titel von ›Elseviers Weekblad‹ fort, der großen holländischen Wochenzeitung unserer Tage.

Obgleich die Universität von Leiden nach dem Muster der Löwener organisiert war, bewies sie, wie David W. Davies in ›The World of the Elseviers‹ schreibt, »ihre Modernität und Vitalität auf andere Weise. Sie kannte zum Beispiel keine Diskriminierungen aus religiösen Gründen: Lutheraner, Calvinisten, Juden und selbst Katholiken wurden mit der gleichen Gastfreundlichkeit aufgenommen«. Aber schon nach wenigen Jahren wurden den klassischen Fakultäten Jurisprudenz, Medizin, Philosophie und Theologie – entsprechend den praktischen Bedürfnissen dieses auf einem vom Meer ständig bedrohten Boden lebenden Seefahrer- und Handelsvolkes – neue Unterrichtsfächer hinzugefügt: Geographie, Astronomie, Seefahrtskunde, allgemeine Physik, Mathematik, Mechanik und Wasserbautechnik, und selbst über etwas so Hochmodernes wie Städteplanung machte man sich bereits Gedanken. Außerdem wurden Finanz- und Handelskunde gelehrt. Rückblikkend darf man sagen, daß nur wenige Jahrzehnte nach ihrer Gründung eine Technische und eine Wirtschaftshochschule zur Leidener Universität gehörten, die vielerlei zugleich war: Ausbildungsstätte und Ideenfabrik, Forschungszentrum und *Council of experts* für Regierung und Parlament.

Sie sandte ihre Denkanstöße über das gesamte Land und die Erfolge blieben nicht aus. Der Astronom und Leidener Professor Willibrord Snellius entdeckte zwischen 1613 und 1629 das Gesetz der Strahlenbrechung und den Kometen von 1618 und richtete auf dem Dach des Universitätsgebäudes die erste wissenschaftliche Sternwarte Europas ein. Thermometer und Barometer wurden erfunden, Logarithmentafeln aufgestellt und die Integral- und Differentialrechnung eingeführt. Simon Stevin rief in Leiden eine Art *Braintrust* für alle Fragen des Wasserbaus ins Leben. Durch die Vervollkommnung der Mikroskope gelangte in Delft Anthonie van Leeuwenhoek zur Entdeckung der Mikroben. Während in vielen Ländern Leichensezierungen und Obduktionen von an unerforschten Krankheiten Gestorbener noch als ›Teufelswerk‹ und ›Leichenschändung‹ unter Todesstrafe standen, wurden sie hier zur Grundlage ärztlicher Ausbildung und Quelle neuer Erkenntnisse. Hermanus Boerhaave, ein gebürtiger Leidener, der am Anfang seiner Laufbahn an der Universität von Harderwijk gelehrt hatte, machte nach seiner Berufung nach Leiden die dortige medizinische Fakultät zur ersten Europas. Er war ein vielseitiger Geist. Zur Erzeugung von Wintergemüse schlug er die Einrichtung von Treibhäusern vor. Mit dem Werk ›Elementa Chemiae‹ verfaßte er das für lange Zeit als klassisch geltende Lehrbuch der medizinischen Chemie. Seine

Maximen: »Der Arzt ist der Diener der Natur« und »Die Natur ist die Bibel des Arztes« enthalten in ihrer Kürze seine gesamte Lehrmeinung. Albrecht von Haller, ein schweizerischer Arzt, nannte ihn den »Praeceptor saeculi«. Einer seiner zahlreichen berühmt gewordenen Schüler war Baron Gerhard van Swieten, der später als Leibarzt der Kaiserin Maria Theresia maßgeblich an der Modernisierung des österreichischen Universitätswesens nach Leidener Muster beteiligt war. Durch diese Reform traten damals auch an den österreichischen Hochschulen, wie Hugo Hantsch in seiner ›Geschichte Österreichs‹ unter ausdrücklicher Beziehung auf van Swieten und das Leidener Modell betont, »die medizinischen, naturwissenschaftlichen und juristischen Studien, überhaupt die praktischen Wissenschaften, in den Vordergrund«.

Zu einem weiteren wichtigen Studiengebiet entwickelten sich in Leiden schon bald die orientalischen Sprachen. Zu der Beschäftigung mit ihnen war man anfänglich auf Umwegen gelangt – beispielsweise über die Theologie, die die frühesten Quellen der Religionsgeschichte auszuschöpfen, oder über die Mathematik, die die alten mathematischen Schriften etwa der Araber zu verstehen trachteten, und so wurde im Lauf der Zeit aus manchem Theologen oder Mathematiker ungewollt ein Orientalist und Linguist. Ein weiterer Beweggrund für die Beschäftigung mit jenen Sprachen ergab sich aus den Ansprüchen der Seefahrt, des Nah- und Fernosthandels und der Kolonialisierung Niederländisch-Ostindiens. Auf diese Weise, so stellt David W. Davies fest, entwickelten sich die Holländer, »deren Feld die großen Meere waren, zu praktischen Philologen. Das erste Wörterbuch der malayischen Sprache veröffentlichte bereits 1603 der Entdecker und Kaufmann Frederik de Houtman. Im 17. Jahrhundert hatten holländische Handelsherren den gesamten Mittelmeerhandel fest in ihren Händen. Wirtschaftliche Beziehungen bedingten jedoch auch diplomatische. Deshalb richtete die Regierung eine Dolmetscherei für orientalische Sprachen ein. Ravilinghen, Scaliger, Erpenius und Golius, alle Professoren in Leiden, arbeiteten für dieses Bureau. Man sagt, daß sowohl die von Erpenius wie auch die von Golius in arabischer Sprache verfaßten Briefe von arabischen Fürsten und Würdenträgern wegen der Eleganz ihres Stils sehr bewundert worden sind«.

Beinahe vom Gründungstag an lehrten neben den holländischen auch ausländische Professoren in Leiden. Sie kamen vorwiegend aus Deutschland und Frankreich, etliche jedoch auch aus England, Schottland oder Norwegen. Der sicherlich berühmteste Ausländer war der französische Philosoph und Mathematiker René Descartes; er wurde am 31. März 1596 in La Haye in der Touraine geboren, lehrte um 1640 in Leiden und starb am 11. Februar 1650 in Stockholm. Mit seinen Werken ›Discours de la méthode‹, ›Meditationes de prima philosophia‹ und ›Principia philosophiae‹ übte er einen nachhaltigen Einfluß auf die Entwicklung des europäischen Denkens aus. In ihnen entwarf Descartes ein dualistisches, räumlich-geistiges Weltbild mit dem Ziel, zu einer streng mechanischen Naturdeutung zu gelangen, und lehrte, daß alles und jedes bezweifelbar sei – ausgenommen der Zweifel. Im Denken sah er den einzigen Beweis menschlichen Seins und Vorhandenseins und faßte die Summe seiner Erkenntnisse in dem berühmten Satz: »Cogito, ergo sum« zusammen.

Unter der Jugend Europas, insbesondere der protestantischen, breitete sich der Ruf der jungen Universität rasch aus und drang sogar bis nach Nordafrika und Vorderasien. Zwischen 1575, dem Gründungsjahr, und 1600 waren 2725 Studenten eingeschrieben worden, von 1601 bis 1625 über sechstausend und zwischen 1626 und 1650 bereits mehr als elftausend. Im Durchschnitt waren damals fünfzig Prozent der Studenten Ausländer, vorwiegend aus Deutschland, Frankreich, England, Schottland, Dänemark, Norwegen, Schweden, Polen, Österreich, der Schweiz und Italien, und seit 1626 kamen noch Studenten aus Irland, Ungarn, Spanien, der Türkei, den nordafrikanischen Staaten und Persien hinzu. Innerhalb des protestantischen deutschen Adels gehörte es schon bald zum guten Ton, seine Söhne wenigstens ein oder zwei Semester in Leiden, der ersten größeren Station einer jeden Kavalierstour, die dann weiter über Paris und Rom nach Wien führte, studieren zu lassen. In ihrem schönen ostpreußischen Erinnerungsbuch ›Namen die keiner mehr nennt‹ erzählt Marion Gräfin Dönhoff von einem ihrer Vorfahren: »Magnus Ernst begann seine Tour in Leiden, wo er Geschichte studierte. Im Jahr 1600 nahm er an der Schlacht von Nieuport teil, in der Moritz von Nassau die Spanier vernichtend schlug. Dann ging er nach Frankreich an den Hof Heinrichs IV. von Navarra ...« Bei dieser Gelegenheit zitiert Marion Dönhoff überdies aus den Reisebriefen eines anderen Vorfahren, der 1656 über die Holländer schrieb: »Sie sind groß und stark; in Worten, Kleidern, Essen und Trinken zwar schlecht, aber sehr vorteilhafftig, nicht so sehr ehr- als geldsüchtig, lieben die Reumlichkeit so sehr, daß man an, vor und in ihren Häusern, Stuben, Kabinetten, Fenstern und Hausgeräth seine Wunder siehet ... Die Freyheit zu reden, auch von der Obrigkeit selbst, läuft fast hinaus auf eine Medisance. Vor ihre Freyheiten lassen sie Leib, Gut und Bluth.«

Als die Universität 1575 aus politischen und wirtschaftspolitischen Erwägungen von Willem von Oranien gegründet oder, nach lokalpatriotischer Lesart, der Stadt Leiden zum Dank für ihr tapferes Ausharren während der spanischen Belagerung geschenkt wurde, bezog sie die seit der Reformation leerstehenden Baulichkeiten des Barbaraklosters. Doch schon nach sechs Jahren erwiesen sie sich als ungeeignet, und so siedelte sie 1581 in die bis auf den heutigen Tag zum Gebäudekomplex der Universität gehörende Kirche des ebenfalls nach der Reformation aufgelösten Weißen Nonnenconvents oder Jacopinessenklosters über. Diese Kirche stammt von 1440 – ein zweischiffiges Bauwerk, in dessen Hauptschiff sich dem Chor gegenüber eine Nonnengalerie befand, auf der die Ordensfrauen, von der Gemeinde ungesehen, an den Messen teilnehmen konnten, und ein schmaleres Seitenschiff mit einem Nebenchor. Vor dem Umzug waren freilich Umbauten nötig. So wurden die beiden Kirchenschiffe voneinander getrennt, indem man die Säulenreihe zwischen ihnen zumauerte. Dadurch wurde das Seitenschiff zu einem Gang. Das Hauptschiff teilte man durch Zwischenwände, überdies zog man eine neue Decke ein. Auf diese Weise entstanden im Untergeschoß zwei Hörsäle, im neuen Obergeschoß einer. Unter der Nonnengalerie richtete man die Bibliothek ein, deren Aussehen zu Beginn des 17. Jahrhunderts uns durch einen Stich von Claas Visscher erhalten blieb: Sonnenschein fällt durch hohe Spitzbogenfenster in den langgestreckten Raum, in dem je elf Regalreihen zu beiden Seiten eines Mittelgangs stehen; Professoren, von denen einige ihre Hunde mitgebracht haben, wandeln suchend oder in bereits gefundenen Büchern blätternd auf und ab, andere stehen disputierend zusammen ...

Ich weiß noch, wie wir an einem für Ende März fast zu warmen Tag vor diesem ältesten Teil der Leidener Universitätsgebäude standen, der sich trotz seiner schon vor ein paar Jahrhunderten geänderten Verwendung noch immer vollkommen das Aussehen einer Kirche bewahrt hat. Wir waren aus dem *hortus* gekommen, dem aus der Gründungszeit der Universität stammenden Botanischen Garten, in dem sich jetzt unter den exotischen Bäumen statt der Heilkräuter des Botanikers Clusius violette Krokusse und gelbe Osterblumen breitmachten, standen schließlich vor der ehemaligen Nonnenkirche und blickten an den gotischen Fenstern und den von hellen Blendsteinen aufgelockerten Ziegelwänden empor. Aus dem rückwärtigen Giebel wächst wie eh und je der kleine Uhrturm mit dem barocken Helm, während der sich einst über dem Vordergiebel erhebende Holzturm mit seiner von Snellius eingerichteten Sternwarte längst wieder verschwunden ist. Auf der Grachtbrücke neben dem Gebäude verkaufte ein Händler Fruchteis und im Schaufenster eines Antiquitätenladens explodierte immer noch das französische Pulverschiff von 1807 – eine himmelhohe Stichflamme schoß empor, Häuser stürzten ein, Dachziegel und Dachsparren, Menschen und Pferde wirbelten durch die Luft, und Blut floß in dicken Strömen über das Pflaster.

Auf dem intimen kleinen Platz zu Füßen des heute ›Burcht‹ und in alten Schriften noch ›Burg‹ oder auch ›Burgt‹ genannten Hügels wurde es gegen fünf Uhr nachmittags ruhiger. Allmählich verebbte das Geschrei der Marktleute. Sie räumten ihre Stände ab und packten alles, was sie nicht hatten verkaufen können, in Lieferwagen. Die Kneipen füllten sich. Die Borrelstunde zog herauf und die heisergeschrienen Kehlen dürstete es nach Genever und Bier. Auf dem Platz hörte man bald nur noch den Wind in den Kronen der Eichen und Buchen der Burcht rauschen – jenes runden, hohen Hügels, den zwei Türme und ein von Renaissancefiguren gekröntes Tor gegen den Platz abschließen. Vor zweitausend Jahren hatte es auf dem Hügel eine von Ringwällen umzogene Fluchtburg gegeben, von der sich noch Spuren erhalten haben, und noch bis zur Mitte des 14. Jahrhunderts lag er vor den Toren der Stadt. Später wurde er zur Zitadelle der Festung Leiden ausgebaut, und von hier, wo man einen umfassenden Blick auf den gesamten spanischen Belagerungsring hatte, leitete 1574 Bürgermeister van den Werff die Verteidigung Leidens – von hier oben erkannte man aufatmend die nach der Durchstechung der Rotterdamer Deiche heranrollenden Meereswogen, in denen die Stellungen der Spanier untergingen, und von hier oben tat man mit Jubelgeschrei und Freudenschüssen den Bürgern die Ankunft der mit ihren schnellen Booten zum Entsatz der Festung heraneilenden Geusen kund und zu wissen.

An schiefen Giebeln vorüber, an grünen Türen und lateinischen Inschriften wie ORA ET LABORA oder EXTRA HOLLANDIA NON EST VITA, an zerschürften Prellsteinen rundbogiger Haustore und Buchantiquariaten, wo in den Fenstern tote Fliegen auf vergilbten Schwarten und zerfledderten Krimis lagen, umrundeten wir den ganzen Hügel, um hinaufzugelangen. Doch wir fanden keinen Zugang. Schon wollten wir aufgeben, als

Ursula am Ausgangspunkt unserer Umwanderung, in der Nähe des Haupttors der verfallenen Zitadelle, eine offene Pforte fand, einen steilen Pfad. Eine Amsel, die sich gestört fühlte, flog zeternd davon. Unter den Bäumen und zwischen den Mauerresten der Befestigungsanlagen blühten die weißen Sterne der Buschwindröschen im vorjährigen Laub. Zu unseren Füßen breitete sich mit ihren verschachtelten Dächern und krummen Schornsteinen, dem Balkenwerk der Grachtenbrücken und ihren Kuppeln und Türmen in weitem Umkreis die Stadt aus, aber unter uns lag zum Greifen nahe die St. Pancraskerk. Sie steht an jener Stelle, an der es bis tief in das 14. Jahrhundert hinein das bescheidene Bauernkirchlein von Leiderdorp gegeben hatte – eines Dorfs, damals noch draußen vor der mittelalterlichen Stadt, in dem heute manche Lokalhistoriker nicht zuletzt der Fluchtburg wegen das in römischen Berichten verschiedentlich erwähnte Lugdunum Batavorum zu erkennen glauben. 1355 wuchs Leiden jedoch über den Hügel und das Dorf hinweg und 1377 riß man die Fachwerk- und Holzschindelkirche ab, um an ihrer Stelle mit dem Bau einer großen Stadtkirche aus Stein zu beginnen. 1381 kam bereits das Mittelstück des geplanten Langhauses unter Dach und Fach, drei Altäre konnten im selben Jahr geweiht und überdies der Grundstein zum Chor gelegt werden. 1436 wurden zwar noch Chor und Chorumgang fertig, aber bald darauf erlahmte die Kraft, der Glaube spaltete sich, und die Reformation brach nach Jan Orlers »wie ein reinigendes Gewitter« über Leiden herein. St. Pancras blieb unvollendet liegen.

Wir standen oben zwischen den rauschenden Bäumen und den mit wildem Wein überrankten Gemäuern der Zitadellenruine und schauten hinunter auf den Torso, der ahnen ließ, was hier nach ehrgeizigen Plänen entstanden wäre, hätten nicht gewandelte Zeiten ihre Ausführung vereitelt. Düstere Schatten nisteten in den Zerklüftungen der Kirche. Doch sie war überschäumt von dem spinnwebleichten Maßwerkflor einer zum allerletzten Mal sich in Leiden entfaltenden Gotik.

Drei Festungen: Willemstad – Gorinchem – Naarden

Schon lange vor Willemstad hören die Autostraßen auf. Auf Deichen – Kurven über Kurven – geht es weiter. Saftige Wiesen zu beiden Seiten, Kühe mit prallen rosigen Eutern. Manchmal ein Kirchturm, manchmal eine Windmühle. Möwen lassen sich auf Kanälen treiben. Ein blauer Himmel mit weißen, sahnigen Wolken.

Kanonenstarrend liegt die Festung Willemstad am meeresarmbreiten Hollandsch Diep, dem Mündungstrichter von Merwede und Maas. Sie wurde 1583 auf Befehl Willems I. von Oranien erbaut, aber ihre modernsten Geschütze stammen aus napoleonischer Zeit, Baujahr 1807. Damals ließ der Kaiser die Festung auf den allerneuesten fortifikatorischen Stand bringen. Zusammen mit Bergen op Zoom und Antwerpen sollte sie einer befürchteten englischen Invasion auf den vorgelagerten seeländischen Inseln den Zugang nach Holland verlegen – Riegelfestungen auf dem Weg nach Rotterdam, Dordrecht, Leiden, Delft, Amsterdam und Utrecht.

Rund zweitausend Einwohner besitzt Willemstad heutzutage; zur Zeit Wilhelms von Oranien wie zur Zeit Napoleons sollen es ebenfalls nicht weniger gewesen sein. Denn nie ist dieser Stadt der Panzer aus sternförmigen Wällen und Gräben zu eng geworden. Auch liegt sie abseits der Touristenströme, auf sich allein beschränkt, sich selbst genug. Ein Auto mit ausländischem Nummernschild ist hier noch Gegenstand eingehender Neugier. Nur ein Wagen mit britischem Kennzeichen parkte am Hafen. Doch englische Reisende, das weiß man sowohl aus der Literaturgeschichte wie aus eigener Erfahrung, besaßen schon immer ein Gespür für das Besondere.

Am Festungstor ein Achtungsschild: dreieckig, weiß, rotgerändert. Im weißen Feld jedoch kein S für S-Kurve, sondern eine Entenmutter mit drei Küken. Und da sind sie auch schon – Stockenten, Pfeifenten, Krickenten, Löffelenten, was es eben so gibt an Wildenten, mit und ohne Küken. Sie watscheln vor dem Wagen bedächtig über die Straße, halten leise schnatternd Siesta vor dem Rasthaus, gründeln im kleinen Festungshafen, nisten in den Kletterrosendickichten der Wälle oder fetten ihr Gefieder auf dem Rasen vor der Kirche. Obwohl es hier auch Spatzen gibt, sind die Enten die Spatzen von Willemstad. So dreist, so häufig, doch viel hübscher.

Überflüssig zu betonen, daß auch in Willemstad die Gassen krumm, schmal und katzköpfig sind und alle Dächer moosgrün von der feuchten Seeluft und vom Winterregen. Die Kirche ist ein Rundbau ohne katholische Vergangenheit – die erste protestantische im Lande. Das Rathaus mit seinem Turm, seiner zierlichen Loggia aus lichtem Stein, seiner Freitreppe und seinen bleiverglasten Fenstern befindet sich auf einem kleinen Platz, wo zwischen den Steinen Gras und Huflattich sprießen, in der guten Gesellschaft eines Festungskommandantenpalais und eines Zeughauses. Der Platz aber senkt sich sachte dem Hafen zu. Dort liegen an zersplissenen Drahttauen ein paar verwitterte Boote. Sie werden erst wieder im Herbst zu den Muschelbänken im Haringvliet auslaufen.

Die Flucht in der Kiste

Die Festung Gorinchem, am Nordufer des Waal, östlich von Dordrecht, ist älter als Willemstad. Das Gasthuispoortje am Kirchplatz trägt über seiner romanischen Wölbung die noch gut lesbare Jahreszahl 1391. Nicht viel jünger ist der gotische Kirchturm von St. Jan. Er ist nicht ganz so schief wie der Turm von Pisa, hat jedoch sonst nichts Italienisches aufzuweisen – ganz im Gegenteil zur Kirche, die mit ihrem wuchtig sich dahinstreckenden Mittel- und ihren beiden geduckten Seitenschiffen die Frucht einer Italienreise ihres Baumeisters zu sein scheint. Jedenfalls erinnern ihre herben Fassaden mit den schießschartenartigen Rundbogenfenstern und flachen Dachungen an San Spirito in Florenz, an gewisse Kirchen in Rom und Rimini und auch ein bißchen an den Dom zu Worms. Niederländische Renaissance in besonders nobler Reinheit bietet hingegen nicht weit vom Kirchplatz ein Bürgerhaus von 1566, über dessen gesamte Vorderfront sich in halber Höhe ein Sandsteinfries spannt, auf dem antike Reitergeschwader eine Schlacht auskämpfen. Doch auf einem Relief darunter betrachten Maria und Josef voller Wohlgefallen das Jesuskind in seiner Krippe, und auf dem Relief steht eingemeißelt für solche, die sich vielleicht keinen Reim auf diese glückliche Familienszene zu machen wissen, der ausdrückliche Hinweis: ›Dit is in Bethlehem.‹

Altholländischer Historie, vor deren Zeugnissen und Überbleibseln man tief in vagen Geschichtskenntnissen kramen muß, begegnet man in Gorinchem auf Schritt und Tritt, da Stadt und Festung weit weniger unversehrt als Willemstad über die Zeiten gekommen sind. Die Waterpoort freilich, an der sich, aus welchen Gründen auch immer, Jan von Arkel mitsamt seinem Roß, die Schenkel fest um dessen Flanken gepreßt, an einem Balken in die Höhe gezogen haben soll, findet man heute nicht mehr am Waalufer, sondern abgebrochen und wiederaufgebaut im Park des Rijksmuseums von Amsterdam. Noch vorhanden jedoch ist in der Revetsteege der Gedenkstein an jener Stelle, wo der letzte der kriegerischen Herren von Arkel im Kampf mit den Truppen Jakobäas von Bayern fiel. Das muß um 1420 gewesen sein, und geblieben ist ebenfalls, doch nur mit ein paar Fliesen des Fußbodens als Erinnerungsstütze, das Wissen um den genauen Standort der Zwingburg, die der Burgunderherzog Karl der Kühne um 1470 errichten ließ, um die Stadt und ringsum das Land in Schach zu halten. In immer noch mächtigen Teilen, aber statt mit Kanonen heutzutage friedlich mit grünen Sitzbänken bestückt, ragen hingegen zu beiden Seiten der ehemaligen Waterpoort Reste der Festungsbewallung auf, auf denen sich gut spazierengehen und Umschau halten läßt. Denn stadtwärts hat man den Festungshafen mit seinen Brücken, Lastkähnen und Sportyachten unter sich. Auch kann man von dort oben in hohe, mit ornamentierten Stuckdecken, Marmorkaminen oder Delfter Kachelöfen versehene Stuben blicken, wo zum Beispiel in einer vier alte Damen Bridge spielen und ihren Sherry trinken, in einer anderen ein kleines Mädchen mit Zöpfen verdrossen auf dem Klavier übt und in einer weiteren sich auf einem Biedermeiersofa ein rehbrauner und in einem Sessel ein schneeweißer Boxerhund rekeln – Holland intim! Indessen streicht vom Strom, auf dessen Sandbänken und Schilfinseln die Möwen und wilden Schwäne zu Hause sind, der kühle Geruch des Wassers über die Wälle und Dächer von Gorinchem, und am jenseitigen Ufer stechen aus einer Pappelzeile die beiden spitzen Türme der Burg Loevestein hervor.

Im 17. Jahrhundert diente Loevestein gelegentlich als Staatsgefängnis. Der prominenteste Häftling war unzweifelhaft Huig de Groot – bekannter unter seinem latinisierten Namen Hugo Grotius. Er war Humanist, Rechtsphilosoph und juristischer Fachschriftsteller. Sein Hauptwerk ›De iure belli ac pacis‹ machte ihn zum Begründer des Völkerrechts. Überdies hatte er verschiedene hohe Staatsämter inne. Um 1600 schlug er sich während des Streits um eine strengere oder mildere Handhabung der calvinistischen Lehre, der jedoch politisch zugleich ein Streit um eine zentralistische oder föderalistische Regierung war, auf die Seite des Jacob Arminius aus Oudewater, der für einen gemäßigten Calvinismus, und Jan van Oldenbarnevelts, der für einen republikanischen Föderalismus eintrat. Ihre Gegenspieler waren auf religiösem Feld Franciscus Gomarus und auf politischem Prinz Moritz von Nassau-Oranien. Die ›Arminianer‹ unterlagen schließlich den ›Gomaristen‹. Oldenbarnevelt wurde im Morgengrauen des 13. Mai 1619 in Den Haag hingerichtet, Arminius war bereits 1609 gestorben. Auch Grotius wurde der Prozeß gemacht. Wegen Landesverrats wurde er zu lebenslänglicher Haft verurteilt und in der Nacht vom 5. auf den 6. Juni 1619 auf der Burg Loevestein eingeliefert.

Er schmachtete auf der Burg jedoch weder in finsteren Verliesen noch gar auf faulem Stroh in schweren Ketten, sondern bewohnte ein freundliches Gemach mit bequemen Möbeln und einer hübschen Aussicht auf grüne Wiesen, den Waal und die unerreichbar ferne Festung Gorckum, denn so hieß Gorinchem damals. Das Essen war gut, an Wein fehlte es nicht, der Kerkermeister hatte Respekt vor seinem berühmten Häftling – und vor allem: Grotius durfte lesen und er durfte schreiben. Er verfaßte Bücher und korrespondierte mit holländischen, deutschen, englischen und französischen Gelehrten. In einer geräumigen Kiste sandte ihm seine Frau regelmäßig Bücher; hatte er sie durchgearbeitet, schickte er sie in derselben Kiste wieder zurück. Doch in der letzten Sendung – sie verließ die Burg am 22. März 1621 – befanden sich keine Folianten oder Pandekten, sondern Hugo Grotius persönlich.

So gelangte er nach Gorinchem und in das Haus des in den Fluchtplan eingeweihten Leinwandhändlers Daetselaer. Von dort begab er sich als Steinmetz verkleidet mit seiner Frau unerkannt nach Waalwijk und über Antwerpen weiter nach Paris, wo ihn die Professoren der Sorbonne als den größten Rechtsgelehrten seiner Zeit feierten und König Ludwig XIII. ihn in Privataudienz empfing. Später wurde er schwedischer Gesandter am französischen Hof. Nach Holland konnte er erst 1631 heimkehren. In der Nacht vom 28. zum 29. August 1645 starb er im Alter von zweiundsechzig Jahren in Rostock, wohin sein Schiff während der Fahrt von Stockholm nach Amsterdam durch einen Sturm verschlagen worden war. Seine letzten Worte waren: »Veel heb ick ondernomen, niets vollbracht«, aber das war zu große Bescheidenheit. Gemeinsam mit seinem Heimatland betrauerte das gesamte gebildete Europa seinen Tod. Sein Leichnam wurde in der Nieuwe Kerk von Delft, seiner Geburtsstadt, beigesetzt – in derselben Kirche, in der die Mitglieder des Hauses Oranien ihre letzte Ruhestätte zu finden pflegen.

Jan Komenský aus Böhmen

In der Festung Naarden steht in der Turfpoortstraat, nahe dem gleichnamigen Tor, ein kleines Haus mit der Nummer 27. Seine Vorderfront ist nur acht oder neun Meter lang und bietet lediglich für zwei hohe, in viele kleine Glasscheiben unterteilte Fenster, die fast bis unter das einfache Walmdach reichen, und eine noch schmalere Tür mit einem Oberlicht Platz. In diesem Haus mit zwei Zimmern nach vorn und einer Kammer und einer Küche nach hinten hinaus, lebte Jan Komenský, der sich als Humanist Johannes Amos Comenius nannte.

Der berühmte Pädagoge und Volksschulreformer, geboren 1592 und 1670 gestorben, war einige Jahre lang in Lissa Bischof der ›Böhmisch-Mährischen Brüder‹ – einer evangelischen Glaubensgemeinschaft, deren religiöses Verständnis sich im wesentlichen von den Ideen des 1415 zu Konstanz verbrannten Johannes Hus herleitete. Ihre Anhänger wurden während der Gegenreformation und im Dreißigjährigen Krieg verfolgt, aus den habsburgischen Erblanden vertrieben und in alle Winde zerstreut. Reste der Gemeinschaft sammelte später Graf Zinzendorf und siedelte sie 1722 auf seinen Gütern in der Oberlausitz an, wo sie den Ort Herrnhut gründeten und sich nach ihm als ›Herrnhuter‹ bezeichneten.

Auch Comenius hatte im Verlauf der Verfolgungen seinen Bischofssitz Lissa verlassen müssen. Es war dies jedoch nicht das Städtchen Lissa bei Posen, wie es einige deutsche Lexika behaupten, sondern die Stadt Lissa nad Labem – Lissa an der Elbe in Böhmen. Er wandte sich nach Holland, der »Zuflucht aller Antipapisten, der Heimstatt des freien Geistes und der freien Wissenschaften«, wie Schiller schrieb, und gelangte nach Naarden, wo sich eine kleine Gemeinde der Böhmisch-Mährischen Brüder gebildet hatte. Hier schrieb er vermutlich auch seine schulreformerischen Werke. 1645 erschien die Schrift ›Allerweckung‹, Vorschläge zur Erneuerung des Volksschulwesens, 1654 der ›Orbis pictus‹, eine den Sprach- mit dem Sachunterricht verknüpfende Bilderfibel, 1657 die programmatische Schrift ›Opera didactica mundi‹, die Forderung nach einem einheitlichen Schulwesen und einer freundlichen Schulatmosphäre mit Betonung des Anschauungsunterrichts, und 1666 ›Allerleuchtung‹, eine pädagogisch-religiöse Schriftensammlung mit weltverbesserischem Grundzug. Seine neuartigen, für seine Zeit revolutionären, jedoch nicht einmal heutzutage völlig überholten und nicht einmal vollständig verwirklichten Gedanken machten ihn weit über die Grenzen Hollands bekannt und beeinflußten als erstes das holländische Schulwesen. »Aus Naarden, einer dieser Festungen, aus denen für gewöhnlich nur Trommelwirbel und Kanonenschüsse in die Welt hinausdringen, erleuchtete der Geist des großen Comenius die Schulstuben landauf und landab«, schrieb über hundert Jahre später Pestalozzi. »Wenn es ein Mekka der Pädagogen gäbe, sein kleines Haus hinter den Wällen wäre ein solches.«

Die größte Sehenswürdigkeit von Naarden jedoch ist für den Nichtpädagogen die Stadt selber – die Festung an der Ijsselsee, einst ein Mekka der Festungsbauer. Wer studieren wollte, mit welchem militärischen Sachverstand, Defensivraffinement, ballistischem Kalkül und mit welcher phantasievollen Voraussicht aller kriegerischen Eventualitäten Festungen erdacht, entworfen, berechnet und sodann erbaut werden können, reiste nach Naarden. Historiker können das noch heute tun, wenn auch Festungen längst ihren Verteidigungswert verloren haben, denn hier wurde kein Festungstor abgebrochen, kein Wall und keine Bastion geschleift, keine Zitadelle niedergelegt, keine Kasematte gesprengt und kein Festungsgraben zugeschüttet. Obwohl die weißen und gelben Blüten der Teichrosen auf dem Wasser der Gräben und die Brombeerhecken und Trauerweiden an den Steilwänden und Traversen dem Bild der Festung etwas Romantisches und Verträumtes beifügen, liegt sie trotz ihrer niedergelassenen Zugbrücken und weit geöffneten Tore noch immer so verschlossen, düster und abwehrbereit wie eh und je da. Zudem hat sie sich, obschon 1928 als Festung aufgegeben, einen gewissen militärischen Wert bewahrt: ihre Kasemattengewölbe gelten als ›atombombensicher‹, in ihren Magazinen lagert die Armee allerlei Gerät, und die Verwaltung ihrer Baulichkeiten untersteht aus diesen Gründen nach wie vor dem Verteidigungsministerium.

Am Beispiel Naardens begreift der aufmerksame Betrachter unserer Tage, warum in früheren Zeiten die Festungsbaukunst als die höchste aller Kriegskünste galt, warum sich an dieser Festung die Spanier 1629 die Zähne ausbissen, obwohl sie sie 1572 noch hatten einnehmen können – wobei sie alle Einwohner ermordeten – warum der französische Festungsbaumeister Vauban ihre nach 1572 modernisierten Anlagen ein »Meisterstück des Fortifikationsbaus« nannte, warum sie im 17. und 18. Jahrhundert als uneinnehmbar galt und warum der Preußenkönig Friedrich Wilhelm I. immer wieder ihre Grundrisse, Baupläne und Armierungsdetails studierte. Schließlich ließen er und sein Nachfolger Friedrich II. sich von dem Holländer Gerd Cornelius Walrave, einem jungen Angestellten der holländischen Festungsbauverwaltung und genauen Kenner Naardens, der es in preußischen Diensten bis zum Generalmajor und Chef des Festungswesens bringen sollte, nach dem Naardener Modell die Festungen Magdeburg und Stettin, Wesel am Rhein und Cosel an der Oder modernisieren. Die Reichsfestungen Kehl und Philippsburg und die Außenforts von Mainz gehen ebenfalls auf Walraves Entwürfe zurück. Später wurde er wegen Unterschlagung von Baugeldern zu lebenslänglicher Haft verurteilt und saß bis zu seinem

Tod im Jahr 1775 auf der von ihm erbauten Sternschanze von Magdeburg.

Die Festung Naarden wurde in jedem Jahrhundert bis hin zum 20. auf den neuesten kriegstechnischen Stand gebracht, aber dabei brauchte selten mehr als ihre artilleristische Ausrüstung erneuert zu werden. Denn Umfang und Gestalt von heute hatte sie bereits nach 1572 und ihre fortifikatorische Vollendung gegen 1690 erhalten – letztere wahrscheinlich von Menno van Coehorn oder einem seiner Schüler, zu denen um 1720 auch der junge Walrave gehört hatte. Coehorn war damals Generalingenieur des Festungswesens und gab überdies den Festungen Nijmegen, Zwolle, Breda und Bergen op Zoom den letzten Schliff. Wie sie weist auch Naarden die für alle Festungsbauten Coehorns charakteristische Vielzahl sich gegenseitig abschirmender Bastionen in und hinter einem doppelten Grabensystem und den Vorzug eines totalen Mangels ungedeckter Flanken und toter Winkel auf, die dem Generalingenieur den Ruf des phantasievollsten Festungsbauers seiner Epoche eintrugen, die man freilich in ihrem ausgeklügelten Raffinement lediglich aus der Vogelschau zu erkennen vermag.

Ich erinnere mich eines Fluges im Zweiten Weltkrieg von Woensdrecht nach Leeuwarden, zeitig an einem Maimorgen von 1944. Der Kurs führte genau über Naarden hinweg. Die Bungalows und Reihenhäuser Bussums, die heute im Süden und Osten über das Festungsglacis wuchern, gab es damals noch nicht. Viertausend Meter unter der dröhnend dahinziehenden DO 217 lag inmitten grüner Wiesen die Festung – ein zackenreicher Stern von vollendeter Gleichmäßigkeit, über den wie der Zeiger einer Sonnenuhr der Kirchturm von Naarden seinen dünnen Schatten warf.

Vincent van Gogh

Brabant in Stichworten: nasse Landstraßen mit zerzausten Pappeln oder Birken, Gärten, in denen Astern und letzte Sonnenblumen ihre verregneten Köpfe hängen lassen, Gehöfte mit großen Moosplacken auf den Strohdächern, mißmutige Krähen in kahlen Geästen, welke Blätter, die auf Kanälen treiben, ein Priester mit zwei Ministranten, der jemandem die Letzte Ölung bringt, leere Schafställe auf verlassenen Weidegründen, Bauern bei der Rübenernte, ein mit wildem Wein bewachsenes Kloster, wo vom Turm ein Glöckchen bimmelt, Regenpfützen, so grau wie der Novemberhimmel, dünne Gehölze, nebelverhangen, ein Briefträger und ein Polizist, die Post Post und Dienst Dienst sein lassen, ihre Fahrräder an einen Baum lehnen und erst einmal in eine Kneipe gehen...

Es war gegen Mittag, als wir nach Nuenen kamen. Das Dorf, auf einer Chaussee aufgefädelt, liegt ungefähr halbenwegs zwischen Helmond und Eindhoven. Den Wagen parkten wir am Rand eines Rasenplatzes, den hohe Bäume, ein verschilfter Weiher, ein zierliches Brückchen à la japonnais und ein morscher Pavillon, in dem zur Sommerzeit Samstag abends die Dorfmusik spielt, zu einem Dorfanger mit Stadtparkallüren machen. Doch wir hatten nur einen kurzen Blick für ihn und für die beiden Kirchen. Die katholische ist sichtbar auf eine starke Gemeinde zugeschnitten – denn hier ist man in einem Landstrich, in dem die Reformation kaum Fuß fassen konnte –, während die protestantische nur ein bescheidenes

Kapellchen ist. Wir aber schlugen die Mantelkragen hoch und gingen, Nuenen zu entdecken und Spuren zu suchen, denn in meinem Reiseführer hieß es: ›Zwar wurde am 30. März 1853 in Zundert in Brabant der Mensch, in Nuenen jedoch wurde in der Zeit zwischen dem Dezember 1883 und dem November 1885 der Maler Vincent van Gogh geboren.‹

Wie hoch Nuenen den berühmtesten seiner Bürger einschätzt, hatten wir bald heraus. Wir fanden eine gut versteckte Seitenstraße, die seinen Namen trägt. Sie ist vielleicht fünfzig Meter lang, nur ein einziges, dazu noch verfallenes Haus liegt an ihr, danach verliert sie sich als pfützenübersäter Feldweg zwischen Weidezäunen und Weißdornhecken im Dunst der Brabanter Landschaft.

Doch man muß gerecht sein – wenn man die Hauptstraße mit ihren Tankstellen, Fahrrad- und Bromfietswerkstätten, Bäckereien, Fleischereien, Konsumläden, Futtermittelhandlungen und Tabakgeschäften nur weit genug hinuntergeht, stößt man auf ein Denkmal für Vincent van Gogh. Auf einem ausgedienten Mühlstein steht aufrecht ein Findlingsblock, in den etwas hineingemeißelt ist, das in seinen groben Konturen an die feurigen Sonnen über den Ölbaum- und Zypressenlandschaften seiner späteren Bilder aus Arles erinnert. Auch trägt der Mühlstein eine Inschrift; sie ist jedoch so sehr verwittert, daß man kaum mehr als den Namen und die Jahreszahlen 1883 und 1885 zu entziffern vermag.

Keine Jahreszahl, kein Name, überhaupt kein Hinweis auf Vincent van Gogh findet sich hingegen an dem protestantischen Pfarrhof in der Mitte des Dorfes. Doch mit seiner roten Backsteinfront, seinen blanken Fenstern, weißen Rahmen und grünen Läden, seiner grünen Tür und dem weißen Vorgartenpförtchen ist er eines der wenigen alten Häuser entlang der Hauptstraße, die von dem fatalen Geschmack des ausgehenden 19. Jahrhunderts an pompösem Stuck und dem Gefallen unserer Zeit an modernistischen Allerweltsfassaden verschont blieben und sich ihre Würde bewahren konnten – eine Würde hohen Alters, denn dieses Haus stammt aus dem Jahr 1761. Von 1881 an bewohnte es der Pfarrer Theodorus van Gogh, Vincents Vater.

Als der dreißigjährige Vincent, abgerissen und mittellos, berufslos und nach bürgerlichen Maßstäben eine gescheiterte Existenz, an einem kalten, nieselnden Dezembertag von 1883 in eben diesem Haus bei seinem Vater Unterschlupf suchte, hatte er Jahre als Kunsthandelskommis in Den Haag, London und Paris, als Lehrer in Ramsgate und Isleworth, als Buchhändler in Dordrecht und als Laienprediger in den elenden Arbeitersiedlungen des Kohlenreviers der Borinage hinter sich, aber auch Versuche mit der Zeichenfeder, dem Stift und dem Pinsel, mit denen er um 1880 begonnen hatte. Seither wollte er nur noch malen. »Was ich mir noch aneignen muß«, schrieb er aus Nuenen seinem Bruder Theo, »ist nicht, eine Hand zeichnen zu können, sondern die Geste, nicht mathematisch korrekt einen Kopf, sondern den großen Ausdruck. So zum Beispiel das Einschnuppern der bewegten Luft durch einen grabenden Bauern, der für einen Augenblick den Kopf hebt, oder das Sprechen. Kurz gesagt – das Leben!«

Sein wichtigstes Vorbild zu jener Zeit war der Bauernmaler Jean François Millet. Aber Vincent van Gogh sah die Bauern und Weber seiner Heimat Brabant nicht romantisch oder gar erhöht wie Millet die seinen, sondern mit der illusionslosen Scharfsichtigkeit dessen, der sie kannte, weil er unter ihnen aufgewachsen war. Er übertrieb sogar noch das Knorrige und Erdhafte, das Häßliche und beinahe Tierische dieser armen Dorfproletarier. Niemand vor ihm hatte Bauern je so dargestellt, wie es nun van Gogh auf zahllosen Zeichnungen und vor allem auf dem für diesen Themenkreis typischen Bild ›Die Kartoffelesser‹ tat, über das er 1885, wiederum in einem Brief an seinen Bruder Theo, sagte:

»Ich habe erreichen wollen, daß man bei diesem Bild erkennt, daß diese Leute da, die unter ihrer Stubenlampe ihre Kartoffeln essen, mit denselben Händen, die sie nach der

Schüssel strecken, auch die Erde umgegraben haben. Das Bild spricht also von der Hände Arbeit und davon, daß sich diese Leute ihr Essen ehrlich verdient haben.«

Sein Pinselstrich mit den dick aufgetragenen Farben war schon während der Nuenener Periode so hart und gewissermaßen brutal, wie er es mit kurzen Ausnahmen während seiner gesamten Schaffenszeit bleiben sollte. Doch anders als später in Antwerpen, Paris, Arles oder Auvers bevorzugte er hier noch düstere Farben, wie sie nicht allein der Brabanter Landschaft, sondern ebenso den dargestellten sozialen Zuständen entsprachen; ein schwärzliches Braun und ein dunkles Blaugrün überwogen. Zudem wußte er auch schon, daß man »die Dinge nicht so malen darf, wie sie sind«, sondern daß es auf »Abwandlungen, Umgestaltungen und Veränderungen der Wirklichkeit« ankommt, die »viel wertvoller und wahrer als die buchstäbliche Wahrheit« sein können. Und somit wurde er bereits in Nuenen zu dem wichtigsten Vorläufer und Anreger der modernen Malerei, über den der holländische Kunsthistoriker J.Husker in seiner synoptischen Biographie ›Wer war Vincent van Gogh?‹ schreibt:

»Obwohl auch von anderen Malern aus van Goghs Zeit, wie Cézanne und Gauguin, ein großer Einfluß auf die Entwicklung der Malerei ausgegangen ist, muß dennoch van Gogh als der wichtigste Vorläufer der modernen Kunst betrachtet werden. Wir, die wir an sein Werk gewöhnt sind, können uns kaum mehr vorstellen, wie kühn, wie revolutionär seine Bilder zu seiner Zeit waren. Wohl blieb er bis zum Tode bemüht, die Wirklichkeit wiederzugeben, aber nie strebte er nach photographischer Treue. Alles, was er sah, führte er auf das Essentielle zurück. Er war der erste, der es wagte, in Form und Farbe weit von der Wirklichkeit abzuweichen, um seinem Gefühl stärkeren Ausdruck zu geben. Ohne sein Vorbild sind wichtige spätere Strömungen wie der Expressionismus oder die ›Fauves‹ fast undenkbar.«

Nachdem sich Vincent van Gogh in zahllosen Stunden

schwärzester Verzweiflung und den wenigen einer euphorischen Hochstimmung über seine Vorstellungen von der Kunst, insbesondere seiner eigenen, schlüssig geworden war – und das hatte ihn Berge wieder zerrissenen Zeichenpapiers und manchen Quadratmeter erneut übermalter Leinwände gekostet –, begann für ihn das, was man gemeinhin den ›Schaffensrausch des Künstlers‹ nennt. Die zwei Jahre in Nuenen gerieten ihm zu einer seiner fruchtbarsten Perioden. Nicht weniger als 185 Bilder und etwa 250 Zeichnungen – fast ein Viertel seines Gesamtwerks – entstanden in der kleinen Mangelkammer auf der Gartenseite des Pfarrhauses oder später in einem weniger beengten Atelier, das er dem katholischen Küster abmietete. Doch so produktiv diese Zeit auch gewesen ist, unbeschwert oder gar glücklich war auch sie nicht. Gegen sein Liebesverhältnis zu seiner Nachbarin Margot Begemann sträubte sich seine Familie erbittert; es endete, ähnlich unglücklich wie seine drei früheren, mit einem Selbstmordversuch Margots. Am 26. März 1885 starb sein Vater, für den Vincent der schon seit langem verlorene Sohn gewesen war, ein »Tagedieb und Phantast«, und kurz darauf verbot der katholische Pfarrer von Nuenen von der Kanzel herab den Bauern, sich weiterhin von dem Protestanten van Gogh malen zu lassen, wollten sie nicht Schaden nehmen an ihrer Seele. Im November desselben Jahres ließ der Maler sein mit fertigen, halbfertigen und gerade begonnenen Arbeiten vollgestopftes Atelier im Stich und ging nach Antwerpen. Die Nuenener Periode war zu Ende. Bis zu seinem Tod am 29. Juli 1890 blieben ihm kaum noch fünf Arbeitsjahre.

Brabant, wo auf weiten Heidestrecken im Frühling gelb der Ginster und im Frühherbst violett die Erika blüht, war lange eine der ärmsten Provinzen des Landes. »Statt Weizen wachsen hier Kartoffeln, statt Rindern grasen hier nur Schafe«, erzählte 1826, die eben erst durchquerten fetteren Gegenden Hollands noch vor Augen, Fürst Pückler-Muskau in seinen Reisebriefen. Überhaupt fühlte er sich in Brabant an die gleichermaßen karge Mark Brandenburg erinnert, denn »auch hier fuhren wir auf viele Meilen durch preußischen Streusand dahin«. Sechsunddreißig Jahre zuvor war der Weltreisende und Revolutionär Georg Forster zu ähnlichen Vergleichen gelangt: »Kaum waren wir eine Strecke gefahren, so befanden wir uns schon auf einer traurigen, weit ausgebreiteten Heide, wo das Auge nur am Horizont und in sehr großen Abständen voneinander etliche Kirchtürme entdeckte. Harte, dürre Gräser, Heidekraut, vereinzelte Birken und kleine Gruppen von Fichten waren die einzigen Pflanzenarten dieser öden, sumpfigen, versandeten Ebene, die uns lebhaft an gewisse Gegenden des nördlichen Deutschlands und Preußens erinnerte.« Hart aber fiel sein Urteil über die sozialen Zustände in Brabant aus. Denn während ihm Holland im allgemeinen als ein lobenswertes Muster einer »freien, arbeitsamen, gesunden und wohlgekleideten, genügsamen und reinlichen Nation« erschien, glaubte er in Brabant mit der »rosenkranzbetenden Geduldigkeit« seiner »von Klöstern und Pfaffen« ausgebeuteten Landbevölkerung dem »scheußlichen Anblick einer erschlafften, zu herz- und geisttötender Sklaverei unter dem Joche der papistischen Herrschaft herabgesunkenen menschlichen Natur« begegnet zu sein.

Manche der von Vincent van Gogh knapp hundert Jahre später in Nuenen geschaffenen Bilder wie ›Die Kartoffelesser‹ und zahlreichen Zeichnungen wirken beinahe wie Illustrationen zu Forsters sozialanklägerischen Notizen über Brabant. Doch als spontane Niederschriften der Reaktionen eines künstlerischen Temperaments auf seine Umwelt besitzen diese Leinwände und Blätter auch den zusätzlichen Wert sozialgeschichtlicher Dokumente. Denn van Gogh porträtierte nicht allein das herbe Gesicht der Brabanter Landschaft: die Traurigkeit und Verlassenheit ihrer Heide im Herbst mit den zerzausten Kiefern, aufgeflatterten Raben und schwarzen Himmeln, die Windmühlen an den einsamen Kanälen, über die höchstens einmal ein Torfkahn gezogen kommt, oder die hingeduckten, vor den Stürmen sich gleichsam verkriechenden Bauernkaten, sondern an erster Stelle ihre Menschen in dem weitgespannten Pflichtenkreis der noch unmechanisierten Schwerarbeit auf dem Felde: Männer, die müde hinter dem Pflug einherschreiten, Säer, denen man ansieht, wie erschöpft sie sind, erlahmende Schnitter auf mageren Roggenäckern, das Kriechen auf den Knien bei der Kartoffellese, das stundenlange Hingekrümmtsein zur Erde bei der Rübenernte, während ein kalter, durchnässender Regen auf die frierenden Rücken fällt, oder dieselben Bauern, wie sie sich noch bis tief in die Nacht hinein beim Tuchweben zugrunde richten: Heimarbeit für ein paar kümmerliche Gulden Zuverdienst. Achtzig Prozent der Wollerzeugung des Landes kamen damals aus Brabant, wo »statt Rindern nur Schafe grasten«. Wie Galeerensträflinge hockten diese ausgemergelten, ewig unausgeschlafenen Gestalten im Gestänge ihrer Webstühle, verurteilt zu dieser Fron von ihren unergiebigen Sandböden, die ihnen zum Sterben vielleicht zuviel, zum Leben auf jeden Fall zuwenig gaben ... Doch neben solchen Szenen aus einem ganz und gar unromantischen Bauerndasein malte van Gogh während seiner Nuenener Zeit zu Studienzwecken oder unter dem Eindruck persönlicher Erlebnisse auch Stilleben wie die ›Drei Vogelnester‹, mit denen er den Problemen des Helldunkels auf den Grund zu kommen versuchte, oder das ›Stilleben mit der Bibel‹, seiner allerletzten Arbeit in Nuenen, der Husker eine symbolische Bedeutung beimißt: »Die ausgelöschte Kerze weist vielleicht auf den jüngst erfolgten Tod seines Vaters hin, die Bibel ist an einer dazu passenden Textstelle – Jesaja, Kapitel 53 – aufgeschlagen, und ihr gegenüber liegt der Roman ›La Joie de Vivre‹ von Zola, dem Meister des Realismus, dem auch der Maler selbst nachstrebte.«

Ein halbes Jahr nach unserem Novemberbesuch kamen wir an einem heißen Tag im Juni erneut nach Nuenen. An den Wegrainen blühten die Brombeeren, der Ginster war bereits verblüht. Von den Wiesen, auf denen heutzutage nicht mehr nur Schafe, sondern auch Herden rotbunter Kühe weiden, zog in süßen Schwaden Heugeruch und mischte sich mit dem Duft blühender Linden. Die Sonne brannte aus einem weißen, wolkenleeren Himmel auf die Dorfdächer. Mit seinen skurrilen Obstbäumen und arabeskenhaft angelegten Beeten sah der Garten hinter dem Pfarrhaus zwar noch immer so aus wie auf der van Goghschen Rohrfederzeichnung vom März 1884, jedoch mit seinen blauen Akeleien und feuerroten Pfingstrosen wirkte er jetzt im Juni viel freundlicher.

Wir hatten Durst und gingen ins Wirtshaus. Ein paar Bauern mit den Physiognomien der ›Kartoffelesser‹ waren dort von der Sonntagsmesse und dem Frühschoppen übriggeblieben. Schon unsicher auf den Beinen, versuchten sie sich an einer Partie Billard, wobei sie wiederum Bier auffahren ließen. Aber sie stießen so oft daneben, daß der Wirt für die neue grüne Tischbespannung fürchtete. Sie habe ihn eben erst 145 Gulden gekostet, beteuerte er und nahm den Spielern die Queues weg. Sie maulten zwar, aber ließen es sich doch gefallen. Der Wirt atmete auf und brachte unsere Getränke. Einer der Bauern setzte sich zu uns und wollte wissen, woher wir gerade kämen? Aus Breda. Dort habe er als Soldat gedient, sagte er, stand auf und salutierte militärisch, setzte sich wieder und krempelte sein Hosenbein und auch die dicke, graue Unterhose in die Höhe und zeigte uns eine lange Narbe auf der rechten Wade – Mai 1940, an der Grebbe-Linie nördlich von Arnhem, dort schossen die Deutschen nicht mit Pferdeäpfeln, obwohl es Kavallerie war. Ursula fragte ihn, was er über Vincent van Gogh wisse? »Van Gogh? Der hat sich für ein Frauenzimmer ein Ohr abgeschnitten. Später brachte er sich vollends um. Gemalt hat er auch.«

Die Kathedrale

Es war in der Osterzeit, in der Karwoche. Wir kamen von Helmond und wollten bei s'Hertogenbosch auf die Autobahn und weiter nach Breda. Auch aus dieser Richtung kommt man aus der Tiefe der brabantischen Heidelandschaft mit ihren oft noch strohgedeckten Höfen inmitten kleiner Eichenhaine, deren Stämme früher das Holz für die Brauttruhen und Hochzeitsbetten der Bauerntöchter hergaben. Die alte Chaussee von Venlo und Köln mit ihrem gelben Huflattich und ihren weißen Gänseblümchen auf den Böschungen läuft das letzte Stück neben einem Kanal her, der ›Zuidwillemsvaart‹ heißt, einen Treidelpfad besitzt und sich noch gut an die von feisten Pferden gezogenen Treckschuten zu erinnern vermag. Da und dort steht eine Windmühle am Kanal und alle paar Kilometer oder auch häufiger eine jener gemütlichen, stets ein wenig räuberhöhlenartigen Kneipen, in denen einst die Schiffer und Pferdetreiber einen oder auch mehrere Genever kippten, ein Stück Speck und einen Kanten Brot vertilgten und die Pferde fütterten oder tränkten. Der Wind kräuselte das Wasser des Kanals, auf dessen kleinen Wellen sich Möwen wiegten. Schwerfällig tuckerte ein Frachtkahn vorüber und die Möwen schwangen sich vor ihm mit zwei, drei mühelosen Flügelschlägen in die Luft. Von Bord kläffte ihnen erbittert ein ›Schipperke‹ nach, einer jener kleinen, scharfen, schwarzen Köter, halb Spitz und halb Pinscher, die auf keinem Kahn fehlen.

Auf die Autobahn fuhren wir am Verteiler s'Hertogenbosch, in und um dessen weite Schleifen und Schlingen eine Stadt von morgen hinein- und herumgebaut ist – Wohntürme aus Beton und Glas mit Tausenden von Fenstern und Hunderten bunter Balkons, das neue s'Hertogenbosch. Doch drei oder vielleicht auch fünf Kilometer weiter westlich gibt es eine Stelle, da sollte man das Gas wegnehmen und die nächste Parkbucht anlaufen. Die Autobahn führt hier über einen hohen Damm dahin, und rechter Hand liegt hinter einer weiten, von Kopfweiden, Wassergräben und Viehzäunen durchzogenen Wiesenebene das alte s'Hertogenbosch, und es ist möglicherweise derselbe Anblick, nach dem Albrecht Dürer im November des Jahres 1520 in seinem ›Tagebuch der Niederländischen Reise‹ vermerkte: »Herzogenbusch ist eine hübsche Stadt und hat eine ausbündig schöne Kirche ...«

Es ist die St. Janskathedrale, von der Dürer spricht, und sie ist es auch, die das so überraschende Bild einer freilich allein von dieser Stelle und aus dieser Entfernung noch völlig mittelalterlich wirkenden Stadt beherrscht, und man hat von hier den ebenfalls trügerischen Eindruck, als stünde sie völlig frei am Rand der Stadt, am Ende der Wiesen, die gelb und lila gesprenkelt sind von Löwenzahn und Wiesenschaumkraut, und als sei sie lediglich zur Rechten und zur Linken von den Dächern und Giebeln s'Hertogenboschs umrahmt – eine weiße, strahlende, von der Sonne umflossene Vision unter dem kühlen, wolkenlosen Blau eines Frühlingstags und den kunstvollen Kreisen und graziösen Auf- und Abschwüngen eines Bussardpaars, das gerade seinen Hochzeitsflug vollzieht.

Im Jahr 1280 war mit dem Dombau begonnen worden, vollendet war er bereits fünfzig Jahre später. Getreulich wie wohl nirgendwo mehr sonst hatten sich die Baumeister an das Vorbild der Kathedrale von Amiens gehalten, die man hier nun präzise im Maßstab fünf zu sechs und mit demselben kreuzförmigen Grundriß nachschuf. Hundertundfünfzig Säulen tragen die steinernen Gewölbe der fünf Schiffe, deren

Scheitel sich in der Vierung vor dem Chor zu einer lichten Kuppel erheben. In einem abgegriffenen und beschädigten deutschsprachigen Buch ohne Einband und Titelblatt, das ich einmal in Amsterdam zwischen antiquarischen Büchern fand, stieß ich auf die folgende Beschreibung der St. Janskathedrale, und ich muß sagen, daß ich gern wüßte, wer der Autor ist:

»St. Jan ist im altüberlieferten Glanz erhalten geblieben, ist keine leere Hülle, sondern ein zugleich weltoffenes und weltentrücktes Gebäude des Kults und der Heiligenverehrung, erfüllt von Weihrauchduft und umschwebt von jenem unsagbaren Zauber französischer Domkirchen. Da strebt und zieht es hinauf zu Pfeilern, Säulen und Diensten, flammt es in kunstvollem Maßwerk durch die breiten, hellen Fenster und weist es in figurengeschmückten Wimpergen und Fialen zum Himmel ... Schwer und wuchtig am Sockel, doch in den Gewölben licht und zart erhebt sich das spätgotische Kunstwerk der Architektur, nicht düster und streng wie in romanischen Kirchen, sondern weit und klar ... Mit ihrer prachtvollen kapellenumsäumten Choranlage, ihrer aus dem Stein gleichsam ziselierten Vierungskuppel und ihrem reichen ursprünglichen Figurenschmuck – nur die Heiligenstatuen an den Portalen sind teilweise den Bilderstürmen der Reformationszeit und der französischen Revolution zum Opfer gefallen – stellt die Kathedrale von St. Jan in s'Hertogenbosch eines der prächtigsten Sakralbauten in nördlichen Landen dar, ja wahrscheinlich eine der gewaltigsten Kirchenschöpfungen spätgotischen Stils auf dem Kontinent überhaupt. Nur der niedrige Kirchturm an der Westfront, dessen Unterbau von einer älteren romanischen Kirche stammt, ist in seinen Proportionen den übrigen Teilen des Gebäudes nicht angepaßt; die bereits mehr nach der Breite denn in die Höhe strebende Spätgotik hat ihre Pracht lediglich an den Längs- und Querschiffen entfalten können, wogegen die Westfassade vernachlässigt blieb.«

Und so saßen wir da in unserem Wagen, am Rand der Auto-

27 Das alte Rathaus von Arnhem

29 Waaggebouw in Nijmegen

Das 1391 erbaute 30
Gasthuispoortje
in Gornichem
→

28 Renaissance in Amersfoort

32 St. Janskerk in s'Hertogenbosch

Dom in Utrecht 33

31 An der Vecht: Schloss Guntherstein

←

Gracht in Amersfoort 34

→

bahn, in der Parkbucht, während an uns in unaufhörlichem Fluß dröhnend, brummend, klappernd oder sirrend die Personen- und Lastkraftwagen vorbeirauschten, und so saßen wir am Rand der Autobahn, angesichts der Kathedrale und der Stadt wie auf der Grenze zweier verschiedener Zeitalter. Ursula griff plötzlich nach dem Fernglas auf dem Rücksitz, hob es an die Augen und blickte zu der Kirche hinüber, um das Glas jedoch bald wieder zu senken, denn die achtfache Vergrößerung zerstörte die Illusion vom mittelalterlichen s'Hertogenbosch und die Vision von dem zwischen Himmel und Erde schwebenden Dom. Statt dessen richtete sie das Glas nun auf die Bussarde, die noch immer hoch am Himmel ihre Spiele trieben, sich in enger und enger werdenden Kreisen emporschraubten, bis sie sich mit angelegten Schwingen in die Tiefe stürzten, sie erst knapp über dem Boden ausbreiteten und auf einem Weidezaun landeten, wo sie nun aneinandergedrückt saßen, der eine glücklich über die Nähe des anderen.

Wir aber schauten wieder hin zu der Kirche, der »ausbündig schönen«, die gegen Ende des 16. Jahrhunderts, wie einmal jemand nachgezählt hat, ungefähr fünfzig Altäre besaß. Jeroen van Aken alias Hieronymus Bosch, der um das Jahr 1450 in s'Hertogenbosch geboren wurde und daselbst 1516 als »insignis pictor«, als berühmter Maler, starb, hatte eigens für St. Jan sechs Bilder gemalt: Die Erschaffung der Welt, Abigail bei Salomo, Die Anbetung der Könige, Die Belagerung von Bethulia mit der Ermordung des Holofernes, Die Flucht aus dem Lager nach dem Mord und Esther vor Ahasverus – eine, wie man aus den Titeln ersieht, biblische Bilderfolge zur Verdeutlichung alttestamentarischen Geschehens für die vielen des Lesens unkundigen Menschen jener Zeit. Nach der Eroberung s'Hertogenboschs von 1629 durch die Truppen der Vereinigten niederländischen Provinzen erlaubte Prinz Frederik Hendrik von Oranien dem mit den Spaniern die Stadt verlassenden Domkapitel die Mitnahme dieser sechs

Bilder, und seither sind sie spurlos verschollen. Dennoch weiß man ungefähr, wie sie aussahen, denn es erhielt sich eine Beschreibung aus dem Jahr 1611, derzufolge sie völlig in das erhaltengebliebene, heute weltweit bekannte Oeuvre dieses Malers der Höllenausgeburten und teuflischen Versuchungen paßten, der durch die Verbindung seiner bizarren Phantasie mit dem Scharfblick des großen Realisten zu einem frühen Surrealisten geworden war, der Werke schuf, deren Symbolgehalt kaum auszuschöpfen ist und von jeder Epoche neu interpretiert werden muß, und der im Grunde unaufhörlich dasselbe Theme variierte: den Angriff der Unmenschlichkeit auf das Menschentum – ein leider unerschöpfliches Thema, wie es uns erneut unser eigenes Jahrhundert bewiesen hat.

Doch noch anderes, das in seiner Art sich wiederum in die Vorstellungswelt des Hieronymus Bosch einfügt, läßt sich von der St. Janskathedrale berichten. Als am 25. Juli 1584 die Kunde von der Ermordung Willems I. von Oranien, des ›Schweigers‹, nach s'Hertogenbosch gelangte, ordnete der Bischof einen Dankgottesdienst an. Der Gottesdienst wurde tatsächlich abgehalten, aber nach seinem Ende schlug während eines plötzlich ausgebrochenen Gewitters der Blitz in den Turm über der Westfassade ein und zerstörte ihn – ein Ereignis, das viele Bürger mit Grauen sahen ...

Breda – subjektiv betrachtet

Breda in Brabant ist mir immer wie eine Kleinstadt in Frankreich vorgekommen – wie Cambrai zum Beispiel, das wie Breda einen starken Festungscharakter hat, oder wie Langres, dessen silbergraue Kirche St-Mammès wegen des selben burgundischen Einschlags so viel Übereinstimmung in Wucht und Deftigkeit mit der Groote Kerk von Breda aufweist, obwohl an dieser Kirche in nicht geringem Maße auch die lichte flämische Gotik zum Zuge kommt. Meine erste Begegnung mit Breda geht auf die Osterzeit von 1943 zurück, als ich einmal von Woensdrecht hierherfahren konnte, doch gründlicher lernte ich die Stadt kennen, als ich dann im Mai desselben Jahres in dem großen Marinelazarett von Bergen op Zoom lag, das vor der deutschen Besetzung ein Tropenlazarett der KNIL gewesen war – der Königlich-niederländischen Indien-Armee. Etwas Tropisches, Exotisches eignete dem aus vielen Einzelgebäuden in einem weiten Parkgelände bestehenden Krankenhauskomplex damals noch, und dieses Exotische rührte vermutlich von den auf allen Korridoren und in den meisten Zimmern hängenden farbenprächtigen Abbildungen indonesischer Volksszenen, Städte, Eingeborenendörfer oder Urwaldströme her, über denen stets ein himbeerfarbener Sonnenball aufstieg oder unterging. Mein Fall war nicht besonders ernst. Schon nach drei Wochen durfte ich aufstehen, aber während ich noch zu Bett lag, hatte ich eine auf schlechtes Kriegspapier gedruckte Stadtbeschreibung gelesen, die mich neugierig machte. Als ich endlich Ausgang erhielt, fuhr ich nach Breda, um es mir anzusehen.

Die Geschichte der Stadt und Festung Breda ist eine weitere Variation jenes Themas von Belagerungen, Einnahmen und Rückeroberungen, das in der Historie nahezu aller wichtigen Städte Nord- und Südhollands, Seelands und Brabants anklingt. Spanier und Franzosen waren die Feinde, doch schließlich siegte jedes Mal das Freiheitsverlangen der Bürger. Das Kastell wurde 1350 gebaut und zweimal – 1534 und 1696 – erweitert und verstärkt, während die gesamte Stadt erstmals um 1530 mit Gräben, Wällen, Torburgen, Basteien und Außenforts umgeben wurde. Im Spanischen Krieg eroberten niederländische Truppen Breda 1577 und verloren es 1581 wieder an die Spanier, bis die Festung 1590 erneut von einer Armee der Vereinigten Niederlande zurückerobert wurde. Dies geschah durch eine Kriegslist, bei der wie einst in Troja Soldaten in die vom Feind besetzte Festung geschmuggelt wurden – zwar nicht im Bauch eines hölzernen Pferdes, sondern im Bauch eines der brabantischen Landschaft weit mehr entsprechenden Torfkahns.

Damals, im Januar oder Februar 1590, kam Adriaan van Bergen, ein Schiffer, der regelmäßig Torf zum Heizen an die spanische Besatzung von Breda lieferte, auf den Gedanken, wie die Stadt den Spaniern entrissen werden könnte. Nach seinem Plan wollte er einen Stoßtrupp von etwa siebzig Mann in einem Versteck unter der Torfladung seines Kahns heimlich in die Stadt bringen, der dann des Nachts die Besatzung des Kastells überrumpeln und die Stadttore öffnen sollte, damit Teile der Armee des Prinzen Maurits von Nassau, die nahe bei Breda im Winterquartier lag, in die Festung eindringen könnten. Diesen Plan trug der Schiffer einem Offizier des Prinzen vor, dem Edelmann Karel van Heraugière, und der wiederum informierte den Prinzen. Der Plan wurde gründlich geprüft und schließlich für durchführbar befunden. Bald bestieg ein Trupp von siebzig Soldaten unter

Führung Karel van Heraugières und des Leutnants Matthys Held den Kahn und verbarg sich in einer zu diesem Zweck eigens eingerichteten Kammer unter der Torfladung. Während das Schiff abfuhr, rückten Teile der Armee – man hatte sich für dieses Unternehmen einen nebligen Tag ausgesucht – näher an die Festung heran. Wie erwartet, konnte Adriaan van Bergen, dem die Spanier vertrauten, mit seinem Kahn ohne große Kontrollformalitäten in die Festung einfahren; doch um zu verhindern, daß der Torf noch am selben Nachmittag abgeladen würde, lud er die Arbeiter zu einem ausgiebigen Umtrunk in die nächste Kneipe ein. Darüber wurde es Nacht. Als dann vom Turm der Groote Kerk die Glocken Mitternacht schlugen, krochen die Soldaten aus ihrem Versteck hervor. Ein Teil von ihnen überwältigte die Kastellwache, besetzte das Wachgebäude und schloß die Kastellbesatzung samt ihrem Kommandanten Paulo Antonio Lanciavecchia in dem Kastell ein, während der andere Teil die Wachen an den Festungstoren niedermachte, so daß die draußen wartenden Truppen des Prinzen Maurits unter dem Kommando eines Grafen Hohenlohe in die Stadt einmarschieren konnten.

In dem achtzigjährigen Krieg gegen die Spanier wechselte Breda jedoch noch zweimal den Besitzer: 1625 eroberte der spanische Feldherr Ambrosius Spinola die Festung, und schließlich vertrieb 1637 Prinz Frederik Hendrik von Nassau nach viermonatiger Belagerung die Spanier endgültig. Die Kapitulation von 1625 hat Diego Velasquez auf dem Bild ›Las Lanzas‹ oder ›Die Übergabe von Breda‹ dargestellt, das im Prado von Madrid hängt – eine Kopie befindet sich in der Rokokohalle des Bredaer Rathauses.

Im 18. und 19. Jahrhundert wurde die inzwischen von Menno van Coehorn modernisierte Festung aufs Neue zum Schauplatz kriegerischer Ereignisse. Am 25. Februar 1793 drangen französische Revolutionstruppen unter General Dumouriez in Breda ein, mußten es jedoch am 4. März 1794, nach dem sie bei Neerwinden geschlagen worden waren, wieder aufgeben, und im September wurde die Festung von der Armee des Generals Pichegru berannt. Aber sie fiel erst, als im Winter von 1794 auf 1795 ganz Holland von den Franzosen besetzt und somit jeder weitere Widerstand sinnlos geworden war. Als jedoch die französische Garnison im Dezember 1813 bei der Annäherung einer von dem russischen General Graf Benkendorff befehligten alliierten Armee einen Ausfall unternahm, schloß die Bürgerschaft hinter den Franzosen eilig die Festungstore und verhinderte auf diese Weise deren Rückkehr. – Im Mai 1940 wurde Breda, das längst keinen Festungswert mehr besaß, von den Deutschen kampflos besetzt und im Oktober 1944 ohne größere Kampfhandlungen geräumt.

Obgleich es heutzutage in Breda mehr als anderswo im Lande von den khakifarbenen Uniformen des holländischen Heeres und den fliegerblauen der Luftwaffe wimmelt, – denn im Kastell ist seit 1828 die Königliche Militärakademie untergebracht – ist diese Stadt zu gewissen Stunden und an zahlreichen Punkten von ungeheurer Zeitferne, Friedlichkeit und Verträumtheit. Letzthin im Mai aßen wir einmal in der ›Auberge de Arent‹ am Havermarkt zu Abend, während auf dem kleinen, dreieckigen Platz unterhalb der Fenster des Restaurants um den einzigen, grüngolden gestrichenen Kandelaber und die fünf gestutzten Ulmen Nachtfalter schwirrten, die Toreinfahrten der alten Häuser wie schwarze Schlunde gähnten, die Steinfigur eines in seiner Ungeschlachtheit an die Plastiken Barlachs erinnernden ›Lautenspielers‹ wie ein Gespenst wirkte, ein verliebter Kater einer Katze nachstieg und der Turm der Groote Kerk sich wie ein grausilberner Lanzenschaft im nachtdunklen Himmel verlor, und wie stets in Breda mußte ich auch dieses Mal wieder an bestimmte Kleinstädte Frankreichs denken: an Langres etwa, wo im *cour d'honneur* so manchen Renaissancepalastes verwilderter Rasen sprießt und Grillen zirpen, man am Ende dieser oder jener krummen Gasse weit hinaus ins Tal der Meuse, der jungen Maas, schauen kann, und auf einem winzigen Platz zu abendlicher Stunde Fledermäuse das Denkmal des Enzyklopädisten Denis Diderot umschwirren, oder an Cambrai mit seinen rundtürmigen Festungstoren voller Wappenschmuck und kriegerischer Symbolik und seinen Festungswällen und Traversen, auf deren Schrägen die langen Zweige der Trauerweiden im Winde wehen.

Dem Kasteelplein oder Schloßplatz von Breda hat man des öfteren sowohl französische clarté als auch preußische Schlichtheit nachgesagt, und an beidem ist etwas Wahres. Er ist lang und schmal, eher eine breite Straße als ein Platz. Mit seinen gleichmäßig hohen Häusern aus dem späten 18. oder frühen 19. Jahrhundert, den gleichmäßigen Linien der Fenster und Simse und dem ungewöhnlich hochsockeligen Reiterdenkmal des Prinzen Willem III. von Oranien, in Waffenrock und Stulpenstiefeln, besitzt der Schloßplatz eine würdige, beinahe klassische Einfachheit. Er führt als linealgerade Schneise genau auf das Hendricustor und jene Gebäudeteile des ehemaligen Kastells, der heutigen Militärakademie, zu, die unter Heinrich III. von Nassau um 1534 von Vincidor di Bologna, so nimmt man wenigstens an, erbaut worden sind, und auf noch jüngere Teile, die erst im 17. Jahrhundert unter Willem III. von Oranien entstanden, so daß sich nun dort, umschattet von breitkronigen Buchen, umrahmt von Blumenbeeten, eine sehr frühe mit einer sehr reifen Renaissance vergleichen läßt.

In dem Arkadenhof Vincidors, der wie geschaffen scheint zum Auf- und Abgehen in ernsten Gesprächen, zum Sitzen in der Sonne mit einem Buch, oder auch für eine Freilichtaufführung jenes Dramas von Calderón, das wie das berühmte Bild des Velasquez von der Übergabe von Breda handelt, saßen an jenem Maitag junge Offiziere, angehende Generalstäbler und Kommandeure, und ich stellte mir vor, daß sie Clausewitz, Rommel, Liddel Hart lasen oder Analysen dieser oder jener Schlacht des Zweiten Weltkriegs und makabre Spekulationen über atomare Globalstrategie. Trotzdem war es ein eher anheimelndes Bild: die jungen Männer mit ihren Büchern und Notizkladden, der Himmel ohne Wolken, in den süßesten Tönen flötete eine Amsel ihr brütendes Weibchen an, jemand klappte sein Buch zu, dessen Schutzumschlag freilich für ein militärwissenschaftliches Werk viel zu bunt und fröhlich aussah, streckte die Beine weit von sich und zündete sich eine Zigarette an – viel mehr als an eine Kriegsschule erinnerte dies alles an College und Campus.

Und nicht minder idyllisch sehen heutzutage auch die alleräItesten Teile des Kastells von Breda aus, die bärbeißigen Bollwerke aus dem 14. Jahrhundert: die aus dem Wasser aufsteigenden Wälle und die Torburg mit ihren niedrigen, dicken Rundtürmen. Irgendwo an diesen Ufern muß der trojanische Torfkahn gelegen haben, von niemandem beachtet, bis die Glocken der Groote Kerk Mitternacht schlugen, der Stoßtrupp an Land stieg, im Nebel sich anschlich und lautlos die spanische Torwache niederstach. Aber wer denkt schon daran, an einem heiteren Maitag wie diesem! Gewiß nicht der Korporal, der vor dem offenen Tor Posten stand und sich die Langeweile mit Schlagermusik aus seinem Transistorradio vertrieb. Auf dem Wasser schwamm eine Entenmutter, ihre Küken in Kiellinie hinter sich. Von Geißblatt berankt ragten die Wälle auf, von Jasmin umblüht und umduftet die Basteien, und im Wasser spiegelten sich die spitzen Helme der Türme. Erneut und ungerufen stellten sich wie so oft schon in Breda Erinnerungen an Langres ein und vor allem an Cambrai, wo sich die Festungswerke ebenso friedlich geben wie hier das Kastell – so gutmütig wie mancher Veteran, der alles längst hinter sich hat und froh ist, sich in seinem abgeschabten Waffenrock in der Sonne wärmen zu dürfen.

Seeländische Impressionen

In Zierikzee auf der Insel Schouwen-Duiveland wollte man im 15. Jahrhundert hoch hinaus. Man war – vermutlich durch Wolle- und Bierhandel mit England – zu Geld gekommen. Dafür beschloß man Gott zu danken und eine neue Kirche zu bauen, größer und prächtiger als jede andere weit und breit. Aber leider mischte sich in die Dankbarkeit der unfromme Wunsch, bewundert und beneidet zu werden. Deshalb wollte man der Kirche einen Turm beigeben, der selbst in Rom nicht seinesgleichen haben würde – 207 Meter hoch! Als Architekten nahm man den besten, den man finden konnte: ein Mitglied der damals hochberühmten Baumeisterfamilie Keldermans aus Mecheln. Doch weil Gott außer den Bäumen auch die Kirchtürme der Eitelkeit nicht in den Himmel wachsen läßt, wurde es nichts mit dem ›babylonischen Turm‹ oder ›Weltwunder von Zierikzee‹. Denn er gedieh über fünfzig Meter kaum hinaus. Die dazugehörige Kirche brannte 1832 ab. An ihre Stelle setzte man einen neoklassizistischen Säulentempel, den man bald in der gesamten Provinz Seeland in Anlehnung an Paris ›Ste. Madeleine de Zierikzee‹ nannte. Heute gilt er als das häßlichste Bauwerk der Stadt – abgesehen von dem hohen Gaskessel, der gemeinsam mit dem Kirchturmtorso ihre Dächer überragt.

Trotzdem ist Zierikzee, das bei manchen Leuten in dem Ruf steht, ein seeländisches Schilda zu sein, ein pittoreskes Nest, das viele Maler aus Holland, Belgien und vom deutschen

Niederrhein anzieht – zumeist ältere Herren mit Baskenmützen, Schillerkragen und Kordhosen, die hier reichlich jene Vorlagen finden, die sie zur Vorspiegelung einer heilen Welt benötigen: mittelalterliche Gassen und gotische Giebel, grünscheckige Dächer, zierliche Erker und verträumte Hinterhöfe. Denn Romantik trifft man auf Schritt und Tritt, freilich oft gepaart mit dem säuerlichen Geruch von Schimmelpilz und Armut. Doch die Maler wissen sich zu helfen. Sie lassen fort, was den schönen Schein stören könnte, Autos zum Beispiel und Fernsehantennen, und mogeln hinzu, was ihn hebt – die bunten Segelschiffe von einst in den leeren, versandeten Hafen von heute.

Dabei ist gerade der Zustand, wie er nun einmal ist, der große Reiz der kleinen Stadt. Denn Zierikzee hat viele Gesichter. Im Zwielicht eines grauen Februartages können die Gassen mit den von wäßrigem Schnee zugedeckten Autos, die dann anmuten, als führe in ihnen niemals mehr jemand fort, von einer so entmutigenden Traurigkeit sein, daß man vor ihr am liebsten zu einem heißen Glas Grog und danach unter die Bettdecke flüchtet. Hingegen liegt ein frischer, blanker Glanz auf dem rauhen Backstein der Giebel, wenn der borstige Aprilwind hoch am Himmel üppige Wolkengebilde türmt, um sie bereits im nächsten Augenblick wieder wie mit einer Handbewegung wegzuwischen. Und von einer geradezu gespenstischen Unwirklichkeit ist Zierikzee – man weiß nicht, wieso – ausgerechnet an gewissen windstillen Hochsommermittagen, wenn der Kirchturm, mit dem man so hoch hinaus wollte, im Sonnenglast zittert, die Drachenfratze eines Wasserspeiers die Zunge hinausstreckt und keine Menschenseele sich blicken läßt. Wüßte man aus einem alten Balladenbuch, auch diese Stadt sei vor langer Zeit versunken wie Liliencrons Rungholt, tauche jedoch zu bestimmten Stunden ganz bestimmter Tage wieder vom Meeresboden oder aus dem Nichts empor – in einer solchen Stunde würde man dies glauben.

Der Admiral

Die Mole ist mit dem Rundumblick, den sie gewährt, der geeignetste Punkt, sich einen ersten Eindruck von der Lage, sogar von dem Charakter und der Geschichte der Seefahrerstadt Vlissingen zu verschaffen. Man kann sich auf ihre steinerne Brüstung setzen und ungestört in alle vier Himmelsrichtungen schauen: nach Süden auf die Westerschelde, die in Wilhelm Raabes Geusenerzählung ›Die schwarze Galeere‹ eine Rolle als Schauplatz blutiger Seegefechte spielt, und auf die ferne Sand- und Pappelküste Seeländisch-Flanderns, nach Osten auf die Deiche und Bewallungen, den schlichten Zweckbau des Marinearsenals und die ausgediente Windmühle der Stadt, nach Norden auf ihre Türme und Werftkräne, Giebel und Dächer, auf die Börse und den Bellamypark sowie in den alten Koopmans- und den Vissershaven hinein, in denen dicht unter den algengrünen Kaimauern stets einige Fischdampfer, Hochseeyachten und Lotsenboote dümpeln, und nach Westen schließlich auf die Nordsee, deren Wellen bei Flut hart an die Quadern der Mole schlagen. Mitten auf ihr aber ragt das Denkmal Michiel Adriaenszoon de Ruyters auf. Zwei Kanonen von einem Schiff seiner Flotte, das 1676 in jenem Seegefecht in der Straße von Messina, bei dem er tödlich verwundet wurde, sank, flankieren den schwarzen Marmorsockel, auf dem in altrömischer Siegerpose der Admiral steht – aufgereckt und selbstbewußt. Lang fällt ihm das Haar auf die Schultern. Über seinen linken Arm ist in schönem Faltenwurf sein Umhang drapiert wie eine abgelegte Toga. Die linke Hand hat er hinter die Schärpe geschoben, in der rechten hält er eine zusammengerollte Seekarte. Sein Blick ist prüfend auf das offene Meer gerichtet.

Am 24. März 1607 wurde er als fünftes von den elf Kindern des ehemaligen Seemanns und nachmaligen Bierträgers Adriaen Michielszoon in Vlissingen geboren. Aus seiner frühesten Jugend weiß man, daß er ein besonders wilder Straßenjunge in Holzpantinen, ständig zerrissener Hose und mit Schnodderbellen unter der nur selten geputzten Nase war. Das Lesen, Schreiben und Rechnen lernte Michiel Adriaenszoon – den Namen de Ruyter legte er sich erst viel später zu – zwar leicht, war jedoch aufsässig in der Schule und berüchtigt als Raufbold. Zum ersten Mal machte er von sich reden, als er den hohen Turm der SintJacobs-Kerk von außen erklomm; eine sportliche Leistung und Mutprobe erster Güte, wie jeder einsehen wird, der einmal am Kirchturm emporgeblickt oder von dem Umgang unterhalb des barocken Turmhelms, zu dem im Turminnern eine enge Wendeltreppe führt, in die Tiefe gesehen hat. Ganz Vlissingen stand damals gaffend auf dem Marktplatz vor der Kirche, verdrehte sich den Hals und erwartete gruselnd, daß des Bierträgers tollkühner Sohn sich den seinen bräche. Aber Michiel kam gut hinauf und heil herunter.

Mit zehn Jahren wurde er für einen Wochenlohn von sechs Stüvern einem Tauschläger in die Lehre gegeben. Der Meister jagte ihn freilich schon bald wieder davon, nicht ohne ihm nachzurufen, daß es mit ihm noch ein schlechtes Ende nehmen werde. Nachdem der Junge aber die Tracht Prügel seines Vaters überstanden hatte, war er froh über den Hinauswurf, denn er wollte zur See. Er trieb sowieso sich am liebsten in den Häfen der Stadt herum, auf den großen Schiffen, die mit ihren allerhöchstens achthundert Tonnen für unsere Begriffe so klein wirken; nur etwa fünfundzwanzig Meter in der Länge und bis zu sechs Metern in der Breite maß damals eine Galeone, der gebräuchlichste Schiffstyp jener Zeit, mit der fremde Erdteile entdeckt und sämtliche Ozeane befahren wurden. Verwies man Michiel von Bord eines Schiffes, so enterte er das nächste. ›Als een aap‹, wie ein Affe, kletterte er im Tauwerk herum. In solchen Momenten war er glücklich. In ihnen hielt er sich für einen jener Geusen, von denen die Männer in den Kneipen, die Matrosen beim Segelflicken auf Deck und die Frauen an den Winterabenden beim Spinnen oder Stricken erzählten. Denn um 1620 war die Erinnerung an sie in Flandern, in Westbrabant und ganz besonders auf den seeländischen Inseln, woher die meisten von ihnen stammten, noch frisch. Trotzdem rankten sich schon Legenden um die Taten dieser Partisanen der ersten Stunde des niederländischen Freiheitskrieges, die mit fanatischem Haß und todesbereiter Unerschrockenheit bekämpften, was spanisch oder katholisch war.

»Ce ne sont que des gueux«, hatte anfänglich ein Offizier im Stab Herzog Albas noch spotten können; »sie sind nichts weiter als Bettler«. Und ›les gueux‹, die Bettler, die Geusen nannten sie sich selber, seit ihnen dieser Ausspruch zu Ohren gekommen war. Den Spaniern freilich verging bald das Lachen. Wenn der Sturm heulte und der Regen rauschte, wenn die Nächte am schwärzesten waren oder der Nebel am dichtesten über den Küsten, den Inseln, der Schelde und dem Meer lag – das war ihre Zeit! »Was kümmerte dieses Amphibiengeschlecht der Sturm und die Finsternis? Waren Sturm und Nacht nicht seine besten Verbündeten? Wann hätte je ein Wassergeuse das stürmische Meer und die Finsternis gefürchtet, wenn es galt, seine Todfeinde zu überlisten, die Verwüster und Bedränger seines den Wogen abgekämpften Vaterlandes zu vernichten«, erzählt Wilhelm Raabe. Blutig, grausam und wirkungsvoll schlugen sie in solchen Nächten zu Wasser und zu Lande zu, überfielen feindliche Feldwachen und Forts, hoben Stabsquartiere und mit besonderem Vergnügen Mönchsklöster aus und plünderten Arsenale und Depots. Mit ihren unauffälligen, schnellen Booten kaperten oder versenkten sie spanische Schiffe auf offener See oder drangen bei Nacht und Nebel lautlos in die vom Feind besetzten Häfen ein, um in Brand zu schießen, was dort ankerte.

Sie stritten mit allen Finten und Mitteln eines gut organisierten Guerillakrieges gegen die spanische Übermacht. Wie Fische in ihrem Element, dem Wasser, so schwammen die Geusen in der Gunst und dem Beistand des Volkes, das zum überwiegenden Teil wenigstens innerlich auf ihrer Seite stand. Selten wurden sie lebend gefaßt, aber wenn, so erwarteten sie Pardon ebensowenig, wie sie selber Pardon gegeben hätten. ›Freiheit oder Tod‹ war ihre Devise, erzählt Raabe, denn »um Seelands Küsten brandet die Nordsee. Da wohnt auf Tholen, auf Schouwen, auf Noord- und Zuidbeveland, auf Walcheren das eiserne Geschlecht, das als erstes geschworen hatte, lieber türkisch als papistisch zu werden, welches den silbernen Halbmond am Hute und den unauslöschlichen Todeshaß gegen die Spanier im Herzen trägt. Welch eine Jugend gebären auf diesen meerumspülten Sanddünen die Mütter – das waren seeländische Matrosen, welche den niedergeworfenen Spaniern vor der Festung Veere die Herzen aus der Brust rissen, hineinbissen und sie den Hunden vorwarfen: Freßt, aber es ist bitter!«

Michiel, der Vlissinger Tunichtgut, wurde zwar kein Geuse, aber er durfte am 3. August 1618, gerade elf Jahre alt, auf einem Schiff des Vlissinger Reeders Lampsens als Schiffsjunge anheuern. Damit war sein Kindertraum in Erfüllung gegangen: Planken unter den Füßen zu fühlen und die Welt zu sehen. Seine ersten Reisen führten ihn nach Afrika und Westindien. Nach zwei oder drei Jahren musterte er jedoch bereits wieder ab und ging als Scharfschütze zur Armee des Prinzen Maurits von Nassau-Oranien, um endlich selber gegen die Spanier zu kämpfen. Er machte die Feldzüge im Klever Land mit, wo er an der Belagerung von Schenkenschanz teilnahm. Diese von den Spaniern zur Festung ausgebaute Rheininsel bei Kleve, auf deren von Gras bewachsenen Wällen heute fettes schwarzbuntes Herdbuchvieh friedlich weidet, gehörte seit 1609 zwar zum Kurfürstentum Brandenburg, und sie liegt auch heute noch nur wenige Kilometer vor der holländischen Grenze auf deutschem Boden, doch um solche Feinheiten kümmerten sich die kriegführenden Parteien wenig. Und noch einmal war die nunmehr brandenburgische Festung Schenkenschanz in aller Munde, als den Truppen Ludwigs XIV.

von Frankreich nach ihrem Feldzug in Holland hier 1672 der Rheinübergang gelang, den die Pariser Hofhistoriographen als die größte militärische Tat im Leben ihres Sonnenkönigs feierten. Zudem ist dieser Rheinübergang sowie die Einnahme des ›fameux fort de Schenkenschanz ou Skink‹ auf Reliefs, wie man sie von römischen Triumphbögen kennt, an der Port St. Denis zu Paris geschildert. Michiel nahm dann noch an der Verteidigung von Bergen op Zoom gegen ein Heer des spanischen Generals Spinola teil, ehe er wieder zur Seefahrt zurückkehrte. Diesmal musterte er bei der Kriegsmarine an.

Auch dieses Dienstverhältnis war nicht von langer Dauer. Es endete bereits 1622 mit seiner Verwundung und Gefangennahme während eines Seegefechts im Golf von Biskaya. Kaum genesen, entfloh er und schlug sich über Frankreich und die von den Spaniern besetzten südlichen Niederlande bis Vlissingen durch. Jan und Anne Romein vermuten in ihrer ›Erflaters van onze Beschaving‹ betitelten Sammlung von Biographien berühmter Niederländer, daß er nach seiner Rückkehr erneut zur Handelsmarine ging, ein paar kurze Reisen und eine Grönlandfahrt mitmachte und schließlich Oberbootsmann wurde. »Über seine nächsten Lebensjahre gibt es nur wenige Nachrichten. Wahrscheinlich hat er im Dienst der Reederei Lampsens Gelegenheit gefunden, seine Seefahrts- und Handelskenntnisse so gründlich zu erweitern, daß er danach höhere Posten bekleiden konnte. Er soll der Reederei als Agent in Dublin und als Supercargo auf Schiffen im Mittelmeer gedient haben.« Außerdem weiß man aus den Kirchenbüchern der Deutsch-Niederländisch Reformierten Gemeinden von Vlissingen, daß er 1631 zum ersten Mal heiratete. Seine Frau starb jedoch nach kurzer Ehe. 1636 heiratete er ein zweites Mal – wiederum eine junge Vlissingerin aus demselben kleinbürgerlichen Milieu, dem auch er entstammte.

So war mittlerweile aus dem Straßenjungen, Raufbold und Turmerkletterer ein strebsamer Seemann geworden, der es im Leben zu etwas bringen wollte, und es sprach nichts mehr dafür, daß sich die Prophezeiung seines ersten Lehrherrn, mit ihm werde es noch ein schlechtes Ende nehmen, bewahrheiten würde. Bereits mit neunzehn Jahren kaufte er sich seinen ersten Rentenbrief, den er im Alter noch voll Stolz in seinem Testament erwähnte, und mit sechsundzwanzig Jahren, als er es zum Steuermann auf dem Walfänger ›De Groene Leeuw‹ gebracht hatte, beliefen sich seine Ersparnisse schon auf die recht beträchtliche Summe von fast sechstausend Gulden. 1637 vertraute ihm die Reederei Lampsens das Kommando über einen ihrer bewaffneten Begleitkreuzer an, wie sie damals zum Schutz der Handelsflotte gegen Seeräuber und feindliche Kriegsschiffe von allen größeren Reedereien in Dienst gestellt wurden. Ihre Kapitäne waren mit einem sogenannten Kaperbrief ausgestattet; sie fuhren im Auftrag des Staates, waren zu kriegerischen Handlungen befugt und bei einer Gefangennahme den Kriegsschiffskapitänen gleichgestellt. Denn der Kaperbrief unterschied sie von den Seeräubern, die auf eigene Faust und für die eigene Tasche operierten und – wurden sie gefaßt – damit rechnen mußten, an der Rah aufgehängt zu werden.

1640 erhielt Michiel seinen ersten direkten Kriegsauftrag. Einem niederländischen Hilfskorps zur Unterstützung der sich gegen die Spanier erhebenden Portugiesen hatte die Admiralität von Seeland vier Kriegsschiffe beizusteuern; eines trug den Namen ›De Hase‹, sein Kommandant wurde Michiel. Doch schon 1644, inzwischen längst wieder zur Handelsmarine zurückgekehrt, war er nicht nur Kapitän, sondern Schiffseigentümer. Er hatte die ›Salamander‹ gekauft, mit der er einige Jahre lang teils für eigene, teils auf Rechnung der Reederei Lampsens Güter aus dem Nahen Osten und von Westindien und Brasilien holte, bis er gegen Ende des Jahres 1651 auf Drängen seiner dritten Frau der Seefahrt Lebewohl sagte: »Er war allezeit glücklich gefahren und nach den bescheidenen Normen seines Milieus ein reicher Mann von nun vierundvierzig Jahren geworden. 1650 war seine zweite Frau gestorben und Annetje van Gelder, in der er eine neue Mutter für seine vier Kinder fand, hatte ihren ersten Mann auf der Westindienroute verloren. Sie mag Michiel bestürmt haben, künftig an Land zu bleiben.«

Er tat, wie Annetje es wünschte, fand jedoch nicht viel Zeit, sich an seine junge Ehe und das gemächliche Rentnerdasein mit täglichem Spaziergang zum Hafen, ausgiebiger Zeitungslektüre bei einem Becher Burgunder und frühabendlicher Borrelstunde mit anderen pensionierten Kapitänen zu gewöhnen, denn schon im Mai 1652 brach der erste Krieg mit England aus. »In Seeland sah sich die Admiralität nach einem geeigneten Kommandanten für das Flottenkontingent um, das sie zu stellen hatte. In dem erfahrenen Kapitän Michiel Adriaenszoon glaubte sie ihn gefunden zu haben. Michiel aber weigerte sich; er weigerte sich noch ein zweites Mal, doch nach einem dringenden Appell an seine Vaterlandsliebe nahm er das ihm angebotene Amt endlich an.« Und damit begann für diesen Mann aus allereinfachsten Verhältnissen, der gewähnt hatte, mehr als für ihn im Leben erreichbar schien, bereits erreicht zu haben, überhaupt erst jene Karriere, die ihn zum Generaladmiral, zum Schöpfer einer modern ausgerüsteten, zentral geführten und hervorragend ausgebildeten Kriegsmarine, zum Sieger in mancher Seeschlacht, zum Liebling des Volkes und zu ›des Staates rechter Hand‹ machen sollte.

Im ersten englischen Krieg kämpfte Michiel, der sich von dieser Zeit an de Ruyter nannte, als Schout-bij-nacht oder Vizeadmiral noch vorwiegend unter dem Befehl Marten Tromps, der 1639 eine ganze spanische Flotte vor Dover vernichtet hatte und 1653 in einem Seegefecht bei Terheide fiel. Im zweiten wurde de Ruyter Oberbefehlshaber, operierte in der Nord- und Ostsee, im Atlantik und im Mittelmeer und schlug sich mit Engländern, Franzosen, Schweden und nordafrikanischen Seeräubern herum. Selten kehrte er ohne Sieg heim.

Befand er sich hingegen mit seinen Geschwadern nicht auf Feindfahrt, so kümmerte er sich umfassender als seine Vorgänger, freilich auch mit größeren Vollmachten ausgestattet als sie, um Ausbildung und Ausrüstung der Flotte. Seine besondere Aufmerksamkeit galt dem seemännischen Training der Besatzungen und dem artilleristischen Drill der Schiffskanoniere, denen man bald bei Freund und Feind nachsagte, daß sie dreimal schneller als ihre Gegner zu feuern imstande wären. Mit seiner immensen Argumentierkunst, die dem schweigsamen Mann mit dem breiten Seeländer Tonfall stets dann zur Verfügung stand, wenn es um die Belange der Flotte und damit um die Sicherheit und das Wohl des Staates ging, entlockte er der Regierung immer neue Gelder zur Modernisierung und Vergrößerung des Schiffsbestandes. »Ganz Holland gleicht gegenwärtig einer einzigen Werft«, heißt es in einem zeitgenössischen Bericht, »und wer nicht Schiffe baut, gießt Kanonenrohre und Kugeln oder näht Segel.« Der Erfolg blieb nicht aus: 1665 belief sich die Gesamtstärke der Marine auf die respektable Zahl von dreiundneunzig Fahrzeugen mit 4337 Kanonen, bemannt mit 19635 Offizieren, Matrosen und Seesoldaten. Vor allem sorgte de Ruyter dafür, daß die schwerfälligen bewaffneten Kauffahrteischiffe, die damals noch das Rückgrat einer jeden Kriegsmarine bildeten, nach und nach durch schnelle, wendige, speziell für ihren Kampfauftrag konstruierte Kriegsschiffe ersetzt wurden. Vermutlich war er der erste Marinechef, der Schiffe nach exakt gezeichneten und berechneten Plänen bauen ließ; zuvor hatte man sie ohne Baupläne ›auf dem Stapel‹ zusammengezimmert – sozusagen über den Daumen des Werftmeisters. Aber blieb die holländische Marine mit ihren dreiundneunzig Schiffen den gegnerischen Streitkräften trotzdem noch unterlegen, an Qualität des Materials und durch den hohen Ausbildungsstand der Besatzungen war sie es unter de Ruyters Kommando bald ganz und gar nicht mehr.

Alle Kirchenglocken läuteten, und stets strömte viel Volk

zusammen, wenn der Admiral nach einer Feindfahrt wieder den Heimathafen anlief. »Männer und Frauen«, heißt es in einem Augenzeugenbericht, »kamen zu Hunderten, ja zu Tausenden, um die Flotte und de Ruyters Schiff, von dessen Heck die vielen Flaggen besiegter feindlicher Schiffe wehten, zu begrüßen. Von morgens früh bis abends spät ruderte man zu der ankernden Flotte hinaus und stieg an Bord – man kam aus den Städten, von den Dörfern und vom platten Land. Edelleute, Bürger und Bauern ließen es sich nicht nehmen, die Flotte zu besuchen, um Einzelheiten über die jüngsten Geschehnisse zu erfahren. Die Herzen gingen ihnen über vor Freude, und für glücklich hielten sich jene, die den Admiral zu Gesicht bekamen. Anständige Frauen fielen ihm um den Hals und küßten ihn ab, als sei er ihr Vater oder Bruder. Für sie alle war er der größte Seeheld des Jahrhunderts.«

Seinen glänzendsten Sieg erfocht er in der Schlacht von Kijkduin, die am 21. August 1673 begann und vier Tage dauerte. Vernichtend schlug er die vereinigte englisch-französische Flotte. Doch wie entsetzlich diese Seeschlacht, die sich auf Willem van de Veldes großem Bild im Amsterdamer Historischen Scheepvaart Museum so heroisch und schön ausnimmt, in Wirklichkeit war, schildert wiederum ein Augenzeuge.

»Das ganze Meer stand in Flammen. Sie zuckten wie Blitze aus dem dunklen Rauch. Die Donnerschläge der unzähligen Geschütze, das nicht abreißende Geknatter der Musketen und das Dunkel des Pulverdampfs ließen einem Hören und Sehen vergehen. Hier zeigte sich die Schrecklichkeit des Seekriegs in ihrem ganzen Ausmaß. Geschosse und Granaten, Schrot und Splitter prasselten von allen Seiten auf die Schiffsleiber nieder. Tote, die durch Kugeln oder Splitter, Feuer oder Wasser ums Leben gekommen waren, übersäten die See. Geschrei und Gejammer der Verwundeten und Sterbenden drang von Bord vieler Schiffe. Man mußte schon ein Herz von Stein oder Eisen haben, um so viel vergossenes Blut mit trockenen Augen ansehen zu können.«

Am 22. April 1676 wurde Michiel de Ruyter bei einem Seegefecht in der Straße von Messina von einer französischen Kanonenkugel an beiden Beinen schwer verwundet. Eine Woche darauf starb er – neunundsechzig Jahre alt. Achtundfünfzig davon war er zur See gefahren, und auf See ist er schließlich gefallen. An vierzig Gefechten hat er teilgenommen und an fünfzehn großen Seeschlachten; in sieben hatte er die Flotte geführt. So sehr ihn sein Volk verehrte, so sehr respektierten ihn seine Gegner. Die Könige von Frankreich und Dänemark erhoben ihn in den erblichen Adelsstand. Der König von England erbat sich sein Porträt, während ihm Ludwig XIV. das seine sandte, in edelsteinbesetztem Rahmen. Die Kriege, in denen de Ruyter seine Schlachten schlug, waren Wirtschaftskriege, in denen es um die Freiheit der Meere ging – um eine unbehinderte Schiffahrt auf allen Ozeanen und einen freien Welthandel, worauf Holland wie kaum ein anderer Staat auf Gedeih und Verderb angewiesen war. Infolgedessen war der Hauptfeind längst nicht mehr Spanien, nicht einmal das ›räuberische Frankreich‹, dessen Heere damals plündernd und brandschatzend die Gebiete seiner Nachbarn heimsuchten, sondern an erster Stelle das nach einem Wort de Ruyters ›anmaßende England‹, das die Weltmeere allein und ausschließlich zu beherrschen trachtete. Indem de Ruyters Flotte dies verhinderte, wurde er zum ›Retter des Vaterlandes‹, wie einer seiner vielen Ehrentitel lautete. Zum Liebling des Volkes aber machten ihn mehr noch als seine spektakulären Erfolge als Flottenchef sein soziales Verantwortungsbewußtsein gegenüber Untergebenen, seine private Bescheidenheit und sein persönlicher Mut. Denn während einer Schlacht lag sein Flaggschiff niemals in relativer Sicherheit am Rande des Geschehens, sondern war stets im Brennpunkt zu finden. Auf diese Weise hatte der Admiral seine Streitmacht fest in der Hand und konnte das Gros und die Reserven blitzschnell nach den Erfordernissen des jeweiligen Augenblicks einsetzen. Diese Taktik hat viel später einmal Lord Nelson als die eines »mitkämpfenden Kavalleriegenerals« bezeichnet, »der den Feldherrnhügel verschmäht«. In seiner Lebensführung war de Ruyter bescheiden; beispielsweise lehnte er den damals üblichen Prunk der Kleidung beharrlich ab und ging am liebsten in einfacher Seemannstracht. Für die Veteranen, die Blessierten und die Witwen und Waisen der Gefallenen seiner Flotte richtete er eine Pensionskasse ein, »weil ich es dereinst vor Gott dem Herrn nicht verantworten könnte, daß sie, nachdem sie ihre Pflicht getan, als Bettler ihr Leben fristen«.

Mit den Flaggen auf Halbstock und dem einbalsamierten Leichnam ihres toten Admirals an Bord kehrte die Flotte nach einigen Monaten aus dem Mittelmeer in die Heimat zurück. Erst fast ein Jahr nach seinem Tod, am 18. März 1677, wurde Michiel de Ruyter in der Nieuwe Kerk zu Amsterdam beigesetzt. Abertausende, aus dem ganzen Land zusammengekommen, säumten die Straßen, die der Trauerzug nahm, und auch der Dam, der große Platz vor der Kirche, war schwarz von weinenden und klagenden Menschen. Niemals zuvor, so betonten die Chronisten, hätten die Stadt und das Land eine so allgemeine Trauer und eine solch feierliche Bestattung erlebt. Auf seinem Sarkophag in der Nieuwe Kerk aber stehen die Worte: IMMENSI TREMOR OCEANI.

Seinem Denkmal auf der Mole von Vlissingen sitzen gern die braunen, hakenschnäbeligen Raubmöwen auf den Schultern. Vor der Mole zieht sich noch eine Strecke weit das schwarzverwitterte Pfahlwerk der Austernbänke in die Schelde hinaus, die heutzutage freilich kaum noch abgeerntet werden, weil das ölverschmutzte Wasser längst den Wohlgeschmack der Austern verdarb, und hinter der Mole steht zwischen dem Koopmanshaven und dem Bellamypark, der nur ein großer rechteckiger Rasenplatz mit einigen Stiefmütterchenbeeten, Rhododendronbüschen und Sitzbänken ist, das Denkmal des zweiten berühmten Seemanns der Stadt – Frans Naerebouts, der von 1748 bis 1818 lebte und ein

Moedig Redder van Schipbreukelingen und ein *onverschrokken Loods* war. Niemand weiß mehr die Zahl der Schiffe, die er bei Sonne und gutem Wind oder bei Nebel, Nacht und bösen Stürmen sicher an allen Untiefen der Scheldemündung vorbei in die Häfen Vlissingens lotste, doch die Zahl der von ihm geretteten Schiffbrüchigen schätzt man auf zweitausend.

Rings um den Bellamypark gibt es viele klassizistische Fassaden aus dem späten 18. Jahrhundert, weiß gestrichen und in pedantischer Symmetrie aufgegliedert, vor Häusern, die einige hundert Jahre älter als sie sind – so alt vermutlich wie der blanke Backsteinbau der Börse mit seinen schmalen Fenstern, kleinen Scheiben, rotweißen Läden und dem steilen Walmdach, auf dem rittlings ein schlanker Uhrturm sitzt, oder so alt wie jenes Nachbarhaus von 1581, hinter dessen gewölbter Toreinfahrt ein Innenhof mit verfallenen Ställen, Remisen und Domestikenwohnungen liegt, in dem auf einem verunkrauteten Rasenrondell voller Brennesseln, Schafgarbe und Löwenzahn alljährlich im Juli betäubend duftend und blutrot ein knorriger Rosenbusch blüht.

Vom Ende des 19. Jahrhunderts hingegen stammt das wie ein Schiff schmale Hotel ›Noordzee‹, das gerade dort auf der Binnenseite des die Stadt schützenden Seedeichs in die Höhe ragt, wo dieser auf die Mole trifft. Deshalb kommt man sich im Tea-room des Hotels wie auf der Kommandobrücke eines Überseeliners vor, der sich eben hoch und mächtig von seinem Liegeplatz löst und in das offene Fahrwasser schiebt – voraus ist der viele Kilometer breite Mündungstrichter der Schelde und rechts das Meer. Doch die Illusion, an Bord zu sein, ist erst vollkommen, wenn man auch noch nach links schaut, tief hinunter auf die Boote, die im Koopmanshaven liegen. Indessen ziehen auf der vielbefahrenen Route nach Antwerpen ständig Frachter oder Tanker aus Karachi oder Caracas, aus Hamburg, London, Boston oder wer weiß woher vorbei. Und wenn es dunkel geworden ist und alle Schiffe Positionslichter gesetzt haben, blitzen von der Küste Seeländisch-Flanderns, von wo zur Geusenzeit die Kanonen der spanischen Forts Lillo und Liefkenhoek auf die Schwarze Galeere schossen, die Strahlenbündel des Leuchtturms von Breskens durch die Nacht.

Westkapelle

Nach Walcheren, das noch immer beharrlich eine Insel genannt wird, obwohl es schon seit Jahrhunderten über mehr oder minder schmale Landbrücken mit den einstigen Nachbarinseln Noord- und Zuidbeveland und über sie sogar mit dem Festland verbunden ist – nach Walcheren also, dem westlichsten Zipfel Seelands, kam der Zweite Weltkrieg erst, als er schon beinahe vorbei war: im Oktober 1944.

Denn obschon es im Mai 1940 mit allen übrigen Teilen des Königreichs der Niederlande von der deutschen Wehrmacht besetzt worden war, lebte man dort nach der Meinung der Autoren der Fernsehdokumentation ›De Bezetting‹, die zwischen 1962 und 1965 in zahlreichen Folgen über die holländischen Bildschirme ging, noch jahrelang in einer »Enklave der Abgeschiedenheit und vollendeten ländlichen Ruhe«.

Allerdings starrte dieser ›Garten des Friedens‹ von Waffen: Panzersperren überzogen die eintönige Weite der Wiesen und der Roggen-, Rüben- und Kartoffelschläge, Bunker mit freiem Schußfeld in alle Richtungen beherrschten jeden Quadratkilometer der Insel, Flakkanonen sicherten die Häfen und schwere Batterien der Marineartillerie – eine bei Vlissingen, vier zwischen Vlissingen und Zoutelande, vier weitere zwischen Zoutelande und Westkapelle, fünf bei Domburg und nochmals fünf auf der Nordseite Walcherens – schützten die Küste gegen Angriffe von der See.

Trotzdem verschonte das Kriegsgeschehen, das seinerzeit ganz Europa in Blut und Tränen tauchte, die Menschen zwischen Veere und Vlissingen, zwischen Westkapelle und Middelburg über vier Jahre lang. Denn auf der ›Bastion Walcheren‹, die nach den Vorstellungen des deutschen Generalstabs jeglichen Versuch einer Invasion im Raum Antwerpen vereiteln sollte, bemerkte man nur die dröhnenden Flüge der britischen und amerikanischen Bomberpulks, die an der Spitze silbriger Kondensstreifen zur Ruhr strebten, die deutschen Jagdstaffeln, die dann von ihren Horsten bei Woensdrecht und Gilze-Rijen aufstiegen und sich ihnen entgegenwarfen, das Donnern und Heulen der Motoren und das Hämmern der Bordwaffen; aber es fielen keine Bomben. Ihre Ziele lagen anderswo. Zwar schrillte es dann und wann in der Luft, doch das waren nur niederfahrende Zusatztanks aus dünnem Blech, die die Jagdmaschinen – ›Drop your babies!‹ – abwarfen, ehe sie sich zum Luftkampf stellten. Am Ende blähten sich freilich hoch am Himmel oft genug weiße Fallschirme zu schimmernden Glocken auf und sanken pendelnd nieder. Auch stürzten brennende Flugzeuge ab und gruben sich mit gräßlichem Knall durch die dünne, schwarze Ackerkrume in den Seesand der vor Jahrtausenden angespülten Insel. Dann jedoch war bald immer wieder die alte Stille da und der Friede. Kiebitze strichen über die Wiesen. Über den Rübenschlägen rüttelte ein Bussard. Der Wind ging knisternd durch den Strandhafer der Dünen und Deiche. Bis schließlich der 3. Oktober 1944 kam. An diesem Tag fielen Bomben, und ihnen folgte – das Wasser. Damit hatte der Krieg nun auch die trotz ihrer Armierung so unkriegerisch, in ihrer unzeitgemäßen Ruhe gespenstisch anmutende Insel erreicht.

Wenn man von Vlissingen kommt, fährt man von Zoutelande bis kurz vor Westkapelle kilometerweit an einem zur Hochsommerzeit bunten Dünengebirge entlang, aus dessen lichtgelbem Sand, bräunlichem Strandhafer und dunkelgrünem Ginster zartviolette Nelkentupfen und rötliche Wermutsprenkel leuchten. Das Meer sieht man von der Landstraße zu Füßen der Dünen nicht. Dazu müßte man sich auf ihre Kämme bemühen. Aber wahrscheinlich ist es an einem so heißen Tag doch nur ein von der Hitze stumpfgrau angelaufener Spiegel, nicht einmal so abwechslungsreich wie landwärts der Flickenteppich der Wiesen und Äcker, über den hin und wieder ein Wolkenschatten huscht.

Kurz vor Westkapelle ziehen sich schmale, lange Teiche, von Schilf umstanden, von weißen Wasserrosen übersät und von Entenschwärmen eifrig durchrudert, zwischen den Dünen und der Landstraße dahin. Doch wo das Sandgebirge abbricht und nun ein Deich, in den das Dorf sich schmiegt, das Land vom Meer trennt, liegt eine Terpe aus der Frühzeit der Besiedlung Seelands: ein grasbewachsener, gleichmäßig aufgeschütteter Kegel von vielleicht fünfzehn Metern in der Höhe, von dessen abgeflachter Spitze ein paar Kühe wiederkäuend in die Runde glotzen. Noch auffallender jedoch als diese so plötzlich aus tischebenen Wiesen sich aufbuckelnde Fluchtburg gegen Sturmfluten ist der gotische Kirchturm von Westkapelle. Denn er trägt ein übergestülptes rotes Eisengerüst mit aufmontierten Drehscheinwerfern, die ihn zum Leuchtturm machen. Während aber die Bomben den Turm stehen ließen, blieb an der dazugehörigen Kirche – wie auch im Dorf – kein Stein auf dem anderen. An der Stelle des einstigen Altars steht heute ein schlichtes Holzkreuz, umgeben von den Gräbern derer, die damals starben.

Westkapelles Unglück war es, daß es nicht hinter einer Dünenkette, sondern hinter einem Deich liegt, und noch dazu an der ›Nase‹ Walcherens, dieser nach Westen am weitesten in die Nordsee vorspringenden Spitze der Insel. Im Herbst 1944 forderte eine solche Lage eine alliierte Landung direkt heraus, zumal Marschall Montgomerys durch Nordfrankreich und Belgien vorgestoßene Divisionen inzwischen Antwerpen, den für die weiteren alliierten Operationen so lebenswichtigen Versorgungshafen, erobert hatten. Noch aber blockierten deutsche Küstenbatterien der ›Bastion Walcheren‹ den alliierten Transportschiffen den Zugang durch die Schelde. Solange sie noch feuern konnten, war der Hafen Antwerpen wertlos. Deshalb mußte Walcheren genommen werden.

Und so starteten im Morgengrauen des 3. Oktober britische Bomber in mehreren Wellen von ihren Basen in Südostengland, über denen dichter Nebel lag. Doch als sie sich den seeländischen Inseln näherten, riß er auf. Scharf und deutlich wie auf einem Fernaufklärerphoto lag im Leuchtvisier der Zielgeräte der Deich von Westkapelle und das Dorf. Die Bombenschützen drückten die Auslöseknöpfe. Die Bauchklappen der viermotorigen Maschinen sprangen auf. Die gezündeten Bomben fielen. Sie vernichteten Westkapelle und rissen ein Gatt von etwa 125 Metern in den Deich, durch das sogleich die Flut einströmte und es auf 400 Meter erweiterte. Von einem der vielen entsetzlichen Dramen jedoch, die sich derweilen auf dem Boden abspielten, hatte in der Fernsehdokumentation ›De Bezetting‹ ein Überlebender aus Westkapelle berichtet:

»Siebenundvierzig Menschen hatten im unteren Gewölbe der alten Mühle eine Zuflucht gefunden. Sie dachten, daß sie hinter den dicken Mauern vor Bombensplittern vollständig sicher sein würden. Dies war in der Tat der Fall. Aber dann erhielt die Mühle einen Volltreffer und stürzte ein. Balken, Schutt und Steine begruben das Gewölbe. Es wird sicherlich bald Hilfe kommen, trösteten sich die Verschütteten. Doch als wir bei der Mühle eintrafen, erkannten wir, daß es hoffnungslos war. Sie mußten längst im steigenden Wasser ertrunken sein. Allerdings hörten wir noch schwache Hilferufe. Unverzüglich begannen wir zu graben und Schutt wegzuräumen. Endlich kam ein Kopf zum Vorschein. Es war eine Frau. Wir konnten sie retten. Desgleichen einen Mann mit einem Kind auf dem Arm. Aber alle übrigen waren jämmerlich erstickt oder ertrunken.«

Es gab außer diesem noch eine Reihe weiterer Angriffe auf die Deiche von Walcheren: einer riß ein Gatt von zweihundertfünfzig Metern in die westlichen und zugleich eins von achthundert in die östlichen Deiche von Vlissingen. Bei Veere wurde der Deich gleich an drei Stellen in einer Gesamtlänge von siebenhundert Metern aufgerissen. Überdies wurde der

Deich von Westkapelle am 19. Oktober nochmals bombardiert. Walcheren lief unter. Städte und Dörfer ragten bald nur noch als Inseln aus der steigenden Flut.

Am Abend des 1. November landeten nach einer heftigen alliierten Beschießung Vlissingens, das dabei von über vierzigtausend Granaten getroffen wurde, kanadische Kampfgruppen in der Nähe der Stadt. Mit Sturmbooten waren sie im Schutz der Dunkelheit von der gegenüberliegenden Küste Seeländisch-Flanderns gekommen. Doch anders als an den Vortagen, an denen ähnliche Versuche gescheitert waren, konnten sie nun nicht wieder in die Schelde zurückgeworfen werden. Am selben Abend war außerdem ein Pulk von Landungsbooten mit Soldaten der britischen Elitetruppe ›Royal Marines‹ nach Westkapelle unterwegs. Bei strömendem Regen durchfuhr er kurz vor 22 Uhr das von den Bomben in den Deich gebrochene Gatt und setzte pünktlich um 22 Uhr die Männer mit ihren Kanonen, Panzern und Amphibienfahrzeugen an Land. Sie verschanzten sich sogleich in den Deichtrümmern und den nahen Dünen.

Zu diesem Zeitpunkt konnte die Wasserwüste Walcheren, in der nach den Worten eines Teilnehmers jener Kämpfe »das Wasser nicht allein höher und höher aus dem Boden stieg, sondern dazu noch pausenlos vom Himmel fiel«, schon nicht mehr wirksam verteidigt werden. Denn die nach einem ausgeklügelten Plan über die gesamte Insel verstreuten Bunker und Widerstandsnester waren längst vollgelaufen und unbrauchbar geworden. Die Küstenbatterien, die in den Tagen zuvor mit ihren weittragenden Langrohrgeschützen in die Kämpfe um Seeländisch-Flandern eingegriffen hatten, aber nicht mehr mit neuer Munition versorgt werden konnten, feuerten zwar noch, solange der Vorrat reichte, doch dann sprengten die Bedienungsmannschaften die Stellungen und ergaben sich. Zwar wehrte sich die Besatzung von Vlissingen noch drei Tage lang gegen die Kanadier, dagegen kapitulierte in Middelburg der Stadtkommandant mit seiner kleinen

Truppe vor den britischen Marineinfanteristen, ehe es überhaupt zu Kampfhandlungen kam. Auch Veere wurde kampflos übergeben. Und am 8. November 1944 konnte der alliierte Heeresbericht die Befreiung ganz Walcherens melden.

Hoch auf dem wiederhergestellten Deich von Westkapelle, an den sich nun statt des alten Dorfs mit seinen weißgetünchten Rieddachgehöften das neue mit seinen gelben Klinkerhäusern schmiegt, steht heute auf einem Sockel aus Stein ein britischer Panzer von damals. Kinder, die vom Krieg nichts wissen, klettern auf ihm herum. Auf dem weißen Sandstrand vor dem Deich, über den einst unter deutschem Abwehrfeuer britische Marineinfanteristen an Land wateten, sonnen sich Feriengäste aus Holland, Deutschland und England, kleine Leute aus Sittard oder Deventer, Bottrop oder Wanne-Eickel, Sheffield oder Nottingham. Über sie brummt hin und wieder ein Flugzeug hinweg und zieht ein Schriftband hinter sich her, das für eine Zigarettenmarke wirbt. Ein Händler kommt mit seinem zweirädrigen Karren an den Strand und verkauft saure Heringe, Schillerlocken und Rollmöpse; bald danach erscheint sein Sohn und bietet Bier, Limonade und Cola gegen den Fischdurst an. Oben auf dem Deich sitzen auf einer Bank ein paar alte Männer aus dem Dorf und malen mit ihren Spazierstöcken Kreise und Kringel in den Staub. Zwischen den Betonklötzen der gesprengten Geschützstellungen wuchert Sanddorn, der voller orangefarbener Beeren hängt. In den kleinen Vorgärten von Westkapelle blühen Dahlien und Rosen...

Es ist ein bißchen langweilig und sehr still hier – eine ›Enklave der Abgeschiedenheit und vollendeten ländlichen Ruhe‹, weiß Gott! Ein ›Garten des Friedens‹, längst von Waffen frei und von dem Gespenstischen jener Kriegsjahre.

Middelburg

Auf Walcheren führen alle Wege nach Middelburg. Wie eine Spinne liegt die alte Stadt, die ehemalige Festung der Spanier- und der napoleonischen Zeit, die nicht nur der Hauptort der Insel, sondern auch die Provinzhauptstadt von Seeland ist, als Knotenpunkt mitten im Netz der Straßen, das sich von hier sternförmig über die Insel ausbreitet: manchmal von Pappeln gesäumt, öfter von Brombeerhecken, noch häufiger von Rainen, denen der Seewind barsch durch das verfilzte Gestrüpp aus Franzosenkraut, Gras und Weidenröschen fährt. Eine Landkarte braucht man nicht, es bedarf auch kaum eines Blicks auf die Wegweiser, weil die Chaussee sowieso nach Middelburg läuft. Zudem zeigt an klaren Tagen der schon auf viele Kilometer sichtbare Turm der Abteikirche an, wo die Stadt liegt, der man sich am besten von Westnordwest oder Nordwest, nämlich von Westkapelle oder Domburg nähern sollte, weil so der häßliche Ring ihrer modernen Wohnviertel und Industrieterrains am wenigsten ins Auge fällt. Statt dessen bietet sich von dort aus, vor allem zeitig am Morgen, wenn noch Nebelschleier über Kanälen, Tümpeln und sumpfigen Wiesen lagern, die auf vielen alten Stichen festgehaltene Silhouette von einst noch ziemlich unzerstört dar. Denn über dem Vordergrund aus dem satten Grün der Kartoffel- und Rübenschläge und dem Strohgelb reifer Roggenfelder einer Kultursteppe unserer Zeit und der morgendlichen Nebelbank in der Mitte schweben im Hintergrund die blassen Konturen einer mittelalterlichen Stadt.

In Middelburg ist die überwältigende Überraschung das Rathaus, das ebenso wie die schon vor langem abgebrannte Kirche von Zierikzee, mit deren Turm man seinerzeit so hoch hinaus wollte, von einem Mitglied der Mechelner Künstlerdynastie Keldermans geschaffen wurde. Es ist aus einem weißgrauen Stein errichtet, der meistens den melancholischen Schimmer ausgebleichten Gebeins besitzt, aber an manchen

Tagen, die verregnet waren, doch gegen Abend mit sinkender Sonne endlich aufklarten, auch rosa überhaucht sein kann. Falls man nicht schon vorher daran gedacht haben sollte, wie nah man hier Flandern und flämischer Gotik ist, so fällt einem das spätestens vor diesem Rathaus ein, in dessen fensterreicher Front zum Marktplatz die fünfundzwanzig Statuen der einst regierenden Grafen und Gräfinnen von Holland und Seeland unter zartgemeißelten Baldachinen stehen. Denn mit seinem hohen, auch ausladenden, trotzdem überaus graziös wirkenden Baukörper, der allerorts an Portalen, Erkern, Simsen, Türmen und Vorder- und Seitengiebeln in verschwenderischer Fülle mit erlesenem Steinmetzwerk ausgestattet ist, zählt es zu den nobelsten Bauten jener Stilrichtung des 15. Jahrhunderts.

Doch nie kommt das Rathaus schöner zur Geltung als an Donnerstagen, wenn der große Platz davor ausnahmsweise nicht mit Autos, sondern mit Verkaufsständen vollgestellt ist, auf deren blankgescheuerten Brettern sich Fleischbatzen, Schinken, Würste und Speckseiten zu Bergen wölben, Käsepyramiden türmen und Fische aller Art in hohen Haufen breitmachen. Obst und Gemüse, erst im Morgengrauen gepflückt und noch von Tau überperlt, locken appetitlich aus Kisten, und aus Körben leuchten Blumen in jeglichen Farben. Die Luft ist voller widerstreitender Gerüche und Düfte und erfüllt von den Anpreisungen der deftigen, stimmgewaltigen Marktfrauen mit ihren dicken, starken Armen, der Bauern, Fischer, Gärtner, Händler und Wurstbrater, und der Heringskerle, die einen Matjes mit einigen blitzschnellen Messerhantierungen köpfen, enthäuten, entgräten und ihn dann, einmal hin und einmal her, am Schwanz durch gehackte Zwiebeln ziehen, um ihn schließlich den Vorübergehenden unter die Nasen zu halten – in der Hoffnung, daß ihnen das Wasser im Munde zusammenläuft. Selbst der alten Seeländer Tracht, die leider kaum mehr von jungen Frauen getragen wird, begegnet man auf dem Markt von Middelburg, zu dem man aus allen Gegenden Walcherens zusammenkommt, noch häufig: Schnallenschuhe, dunkle Röcke bis auf die Fußspitzen, gefältelte Brust- und fransenbesetzte Schultertücher, dazu weiße, spitze Hauben, an deren Seiten sich seltsame, weit von den Schläfen abstehende Spiralen aus Gold- oder Messingdraht befinden, oder Scheiben aus demselben Material, die in ihrer Form an Autorückspiegel erinnern. Aber soviel es auch zu sehen gibt, immer wieder schwenkt der Blick hinüber zum Rathaus, das sich mit Front und Giebeln, Dach und Türmen hoch über die Profanität des Marktgeschehens erhebt. Denn niemals kommt es schöner zur Geltung als in dem Kontrast seiner stummen Erhabenheit mit dem lauten, bunten, derben Leben auf dem Platz zu seinen Füßen.

Carl Schnaase, der um 1830 Holland bereiste, auch nach Seeland kam und von seinen Eindrücken in den später als Buch erschienenen ›Niederländischen Briefen‹ erzählte, zeigte sich außer von dem Rathaus noch von jener breiten, still daliegenden Gracht bezaubert, die mit ihrem grünen Wasser und mit den Patrizierhäusern des 17. und 18. Jahrhunderts zu beiden Seiten eine so »genial komponierte Partie bildet, wie sie in vergleichbarer Vollendung selbst in diesem Lande nur wenige Städte vorzuweisen haben«. Die Gracht, die sich mit weit ausholendem Schwung halbmondförmig vom Stadtsaum bis in den Stadtkern bohrt, um dort zu enden, ist ein Nebenarm des Wasserweges, der von Vlissingen über Middelburg quer durch die Insel nach Veere führt und treffenderweise ›Kanaal door Walcheren‹ heißt. Wo sie jedoch vor einer Mauer, aus deren bröckelnden Fugen fettgrüne Brunnenkresse und plüschige Moospolster quellen, endet, setzt der mit einem Barockaufsatz aus Säulen, Kuppeln und Glockengehängen gekrönte Turm der nahen Abteikirche »dieser Partie einen Schlußpunkt, wie man sich ihn harmonischer gar nicht denken kann«.

Die Abtei allerdings, nach dem Rathaus und der Grachtpartie die dritte Hauptsehenswürdigkeit Middelburgs, scheint zu Carl Schnaases Zeit eine wüste Trümmerstätte verfallender Gemäuer, gähnender Fensterhöhlen, löcheriger Dächer und nackter Gebälke gewesen zu sein, denn er nannte sie einen »ruinierten Ort voller Schutt, Kehricht, Schmutz und Schlimmerem«, wogegen sie sich heute wieder, seither mehrmals mit leider nicht immer ganz glücklicher Hand restauriert, überaus wohlerhalten präsentiert.

Trotz dieser zweifelhaften Restaurierungen lohnt dieser allerälteste Gebäudekomplex Middelburgs einen Besuch und eine Besichtigung, aber man braucht dabei keine Eile zu haben, ans Ziel zu kommen, weil man sowieso bei jedem Kreuz- und Querbummel durch die Stadt wie von selber auf ihn stößt. Denn man sollte sich keineswegs an den norwegischen Maler Edvard Munch halten, von dem der Ausspruch »Die sogenannten Hauptsehenswürdigkeiten schaue ich mir gar nicht erst an« überliefert ist, sondern an Rainer Maria Rilke, der nach einer Visite im nicht weit entfernten Brügge, einer Stadt desselben Kulturraums, einer seiner zahlreichen Brief- und Seelenfreundinnen anvertraute: »In den weniger öffentlich gewordenen kleineren Städten hat man noch die Freude des Selbstentdeckens, die dieser Art Welt so durchaus angemessen ist.« Und eben dessen eingedenk, pflegen Ursula und ich uns den Hauptsehenswürdigkeiten nicht nur Middelburgs auf Umwegen, durch Nebenstraßen und Seitengassen, ohne Eile und gemächlich zu nähern, und noch ein jedes Mal wurden wir auch in dieser Stadt durch das Selberentdecken von uns bisher unbekannten größeren oder kleineren Sehenswürdigkeiten überrascht: etwa durch ein kunstvoll geschnittenes Wappen in einem klassizistischen Architrav, das uns vorher niemals aufgefallen war, ein mittelalterliches Hauszeichen in naiver Manier und ungebrochenen Farben in der Fassade eines Renaissancehauses oder einen habsburgischen Adler über dem Portal des ehemaligen kaiserlichen Militärhospitals. Denn dies ist eine Stadt mit nicht allein offenkundigen, sondern dazu mit vielen verborgenen Schönheiten, die aufgestöbert sein wollen; eine Stadt, die man noch lange nicht kennt, wenn man nur ihr Rathaus, ihre von Carl Schnaase mit Recht gerühmte Grachtpartie oder ihre Abtei gesehen hat. Selbst die Koeport, das letzte noch erhaltene Festungstor von Middelburg und beileibe keine Stecknadel im Heuhaufen, findet man nicht auf Anhieb, und ebensowenig das Museum der Seeländischen Gesellschaft der Wissenschaften, das sich trotz seines anspruchsvollen Namens als eine reizvolle Rumpelkammer hiesiger Historie herausstellt, in der ein auf Systematik wenig versessener Sammlertrieb zusammentrug, was sich gerade bot: bei Domburg ausgegrabene Relikte aus der Römerzeit, ein großes Porträt Michiel de Ruyters von Ferdinand Bol, auf dem der Admiral ein Gesicht macht, als knurre er gerade ein grimmiges ›Potverdomme‹ zwischen den Zähnen hervor, und das erste Exemplar des von Zacharias Jansen aus Middelburg erfundenen Teleskops... Sogar die Oostkerk von Pieter Post, die mit ihrer den Quader- und Säulenunterbau beinahe erdrückenden Kuppel an die freilich weitaus monumentalere Londoner St.Pauls-Kathedrale erinnert, muß man erst suchen. Schließlich findet man sie keineswegs auf einem zentralen Platz, wie man geglaubt hatte, sondern im Gedränge ärmlicher Häuser eines abgelegenen Viertels, wo hinter nicht immer sauberen Fensterscheiben Kanarien- und Wellensittichkäfige stehen, auf sonnenwarmen Haustürstufen Rentner und Katzen Siesta halten oder zwei wer weiß worüber aufgebrachte Familienmütter sich schräg über die nach feuchtem Mauerwerk, selten gelüfteten Stuben und gekochtem Sauerkraut riechende Gasse einen Schwall von Unliebenswürdigkeiten zukeifen, in dem ›potverdomme‹ das am häufigsten vorkommende Wort ist – ein volkstümliches Zwei-Personen-Hörspiel, dem wir im Vorübergehen mit Genuß und gespitzten Ohren lauschten. Länger als diese ins Holländische und Heutige übertragene Szene aus dem Zille-Milieu beschäftigte uns allerdings der tiefe Kontrast zwischen dem proletarischen Stadtteil und der unendlich vornehm erscheinenden Kirche. Er läßt an manche Warschauer Veduten Canalettos denken, auf denen in ähnlicher Weise die Armut der Hütten auf den Glanz der Paläste oder Sakralbauten trifft.

Endlich die Abtei – sie wurde um 1140 von Prämonstratensern erbaut und gilt als eines der ersten Klöster dieses 1120 von Norbert von Xanten gegründeten Chorherrenordens. Freilich ist aus jener Zeit kaum mehr erhalten als ein paar verwischte Spuren der Romanik, die man bei genauerem Hinsehen hier und da im gotischen Gemäuer der darauffolgenden Jahrhunderte entdeckt. Selbst das einer jeden Burg oder Festung gut anstehende Balanstor, heute der älteste erhaltene Teil der Abtei, wurde erst gegen 1270 erbaut. Seine Schießscharten und Pechnasen, die man jedoch zusammen mit noch erkennbaren Überbleibseln einstiger Wehrgänge und sonstiger Verteidigungseinrichtungen auch an den anderen Klostergebäuden findet, weisen die Abtei von Middelburg zusätzlich noch als burgartiges Quartier wehrhafter Mönche aus, die mit dem Schwert nicht schlechter als mit dem Rosenkranz umzugehen verstanden, Fluchtort der im Umkreis der Klostermauern lebenden Landbevölkerung in kriegerischen Zeitläuften und Zitadelle der bald um sie herum sich bildenden Stadt. Mit der Reformation aber endete ihre mehr als dreihundertjährige Baugeschichte, und die Renaissance oder gar der Barock kamen außer an ihrer nun protestantisch gewordenen Kirche und deren hohem Turm, von dem herab mittags um zwölf die Glocken hell und zart wie eine Spieldose die Melodie ›Wenn alle untreu werden...‹ anschlagen, nicht mehr zum Zuge. Denn nach der Vertreibung der Prämonstratenser war sie überflüssig geworden, stand leer und verfiel so mehr und mehr, bis endlich um die Mitte des 19. Jahrhunderts die Rettungsarbeiten einsetzten. Heute haben in vielen Trakten Ämter der seeländischen Provinzialverwaltung ihren Sitz. Trotzdem konnten Verfall, Wiederaufbau, neue Verwendung und verrinnende Zeit die burghafte Konzeption der Abtei nicht nachhaltig verändern, und noch immer erinnert der große Innenhof mit seinem versiegten Brunnen unter rauschenden Baumkronen voller Krähennester bei aller weltabgeschiedenen Friedlichkeit eher an einen Festungs- als einen Klosterhof. Nur die wenigen erhaltenen Meter eines Kreuzgangs, in dem sich aus Säulen mit verwitterten Akanthuskapitellen Pfeilerbündel zu Netzgewölben aufspleißen, sprechen von betend oder sinnend dahin wandelnden Mönchen.

Mondscheinspaziergang

So jäh, daß wir uns wunderten, sie nicht bereits früher bemerkt zu haben, tauchte über grünem Röhricht und mit gelben und weißen Teichrosenblüten übersäten Kolken Onze lieve Vrouwe-Kerk von Veere auf. »Eine Zwingburg Gottes«, sagte Ursula. Sie hatte recht. Denn diese Kirche gleicht keinem gastlichen Haus eines gütigen göttlichen Vaters, der alle Mühseligen und Beladenen zu sich ruft, sondern der Residenz und Gerichtsstätte eines gestrengen Herrn, der seine zitternden Knechte zur Rechenschaftsablegung erwartet. Allerdings trug zu dieser unfrohen Empfindung viel der nach zahlreichen heiteren Tagen zum ersten Mal wieder trübe Himmel bei. Er verlieh der Landschaft etwas Schwermütiges und beinahe schon Herbstliches und dem turmlosen, wie zerklüftet erscheinenden Kirchenkoloß etwas Bedrohliches – wie es zum Beispiel Gefängnisse an sich haben oder eben Zwingburgen. Doch als wir uns dem ebenfalls von einem der Keldermans' entworfenen Bauwerk näherten, verflüchtigte sich dieser Eindruck mehr und mehr. Die Bedrohlichkeit wich jener Verlorenheit, die sich außer in die Gesichter von Menschen, die viel mitgemacht haben, auch in das Antlitz bedeutender Bauwerke, die oftmals gefährdet waren, einzugravieren vermag. Denn dabei entstehen Stigmen, die niemals mehr zu tilgen sind, weil sie sich nicht allein in das Fleisch oder den Stein, sondern tief in die Seele oder die Aura ätzen.

Der kleine Ort Veere war einst umfangreicher gewesen. In den Wiesen vor der Stadt, wo braune Schafe und schwarzweiße Ziegen weideten, erkennt man noch die grasüberzogenen Wallungen und Vertiefungen geschleifter Festungsmauern und verflachter Gräben, und die narbenreiche Kirche mit ihren grobvermauerten Fenstern, an denen ebenso wie am Portal nur noch Überbleibsel gotischer Spitzbögen, Rosetten, Pfeiler und Leibungen von besseren Zeiten künden, liegt gemeinsam mit dem längst ausgedienten Stadtbrunnen auf einem sandigen, von ungeschorenem Rasen, verwilderten Flieder- und Forsythienbüschen und einigen zerzausten Birken bewucherten Plätzchen am Rand der Stadt. Wir wußten, während wir dort standen und ein bockiger Wind uns körnigen Staub ins Gesicht blies, von dem bewegten Schicksal dieser Kirche kaum mehr als dies – als Militärmagazin hatte sie gelegentlich gedient, als Lazarett und selbst als Pferdestall der in Veere in Garnison liegenden napoleonischen Schwadronen. Doch das Unglück war schon früher über sie gekommen, und in Veere war es, wenn man Wilhelm Raabe glauben will, wo die Geusen den Soldaten der überwältigten spanischen Festungsbesatzung die Herzen aus der Brust rissen. Mehrmals in seiner Geschichte wurde Veere gestürmt und verteidigt, in Brand geschossen oder in Trümmer, genommen und zurückerobert. Da passiert es leicht, daß städtische Mittelpunkte wie eine Kirche oder ein Stadtbrunnen nicht nur Blessuren einheimsen, sondern sogar an die Peripherie geraten.

Bald hinter der Kirche macht die von Middelburg kommende Chaussee, die hier Oudestraat heißt, einen scharfen Knick nach links, weitet sich ein bißchen, hat einen länglichen Rasenstreifen in der Mitte, auch Bäume mit grünbemoosten Stämmen, nennt sich nun Markt, ist dennoch kein Platz, und wird von dunkelroten Backsteinhäusern gesäumt, von denen viele getreppte Giebel und einige noch Fenster mit Butzenscheiben haben. Doch kurz bevor die Straße sich erneut verengt und auf den Hafen stößt, von dem aus die Bürger von Veere einst einen lukrativen Wollhandel mit England betrieben, liegt zur Linken das im Gegensatz zur unglücklichen Kirche von allen Narben der Zeit und der geschichtlichen Ereignisse verschont gebliebene und außerordentlich gepflegt aussehende Rathaus, von dem bei uns zu Haus ein kolorierter, signierter Stich: J.C. Philips fecit 1747, an der Wand hängt, den wir vor ein paar Jahren an einem Januartag, an dem mal Regen, mal Schnee fiel, in einem verstaubten Antiquitätenladen in der Dordrechter Voorstraat kauften. Auf dem kleinen Bild in seinem Mahagonirahmen steht das Rathaus licht, fast weiß zwischen eben diesen dunkelroten Backsteinhäusern unter einem blaßblauen Himmel, von dem ich mir stets vorgestellt habe, daß es einer der kühlen, klaren Frühlingshimmel an der See sein müsse, und auf dem Vorplatz ergehen sich Herren in Dreispitzen, gepuderten Zopfperücken und scharlachfarbenen oder grünen Mänteln mit Damen in weitgebauschten Reifröcken.

Das Rathaus von Veere – in Wirklichkeit viel dunkler als auf dem Stich – besitzt eine auffallende Ähnlichkeit mit dem von Middelburg. Zwar ist es älter, auch kleiner und einfacher, doch gerade deswegen wirkt dieses hier wie ein erster Entwurf zu jenem. Denn ihm fehlen die reiche Ornamentik und der verspielte Sinn bei der Fassadenaufgliederung, die Erker sind schlichter und die Statuen der Grafen und Gräfinnen von Holland und Seeland weniger zahlreich, zudem stehen sie nicht wie in Middelburg paarweise in der Front, sondern einzeln unter ihren gröberen Steinbaldachinen, wogegen sich die Lust am Originellen, die sich an altniederländischer Architektur so häufig zeigt, an diesem Bauwerk durch den überschlanken minarettähnlichen Turm ausdrückt, der von der Gebäuderückseite spitz in den Himmel spießt.

Um die Abendessenszeit hatte es geregnet, doch später kam der Mond durchs Gewölk. Sein Licht glitzerte auf den nassen Dächern und dem Wasser des Hafens und des Veerse Meers, das im Zug der Verwirklichung des Deltaplans durch einen Damm von der Nordsee getrennt und auf diese Weise in ein

Binnengewässer umgewandelt wurde; bedeckt an Sommertagen von den weißen Segeln der Yachten und Jollen, die nachts im alten Hafen von Veere liegen. Im grellen Strahl der Scheinwerfer, die das Rathaus anleuchteten, tanzten Motten- und Nachtfalterschwärme, in die ab und zu eine hungrige Fledermaus fuhr. An Häusern, die ›Lammetje‹, ›De Struys‹, ›Suster Anna‹ oder ›In den Dolfyn‹ heißen, hingen an Stangen farbenfrohe, mit Menschengesichtern, Tieren oder Wappen bemalte Hauszeichen und schwangen wie blecherne Standarten im immer noch bockigen Wind. Eine schwarze Katze kreuzte unseren Weg und umging vorsichtig jede Pfütze. Süß roch es nach Geißblatt, das über verfallene Mauern quoll. Bleich und unheimlich sah im Mondschein, der kam und erneut hinter jagenden Wolken verschwand, die Torburg aus – die rechte Kulisse für ein Mantel- und Degenstück voller Meuchelmord. Beruhigend jedoch hörte sich das Grasgerupfe der Ziegen und Schafe auf den Festungswällen und das Glucksen des Sees im Schilf und zwischen den Bordwänden der Segelboote an. Wir aber hatten an jenem Abend die kleine Stadt für uns allein. Denn im einzigen Tanzsaal fand, veranstaltet vom Städtischen Fremdenverkehrsverein, für Feriengäste und Einheimische ein Tiroler Abend statt, und hinter den dunstbeschlagenen Saalfenstern blies eine Kapelle, für die Tirol wohl zwischen Spree und Isar lag, erst ›In München steht ein Hofbräuhaus‹ und darauf eine Melodie von Paul Linke ›Ja, ja, das ist ein Geschäft...‹. Der große Saal war voll bis auf den letzten Stuhl, und im Vorraum zählten die Kassierer die Eintrittsgelder, wobei sie überaus zufriedene Gesichter machten.

ANHANG

Literatur

AA, A. J. van der: Aardrijkskundig Woordenboek der Nederlanden, Gorinchem 1843

BAARD, H. P.: Katalog der Frans-Hals-Gesamtausstellung, Haarlem 1965

BEYERMAN, J. J.: De Historische Schoonheid van Dordrecht, Amsterdam 1947

BOSMAN, Anthony: Hieronymus Bosch, Deventer 1962

BUSKEN HUET, C.: Het Land van Rembrand, Haarlem 1886

CASSE, Baron du: Die Könige – Brüder Napoleons, Lpzg. o. J.

CLAUDEL, Paul: Vom Sichtbaren und Unsichtbaren, München 1962

CONSTANT, Benjamin: Journal intime de Benjamin Constant et lettres à sa famille et à ses amis, Paris 1895

DAVIES, David W.: The World of the Elseviers, Den Haag

DÖNHOFF, Marion Gräfin: Namen die keiner mehr nennt, Düsseldorf 1962

DÜRER, Albrecht: Schriften – Tagebücher – Briefe, Stuttgart 1961

EGERAAT, L. van: Die Niederlande, Köln o. J.

ELBIN, Günther: Macht in zarten Händen – Dorothea Herzogin von Kurland, München 1968

FORSTER, Georg: Forster – Ein Lesebuch für unsere Zeit, Weimar 1954

GRASWINCKEL, D. P. M. Jhr.: Nederlandsche Hofjes, Amsterdam 1947

GÜNTHER, Herbert: Glückliche Reise, München o. J.

HÄRING, W., und J. E. HITZIG: Neuer Pitaval, Berlin o. J.

HÄSSLIN, Johann Jakob: Rheinfahrt, Bd. I, München 1957

HEHLMANN, Wilhelm: Pädagogisches Wörterbuch, Stuttgart 1942

HULSKER, J.: Wie was Vincent van Gogh, Den Haag 1963

HUMBOLDT, Alexander von: Briefe, Berlin 1911

Informationsabteilung des Königlich-niederländischen Ministeriums für Wasserbewirtschaftung und Verkehrswesen: Vom Seemann zum Sämann, Den Haag 1964

JACOBSEN, Hans-Adolf und Hans DOLLINGER: Der Zweite Weltkrieg in Bildern und Dokumenten, München 1968

JONG, L. de: De Bezetting, Amsterdam 1967

KELLER, Werner: Ost minus West gleich Null, Stuttgart o.J

KOEPPEN, Wolfgang: Nach Rußland und anderswohin, Stuttgart 1958

LINGSMA, J.S.: Holland and the Delta-Plan, Rotterdam, 1963

LUTTERVELT, R. van: Schoonheid aan de Vecht, Amsterdam 1949

Nieuw Nederlandsch Biografisch Woordenboek, Leiden 1911

OLMES, Jürgen: Historische Ge-Gestalten und ihre Pferde, Krefeld 1959

ORLERS, J.J.: Beschrijvinge der Stadt Leyden, Leiden 1641

OSLEY, A.S.: Mercator, London 1969

PESTALOZZI, Johann Heinrich: Sämtliche Schriften, Bern 1819-1826

PLINIUS der Ältere: Naturalis Historia, hrsg. von C. Mayhoff, 2. A. 1822-1833

PÜCKLER-MUSKAU, Hermann Fürst von: Fürst Pückler reist nach England – Aus den Briefen eines Verstorbenen, München 1963

RIEHL, Wilhelm Heinrich: Culturstudien aus drei Jahrhunderten, Stuttgart 1862

ROMEIN, Jan en Anne: Erflaters van onze Beschaving, Amsterdam 1959

ROMEIN, Jan en Anne: De Lage Landen bij de Zee, Antwerpen 1961

SCHILLER, Friedrich: Geschichte des Abfalls der vereinigten Niederlande, München 1962

SCHLEGEL, August Wilhelm: Briefe von und an August Schlegel, Zürich 1930

SCHNAASE, Carl: Niederländische Briefe, Düsseldorf 1873

SCHOPENHAUER, Arthur, *in*: Merian. Das Heft der Städte und Landschaften, Heft Amsterdam, Hamburg 1959

SCOTT, Geoffrey: The Portrait of Zélide, London 1925

TISCHBEIN, Heinrich Wilhelm: Aus meinem Leben, Berlin 1956

TREUE, Wilhelm: Kulturgeschichte des Alltags, München 1952

WENCKER-WILDBERG, Friedrich: Europäische Fürstenhäuser einst und jetzt, Frankfurt a. M. o.J.

WILL, Heinz: Von alten Zeiten singt der Schwan, Kleve o.J.

Register